연세대학교 이승만연구원 교양총서 ④

이승만 시간을 달린 지도자 1

성장부터 해방까지 1875~1945

이승만 시간을 달린 지도자 1

−성장부터 해방까지

초판 1쇄 2024년 4월 30일

지은이 | 류석춘

펴낸곳 | 북앤피플
대　표 | 김진술
펴낸이 | 김혜숙
디자인 | 박원섭
마케팅 | 박광규

등　록 | 제2016-000006호(2012. 4. 13)
주　소 | 서울시 송파구 성내천로37길 37, 112-302
전　화 | 02-2277-0220
팩　스 | 02-2277-0280
이메일 | jujucc@naver.com

© 2024, 류석춘

ISBN 978-89-97871-66-7 03340

이승만 시간을 달린 지도자 1

성장부터 해방까지 1875~1945

류석춘 지음

북앤피플

이승만이라는 현대사의 최고봉

이승만은 대한민국 현대사의 최고 봉우리다. 이 봉우리는 너무 높아 평지에 있을 때는 보이지 않는다. 각자의 위치에 따라 주변의 야트막한 산들만이 보일 뿐이다. 날씨에 따라 그리고 각도에 따라 낮은 산 너머 높디높은 봉우리가 스쳐 보일 때도 있지만, 시선을 빼앗는 주변의 구조물 그리고 비바람과 안개, 구름 등과 같은 주변 환경 때문에 우리는 이 봉우리의 존재 자체를 심각하게 인식하지 못한다. 각자의 일상이 요구하는 관심과 주의로 인해 우리는 이 봉우리의 존재를 찬찬히 살필 기회를 살리지 못한다.

그러나 이런저런 이유로 일상을 벗어나 조금 높은 고지를 찾게 되면 이 봉우리는 어김없이 나타나 우리 시야를 장악한다. 아무리 멀리 있어도 이 봉우리는 돋보인다. 우뚝 신 이정표가 되어 모든 이에게 다가온다. 길을 잃고 방황하는 사람들에게 확실한 방향을 제시한다. 존재를 한번 인식하고 나면 이 봉우리는 비바람을 뚫고도 보인다. 아무리 많은 야트막한 산들이 시야를 가려도 이 봉우리가 존재하고 있음을 우리는 잊을 수 없다. 구조물은 생기고 없어지지만, 이 봉우리는 흔들리지 않고 항상 거기 그 자리에 우뚝 서 있다.

필자에게 다가온 이승만도 그랬다. 대한민국의 '발전'이 어떻게 이루어졌는지 그리고 그것이 다른 나라의 경우와 비교해 어떻게 같고 다른지 연구하는 과정에서 가장 먼저 돋보인 인물은 박정희였다. 물론 박정희 주변을 둘러싼 크고 작은 봉우리들도 많았다. 그 봉우리들을 뚫고 존재를 확인하게 된 박정희라는 크나큰 봉우리에 주의를 기울이면서 나는 이승만이라는 더 큰 봉우리가 존재하는 사실을 깨닫지 못하고 있었다. 그러나 어느 날 박정희 뒤에 우뚝 서 있는 이승만이라는 더 큰 봉우리가 시야에 들어왔다.

마침내 필자는 대한민국 '발전'의 최고봉인 이승만을 탐험하게 됐다. 2010년 출범한 연세대 이승만연구원 초대 원장을 맡으면서 필자는 이 높디높은 봉우리를 찬찬히 살피기 시작했다. 이 책을 내는 2024년으로부터 14년 전 일이었다. 봉우리가 높은 만큼 탐험은 힘들었다. 물살이 센 깊은 계곡을 넘기도 했고, 멀고도 긴 능선을 하염없이 걷기도 했다. 돌계단을 밟다 헛디며 엉덩방아를 찧기도 했고, 나무뿌리를 부여잡고 미끄러지지 않으려 발버둥 치기도 했다. 그리고 결국에는 봉우리를 찾아 만났다.

이승만이라는 봉우리는 보는 이의 위치에 따라 모습이 달리 보일 뿐만 아니라, 봉우리에 이르는 길도 여럿 존재한다. 이리 갈지 저리 갈지 논쟁 끝에 다투기도 했으며 때로는 혼자 가야만 할 경우도 없지 않았다. 여럿이 갈 땐 즐겁기도 했지만, 이 길이 맞나 하는 불안감을 떨칠 수 없었다. 혼자 갈 땐 물론 불안감이 더 커지기도 했다. 계곡 속에서 봉우리가 보이지 않을 땐 우왕좌왕 맴돌며 길을 헤쳐나가야만 했다. 그리하여 14년 동안 오르고 올랐다.

이 책은 이렇게 만난 이승만이라는 봉우리를 필자가 찾아간 기록이다. 앞서간 분들의 도움이 없었다면 불가능한 일이었다. 여러분들의 지도와 도움을 받았지만, 특별히 감사를 표해야 할 분들이 있다. 2023년 타계하신 유영익 교수는 연세대 현대한국학연구소 석좌교수를 오래 하시며 필자가 이승만을 탐험하는 길로 들어서도록 이끌어 주셨다. 유영익 교수의 선구적 업적이 없었다면 필자는 이승만이라는 현대사의 봉우리를 만나지 못했을지도 모른다. 더불어 손세일 선생의 역저《이승만과 김구》전집이 없었다면 필자의 이승만 현대사 최고봉 탐험 길은 더욱 험난했었을 터다.

탐험 기록을 정리할 계기를 마련해 준 자유일보 최영재 국장에게도 감사한다. 2021년 11월 신문의 창간과 함께 주 1회 원고지 20매 분량의 글을 2024년 4월 현재까지도 계속 연재하도록 배려한 최 국장이 없었다면 이 책은 세상에 나오지 못했을 가능성이 크다. 이번 주말에도 104번째 글 '인천상륙작전과 국군의 북진'에 관한 글을 써야 한다. 마쳐봐야 알겠지만 아마도 최소 30번은 더 써야 마무리가 될 듯싶다. 매주 기고한 글을 최종적으로 인터넷에 올려준 이낙진 부장께도 감사한다.

이번에 내는 두 권의 책은 앞으로 추가할 한 권의 책과 함께《이승만, 시간을 달린 지도자》3부작으로 완성될 예정이다. 1권은 "성장부터 해방까지"(1875~1945)라는 부제를 달았다. 2권은 "미군정과의 대립과 유엔"(1945~1948)이라는 부제를 달았다. 마지막 3권은 대략 1년 후 출간될 예정인데, "건국의 시간과 죽음"(1948~1965)이라는 부제를 달 예정이다. 3부작을 한꺼번에 낼 예정이었으나, 2024년 2월 1일 개봉해 120만 관객의 주목을 받으며 돌풍을 일으킨 김덕영 감독의 다큐 영화 '건국전쟁'이 성공하면서 책 출판을 서두르게 됐다.

책의 원고를 보고 흔쾌히 '연세대 이승만연구원 교양총서 시리즈'에 이름을 올리도록 허락해 준 양준모 원장께도 감사한다. 원고 정리부터 디자인까지 품위 있는 책이 되도록 마무리해 준 '북앤피플'의 김진술 대표와 박원섭 실장께도 감사한다. 마지막으로 그렇지만 가장 중요하게 감사를 드려야 할 분들이 있다. 강의실 발언으로 공권력에 시달리던 필자에게 용기와 희망을 잃지 않도록 격려해 준 전광훈 목사 그리고 사랑제일교회 관계자 여러분들이다. 이분들의 도움 없이는 이 책이 세상에 나온다는 보장이 없었다.

2024년 4월 5일
영종도 바다를 내다보는 서재에서
류석춘

차례

01
이승만 연구, 역사적 진실 밝히기 위해
'전쟁'도 불사해야

대한민국 건국 대통령 이승만에 관한 문헌이 요즘에는 넘쳐난다. 그러나 필자가 연세대학교 부설 '이승만연구원' 초대 원장으로 발령받은 2010년 11월로만 돌아가도 사정은 완전히 달랐다. 당시는 극히 소수의 전문 연구자들만이 학술서적이나 학술논문의 형식으로 이승만에 관한 연구를 '숨어서' 진행하고 있었다.

'숨어서' 연구를 했다는 말의 의미를 상징적으로 보여주는 사건이 바로 '이승만연구원'의 전신인 연세대 국제학대학원 부설 '현대한국학연구소'가 출범하는 과정이다. 이 이야기는 대통령 문서를 체계적으로 관리하는 시스템이 전혀 없던 1960년 4·19 당시로까지 거슬러 올라간다.

하야 직후 이승만은 경무대에 보관 중이던 각종 문서를 자신이 거처하는 '이화장'으로 옮기고 기분전환을 위해 잠시 하와이로 여행을 떠났다. 그러나 그는 결국 돌아오지 못하고 그곳에서 1965년 임종을 맞았다. 그 사이, 집권한 허정 그리고 장면 정부는 이화장에서 통치에 필요한 문서들을 함부로 가져가기도 했다.

1961년 11월 문중의 뜻에 따라 이승만의 양자로 입적된 이인수는 생면부지의 부친과 상봉하기 위해 잠시 하와이를 방문하고 돌아와, 6·25 그리고 4·19 때문에 흩어진 '이승만 문서'를 수집하기 시작했다. 진해에 있던 문서보관서까지 뒤졌다. 이화장에 모은 문서에 먼지가 쌓이며 세월이 흘렀다.

30여 년이 지난 1993년 말 이인수 박사는 당시 한림대 역사학 교수 유영익을 이화장으로 초청해 정리하지 못한 채 보관 중인 '이승만 문서'를 보여줬다. 문서의 가치를 알아본 유영익은 이인수의 문서 정리 제안을 즉석에서 수락했다. 문서 정리에 필요한 자금은 삼성그룹 이건희 회장의 도움을 받을 수 있었다.

다음 단계는 '이승만 문서'를 전문적으로 연구할 대학의 연구소를 확보하는 일이었다. 연세대가 긍정적 반응을 보였다. '기독교 정신'이라는 가치가 이승만과 연세대를 이어 주었다. 당시 총장 송자가 나서서 연구소는 물론 연구를 전담할 석좌교수 자리도 만들겠다 약속했다. 연구에 필요한 공간은 부암동 저택을 기증한 최송옥 여사의 도움을 받았다.

마침내 '이승만연구'에 필요한 사료, 자금, 공간이 모두 연세대에 모였다. 후임 총장 김병수는 1997년 11월 '이승만연구'를 위한 연구소의 문을 공식적으로 열었다. 창립 소장은 물론 유영익 석좌교수였다. 대한민국 건국 대통령 이승만에 관한 연구가 본격적으로 시작된 순간이다.

그러나 연구소의 이름은 '이승만연구'를 한다는 사실을 전혀 드러내지 않았다. '독재자'로만 인식되어 온 이승만을 연세대가 연구소까지 설치하여 운영한다는 사실이 외부에 알려지면 역풍을 맞아 좌초할지도 모른다는 우려 때문이었다. 아무런 색깔이 없는 '현대한국학연구소'라는 간판이 붙여진 까닭이다.

이로부터 13년 동안 정체성을 드러내지 못하던 '현대한국학연구소'는 2010년 필자를 책임자로 임명한 김한중 총장의 결단으로 마침내 '이승만 연구원'이라는 겉과 속이 일치하는 이름을 갖게 됐다. 위상도 높아졌다. 국제학대학원 부설 연구소에서 연세대학교 부설 연구원으로 격상됐다. 2003년 연세대에 설치된 또 다른 전직 대통령 이름을 딴 도서관 역시 그러한 변화를 촉진했다. '김대중은 되고 이승만은 안 되냐'는 여론이 비등했었다.

정체성에 맞는 간판을 달며 초대 원장이 된 필자는 연구원의 활동 영역을 기존의 '숨어서' 하는 순수한 학술적 연구에서부터 '내놓고' 대중의 관심을 끄는 전투로까지 확대했다. 반응도 좋았다. 그 결과 대내외적 활동이 폭증했다. 학술적 활동의 대표적 성과는 31년에 걸쳐 당신이 직접 쓴 《이승만 일기》를 2015년 '대한민국역사박물관'과 공동으로 출판한 일이다.

대중의 관심을 끄는 전투는 부암동 연구원 공간을 시민사회 활동의 진지로 활용하면서 활발해졌다. 민족문제연구소가 2012년 '100년 전쟁'이란 황당한 시리즈물로 유튜브에 올린 영상 '두 얼굴의 이승만'을 반박하는 영상 '생명의 길'이 이승만연구원을 중심으로 2013년 제작되어 유튜브에 올랐다.

또한 '백년동안'이 출판한 대중 교양서적 《이승만 (고정관념) 깨기》(2015) 및 《시간을 달리는 남자 (이승만)》(2016)의 기획과 집필도 연구원과 시민단체의 협력으로 이뤄졌다. 대중의 관심을 끌기 위해 '이승만 문서 특별전'도 2013년 마련했다.

그러나 2015년 8월 초대 원장의 임기가 끝나면서 연구원은 다시 순수한 학술연구로 활동의 폭을 스스로 좁혔다. 그러는 동안 세상도 많이 바뀌었다. 국민들은 좌파와 우파를 오가며 대통령을 선택했고, 그에 따라 대한민국의 미래는 물론 과거도 널뛰었다.

이승만에 대한 평가가 가장 극단적 사례다. 부정선거로 권력을 유지하려다 쫓겨난 '독재자'라는 인식에서부터, 자유민주주의를 이 땅에 가져와 번영하는 대한민국의 기초를 닦은 '건국의 아버지'라는 인식까지 그 격차는 아직도 어마무시하게 넓고 깊다.

이 격차의 한 가운데에 '이승만연구원'이 존재한다. 그러나 생각해 보라. 사료에 기초한 객관적이고 실증적인 연구 없이 저 끝없는 간격을 메울 방법이 어찌 있겠는가? 주의와 주장도 필요하지만, 더욱 중요한 일은 주의와 주장이 현실은 물론 역사적 사실에 맞는지를 따져 옳고 그름을 가리는 일이다. 경우에 따라선 전투도 피할 수 없다.

이 글은 이승만이라는 과거의 인물이 오늘날은 물론 미래의 대한민국에 남겨 준 유산을 최대한 사실로 접근하는 노력이다. 그리하여 독자들은 이 글을 읽고 오늘날 존재하는 주의와 주장의 끝없는 간격을 스스로 좁히는 노력을 기울여야 한다. 전투도 각오해야 한다. 이를 위해선 '시간을 달린 지도자'와 함께 독자도 시간을 달려야 한다.

'이승만연구원' 현판.
2010년이 되어서야 이름을 갖게 되었다.

최송옥 여사의 기증으로 이승만 연구에 필요한 공간인 '연세대 이승만연구원'이 마련되었다.

연세대 이승만연구원은 1997년부터 보관해 오던 '이승만문서'를 보다 안전하게 보관, 관리하기 위하여 자료 원본을 모두 2012년 '연세대 학술정보원'으로 옮겼다.

02
이승만 90 평생에 동아시아 국가 중 대한민국만 운명 바뀌어

이승만은 1875년 태어나 1965년 돌아갔다. 만 90년의 삶이다. 같은 시대에 태어난 사람들 중 이만한 장수를 누린 사람이 흔치 않다. 100세 시대라는 요즘에도 90대 나이에 돌아간 분의 상가에 가면 호상(好喪) 즉 '복을 누리며 오래 사신 분이 돌아가셨네요'라는 인사말을 한다. 그러나, 이승만 90년 삶은 개인적 호사(好事)만이 아니었다. 오히려 그가 만든 나라 대한민국의 호사였다.

이승만이 태어난 1875년, 중국은 만주족이 세운 청(淸)나라의 몰락을 상징하는 11대 황제 광서제(光緒帝)가 만 4살로 즉위한 해다. 즉위하면서 6년은 친 어머니 동태후(東太后) 그리고 다시 그 후 8년은 서태후(西太后)가 섭정을 했다. 광서제는 18살이 되던 해부터 9년간 친정(親政)을 하기도 했으나, 27살이 되면서 다시 서태후에 실권을 뺏겨 1908년 37살의 나이로 죽을 때까지 허수아비 황제로 유배생활을 해야 했다. 한마디로 중국은 엉망이었다.

그러나 1875년 일본은 달랐다. 메이지(明治) 유신 8년째였다. 1868년

사카모토 료마(坂本龍馬)는 샤쯔마번[薩摩藩, 오늘날 가고시마현(鹿児島県)]과 조슈번[長州藩, 오늘날 야마구치현(山口県)] 사이의 샤초동맹(薩長同盟)을 이끌며 지방분권을 유지하려는 막부 권력에 대항해 천황 중심의 중앙집권 근대 국가로 일본을 근본부터 바꾸고 있었다. 후쿠자와 유키치(福澤諭吉)가 나이 40에 '일신(一身)이 독립해야 일국(一國)이 독립한다'는 명언을 담아 《문명개략(文明之槪略)》을 출판한 해가 바로 1875년이다.

1875년, 이승만이 태어난 조선은 고종 12년이었다. 일본의 식민지로 전락하는 첫 단추 강화도 조약이 체결된 해가 바로 그 다음 해인 1876년이다. 재위 34년 내내 고종은 아버지 대원군과 부인 민씨 사이의 갈등에 휘둘려 청·일·러 주변 강대국들의 도발에 적절히 대응하지 못했다. 서양 열강의 먹이가 된 중국과 판박이 모습이었다. 500년 왕조를 지키지 못한 고종은 그러고도 1910년 합병 후 일본 천황 아래 조선 왕 '이태왕(李太王)'으로 대접받으며 포시랍게 살다가 3·1 운동 직전인 1919년 1월 67년의 생을 마감했다.

그로부터 90년 후 이승만이 땅에 묻힌 1965년은 모택동의 중공과 장개석의 대만으로 분리된 두 개의 중국이 금문도 앞바다에서 무력충돌을 한 해다. 결과는 모택동의 참패였다. 중공은 중앙 권력이 일방적으로 생산량 할당을 높이며 강제로 노동력을 동원한 사회주의 경제발전을 추구했다. 1958년부터 1962년까지 전개된 이른바 '대약진운동'은 그러나 참혹한 실패로 끝났다. 공식 통계만으로 2천2백만이 굶어 죽었다. 심지어 5천만 이상이 아사(餓死)했다는 관측이 유력하다.

이 일로 책임을 지지 않을 수 없었던 모택동은 주석에서 내려왔다. 그러나 대약진운동의 실패를 문제 삼는 개혁파를 상대로 모택동은 1966년부터 '문화대혁명'이라는 또 다른 공산주의 반동을 10년이나 밀어붙였다. 홍위병이 춤을 추며 적게는 수십만, 많게는 2천만을 말도 안 되는 이유로 또 죽었다. 1976년 등소평이 집권해 개혁·개방으로 방향을 틀 때까지 '죽의 장막' 뒤 중공은 지옥이었다.

그렇다면 1965년 일본은? 눈부신 전후복구가 진행되던 때다. 올림픽 사상 처음으로 아시아에서 열린 1964년 동경올림픽이 성공하면서 일본은 국제사회의 중요한 일원으로 돌아왔다. 1965년 매듭지은 '한일국교정상화'는 일본이 식민지 조선에 두고 간 민간의 사유재산마저 모두 포기한 자신감을 배경으로 성사될 수 있었다. 2024년 현재 아직도 미진한 부분이 있다며 일본을 상대로 배상을 요구하는 우리의 징징대는 모습과 완전히 딴판이었다.

1965년 대한민국은? 5·16으로 정권을 잡아 대한민국 5대 대통령이 된 박정희가 하와이에서 죽음을 맞은 이승만 건국 대통령을 동작동 국립묘지에 안치하는 장례가 치러진 해다. 박정희가 한강의 기적을 내다보며 달리기를 시작한 지 얼마 되지 않은 1965년 7월 27일, 그의 이름으로 올린 조사는 지금도 우리 가슴을 울린다. 몇 대목이라도 소개하지 않을 수 없다.

"일찍이 대한제국의 국운이 기울어가는 것을 보고 용감히 뛰쳐나서 조국의 개화와 반(反)세국주의 투쟁을 감행하던 날, 몸을 철쇄로 묶고 발길을 형극으로 가로막던 것은 오히려 선구자만이 누릴 수 있는 영광의 특전이었던 것입니다.

그리고 일제의 침략에 쫓겨 해외의 망명생활 30여 성상에 문자 그대로 혹은 바람을 씹고 이슬 위에 잠자면서 동분서주로 쉴 날이 없었고, 또 혹은 섶 위에 누워 쓸개를 씹으면서 조국광복을 맹서하고 원하던 것도 그 또한 혁명아만이 맛볼 수 있는 명예로운 향연이었던 것입니다.

그러나 마침내 70 노구로 광복된 조국에 돌아와 그나마 분단된 국토 위에서 안으로는 사상의 혼란과 밖으로는 국제의 알력 속에서도 만난을 헤치고 새 나라를 세워 민족과 국가의 방향을 제시하여 민주한국 독립사의 제1장을 장식한 것이야말로 오직 건국인만이 기록할 수 있는 불후의 금문자(金文字)였던 것입니다."

이승만의 90 평생이 지나가는 동안 중국에서는 전통 왕조가 신(神)을 죽이고 등장한 근대 '공산주의'라는 악마에게 자리를 뺐겼다. 반면, 같은 기간 일본은 서양의 근대를 추격하던 제국주의가 원자폭탄으로 끝장나고 대신 '자유민주주의'에 기초한 '세계 최고 일본(Japan as number one)'이 들어섰다. 조선은 식민지를 거쳐 해방과 독립을 차례로 맞았고, 마침내 당신이 건국한 '자유 대한민국'은 '한강의 기적'을 향해 달리고 있었다. 그 사이 북한은 듣도 보도 못한 '왕조 공산주의'라는 괴물을 잉태했다.

요약해 보자. 이승만의 출생부터 죽음까지 90년 세월 동안 중국은 계속 엉망이었고, 일본은 세상이 바뀌어도 여전히 잘나갔다. 대한민국만 운명이 바뀌고 있었다.

우남 이승만 박사 서거에 바친 박정희 대통령의 조사

조국독립운동의 원훈이요, 초대 건국대통령이신 고 우남 이승만 박사 영전에 성껏 분향하고 엄숙한 마음으로 삼가 조사를 드립니다.

돌아보건대 한마디로 끊어 파란만장의 기구한 일생이었습니다. 과연 역사를 헤치고 나타나, 자기 몸소 역사를 짓고 또 역사 위에 숱한 교훈을 남기고 가신 조국 근대의 상징적 존재로서의 박사께서는 이제 모든 영욕의 진세인연을 끊어버리고 영원한 고향으로 돌아가셨습니다.

그러나 생전의 일동일정이 범인용부와 같지 아니하여, 실로 조국의 명암과 민족의 안위에 직접적으로 연결되었던 세기적 인물이었으므로 박사의 최후조차 우리들에게 주는 충격이 이같이 심대한 것임을 외면할 길이 없습니다.

일찍이 대한제국의 국운이 기울어가는 것을 보고 용감히 뛰쳐나서 조국의 개화와 반(反)제국주의 투쟁을 감행하던 날, 몸을 철쇄로 묶고 발길을 형극으로 가로막던 것은 오히려 선구자만이 누릴 수 있는 영광의 특전이었던 것입니다.

그리고 일제의 침략에 쫓겨 해외의 망명생활 30여 성상에 문자 그대로 혹은 바람을 씹고 이슬 위에 잠자면서 동분서주로 쉴 날이 없었고, 또 혹은 섶 위에 누워 쓸개를 씹으면서 조국광복을 맹서하고 원하던 것도 그 또한 혁명아만이 맛볼 수 있는 명예로운 향연이었던 것입니다.

그러나 마침내 70노구로 광복된 조국에 돌아와 그나마 분단된 국토 위에서 안으로는 사상의 혼란과 밖으로는 국제의 알력 속에서도 만난을 헤치고 새 나라를 세워 민족과 국가의 방향을 제시하여 민주한국독립사의 제1장을 장식한 것이야말로 오직 '건국인'만이 기록할 수 있는 불후의 금문자였던 것입니다.

이같이 박사께서는 선구자로, 혁명아로, 건국인으로 다만 조국의 개화, 조국의 독립, 또 조국의 발전만을 위하여 온갖 노역을 즐거움으로 여겼고, 또 헌신의 성과를 스스로 거두었던 것입니다.

뿐만 아니라 평생 견지하신 민족정기에 입각하여 항일반공의 뚜렷한 정치노선을 신수로 부동자세를 취해 왔거니와, 그것은 어디까지나 박사의 국가적 경륜이었고 또 그 중에서도 평화선의 설정, 반공포로의 석방 등은 세계를 놀라게 한 정치적 과단력의 역사적 발휘이었던 것입니다.

그러나, 집권 12년의 종말에 이르러 이미 세상이 다 아는 이른바 정치적 과오로 인하여 살아서 역사의 심판을 받았던 그 쓰라린 기록이야말로 박사의 현명을 어지럽게 한 간신배들의 가증한 소치였을망정 구경에는 박사의 일생에 씻지 못할 오점이 되었던 것을 통탄해 마지 못하는 바입니다.

하지만 오늘 이 자리에서 다시 한번 헤아려보면, 그것이 결코 박사의 민족을 위한 생애중의 어느 일부분일망정 전체가 아닌 것이요, 또 외부적인 실정 책임으로써 박사의 내면적인 애국정신을 말살하지는 못할 것이라 생각하며, 또 일찍이 말씀하신 '뭉치면 살고 흩어지면 죽는다'는 귀국 제일성은 오늘도 오히려 이나라 국민들에게 들려주시는 최후의 유언과 같이 받아들여 민족사활의 잠언을 삼으려는 것입니다.

어쨌든 박사께서는 개인적으로나 민족적으로나 세기적 비극의 주인공이었던 것을 헤아리면 애심으로 뜨거운 눈물을 같이하지 않을 수 없습니다마는 그보다는 조국의 헌정사상에 최후의 십자가를 지고 가시는 '어린 양'의 존재가 되심으로써 개인적으로는 '한국의 위인'이란 거룩한 명예를 되살리시고, 민족적으로는 다시 이땅에 4·19나 5·16 같은 역사적 고민이 나타나지 않도록 보살피시어 자주독립의 정신과 반공투쟁을 위한 선구자로서 길이 길잡이가 되어주시기 바라는 것입니다.

다만 여기 여러 가지 사정으로 말미암아 박사로 하여금 그토록 오매불망하시던 고국땅에서 임종하실 수 있는 최선의 기회를 드리지 못하고 이역의 쓸쓸한 해빈에서 고독하게 최후를 마치게 한 것을 마음 아프게 생각하는 바입니다.

그리고 또 박사에 대한 영원한 경의로 그 유택을 국립묘지에서도 가장 길지를 택하여 유해를 안장해 드리고자 합니다.

생전에 손수 창군하시고 또 그들로써 공산침략을 격파하여 세계에 이름을 날렸던 바로 그 국군장병들의 영령들과 함께 길이 이 나라의 호국신이 되셔서 민족의 다난한 앞길을 열어주시는 힘이 되실 것을 믿고 삼가 두 손을 모아 명복을 비는 동시에 유가족 위에도 신의 가호가 같이하시기를 바라는 바입니다.

1965년 7월 27일 대통령 박정희

1948년 7월 24일 초대 대통령 취임식에서 환하게 웃고 있는 이승만.

1965년 7월 27 이승만 대통령 장례 행렬에 거리에 나와 애도하고 있는 시민들.

1965년 7월 23일 미군 비행기 편으로 김포공항에 도착하는 이승만 대통령의 유해를 맞이하기 위해 박정희 대통령이 대열의 선두에서 대기하고 있다. 이날 공항에는 3부 요인 이효상 국회의장, 조진만 대법원장, 정일권 국무총리를 비롯해 주한 외교사절 그리고 수 많은 시민들이 함께했다(1965년 7월 26일 제작 '대한뉴스 529호' 캡처).

03
시대 배경에 자신의 선택을 교차하면 11단계의 삶

1875년 태어나 1965년 돌아간 이승만의 90 평생은 보는 사람에 따라 여러 가지 방식으로 시기를 구분해 볼 수 있다. 여기서는 특정한 사건이 위치한 시대적 배경은 물론 그 사건과 배경에 대한 이승만의 대응을 교차시켜 시기를 구분해 보고자 한다. 주어진 여건에 대한 이승만의 적극적인 선택을 강조한 구분이다. 그림과 같이 거칠게 11단계로 나눌 수 있다.

① 유학교육을 받으며 성장하는 시기다. 1875년 3월 태어나 1896년 4월 즉 21살이 될 때까지다. 황해도 평산에서 몰락한 왕손 집안으로 태어난 이승만은 두 살이 되어 서울 남대문 밖 도동 우수현(雩守峴)으로 이사해 서당 교육을 받으며 과거시험을 준비했다. 16살이던 1891년에는 박씨 부인과 결혼도 했다. 그러나 1894년 갑오개혁에 따라 과거제가 폐지되자 1896년 4월 신학문을 배우려 '배재학당'에 입학했다.

② 배재학당에서 선교사들을 만나 신학문을 익힌 시기다. 1896년 4월

부터 1899년 1월까지 즉 21살부터 24살까지의 3년간이다. 배재학당에서 선교사들을 만나 신학문을 배웠으며, '협성회회보' '매일신문' '제국신문' 등의 신문 창간을 주도했다. 오늘날 거리집회에 해당하는 '만민공동회' 연사로 나서 국정을 신랄하게 비판하며 인기를 끌었다. 결국, 고종 폐위 음모에 가담했단 죄로 1989년 1월 투옥되었다.

③ 감옥에서 개종하고 뒷날을 준비하던 시기다. 1899년 1월부터 1904년 8월까지 즉 24살부터 29살까지 만 5년 7개월의 기간이다. 감옥 생활을 하며 이승만은 후에 책으로 출판할 '청일전기' '독립정신' 등의 원고를 한글로 완성했다. 옥중에서 또한 '제국신문' '신학월보' 등에 활발히 기고도 했다. 기독교로 개종했으며, 아름다운 한시(漢詩)도 여러 수 남겼다.

④ 미국에서 유학한 시기다. 1904년 8월부터 1910년 7월까지 즉 29살부터 35살까지 6년간이다. 감옥을 나온 이승만은 당시 실력자 민영환 등의 지원을 받아 미국으로 출국했다. T. 루스벨트 대통령 여름 별장을 찾아가 1882년 '한미수호통상조약'을 근거로 한국의 독립을 호소했으나 '외교적 거절'에 만족해야 했다. 미리 받아둔 선교사들의 추천서를 활용해 '조지 워싱턴' '하버드' '프린스턴' 대학에 진학해 학사, 석사, 박사 학위를 각각 취득했다.

⑤ 독립운동의 공간으로 하와이를 선택해 정착하는 시기다. 1910년 7월부터 1920년 11월까지 즉 35살부터 45살까지의 10년이다. 유학을 마친 즉시 조선으로 돌아온 이승만은 기독청년회(YMCA) 일을 맡았으나 '105

인 사건'에 연루되어 1912년 3월 다시 미국으로 도피해야 했다. 그 사이 박씨 부인과 이혼했다. 도미한 이승만은 뉴저지 지사가 된 은사 우드로 윌슨의 자택을 방문해 한국의 독립을 호소하는 등 미국 각지를 돌며 독립운동을 전개하다, 1913년 2월 하와이에 정착했다. '한인기숙학교'를 세운 후 '한인중앙학원' '한인여자학원' '한인기독학원' 등으로 이름을 바꾸며 교육을 확장했다. 1913년 '태평양잡지'를 창간했고, 1917년에는 '청일전기'와 '독립정신'(2판)을 현지에서 출판했다. 무장투쟁 노선을 주장한 박용만과 충돌했다.

⑥ 임시정부 초대 대통령으로 부임한 시절이다. 1920년 11월부터 1921년 5월까지 즉 45살부터 46살까지의 반년이다. 상해 임시정부 대통령으로 선출된 이승만은 일본의 검거를 피해 시체를 옮기는 화물선 관 속에 숨어 호놀룰루를 출발해 상해로 밀항했다. 그러나 독립운동 노선을 둘러싼 좌우대립은 물론 자금 확보와 용처 등에 관한 갈등으로 5개월 만에 '고별교서'를 발표하고 하와이로 돌아갔다.

⑦ 하와이로 복귀해 다시 독립운동에 매진한 시기다. 1921년 5월부터 1939년 3월까지 즉 46살부터 64살까지의 18년이다. 하와이로 복귀하자마자 지지세력인 '대한인동지회'를 결성하고, 워싱턴 DC 군축회의에 참석해 '한국독립청원서'를 제출했다. 1923년 '태평양잡지'에 공산주의의 옳고 그름을 논한 '공산당의 당부당'을 발표했다. 1925년 상해 임시정부가 이승만을 탄핵했지만, 임시정부와 관계를 복원한 이승만은 1933년 제네바 국제연맹 회의에 참석해 "만주의 한인들(Koreans in Manchuria)" 이란

소책자를 배포하면서 독립을 호소했다. 제네바에서 만난 프란체스카와 1934년 10월 뉴욕에서 재혼하고 하와이로 귀환했다.

⑧ 일본의 미국 공격을 예상하고 독립운동의 공간을 워싱턴 DC로 옮긴 시기다. 1939년 3월부터 1945년 10월 즉 64살부터 70살까지 6년이다. 워싱톤 DC로 이주해 집필한 책 Japan Inside Out을 1941년 여름 출판하면서 일본의 미국 공격을 예언해 명성을 얻었다. 이승만이 이끄는 '한미협회'와 한길수가 이끄는 '재미한족연합위원회' 그리고 충칭의 김구 임시정부가 이끄는 '주미외교위원부'가 1942년 2월 뉴욕에서 '한인자유대회'를 공동으로 개최했다. 1942년 6월부터 '미국의소리' 방송에 출연해 동포들의 대일투쟁을 고무했고, 같은 해 9월부터는 CIA 전신인 OSS와 협의해 국내 진공에 대비한 군부대를 창설하고 교육에 들어갔으나 일본의 급작스런 항복으로 무위에 그쳤다. 임시정부 승인 요청 그리고 얄타밀약설 제기 등으로 미 국무부와 대립했다.

⑨ 해방된 조국에서 미군정과 싸워 이긴 기간이다. 1945년 10월 환국부터 1948년 8월 건국까지의 시기로, 나이로는 70살부터 73살까지의 기간이다. 환국한 이승만은 '독립촉성중앙협의회'를 만들어 남노당 박헌영과 대립했다. 또한 미군정이 지원한 좌우합작 노선의 여운형·김규식과 갈등하며 공산주의에 반대하는 노선을 확실히 했다. 한반도를 분할 점령한 미국과 소련의 신탁통치 안에 반대하는 투쟁으로 정치적 승리의 기회를 확보하고 UN의 지원을 받아내 대한민국 건국의 주도권을 잡았다.

⑩ 대한민국 건국 대통령으로 재임한 기간이다. 1948년 8월부터 1960년 4월까지 즉 73살부터 85살까지다. 친일청산, 농지개혁 등 건국에 필요한 과업을 수행하다 6·25 기습남침을 당했다. 미국 등 UN의 도움을 받아 나라를 지켰고 휴전의 조건으로 '한미상호방위조약'을 관철시켰다. 교육 기회를 획기적으로 개선했으며 전후복구를 통해 1960년대 이후 경제발전의 기반을 마련했다. 측근이 주도한 3·15 부정선거에 책임지고 스스로 물러났다.

⑪ 말년의 황혼기다. 1960년 4월부터 1965년 7월까지 즉 85살부터 90살까지의 기간이다. 하야 후 잠시 여행을 다녀온다던 하와이에서 고국을 그리며 임종을 맞았다. 시신으로 고국에 돌아와 국립묘지에 안장됐다.

이승만의 일생을 이렇게 구분하고 보면 하와이가 이승만에게 얼마나 중요한 공간이었나를 단번에 알아볼 수 있다. 이승만은 1913년 2월부터 1939년 3월까지 26년 그리고 1960년 하야부터 1965년 임종까지 5년, 도합 31년을 하와이에 머물렀다. 성장기 21년보다 10년이나 더 긴 기간이다. 이승만 동상이 하와이에 서 있는 이유다.

하와이 한인기독교회 마당에 있는 이승만 동상.

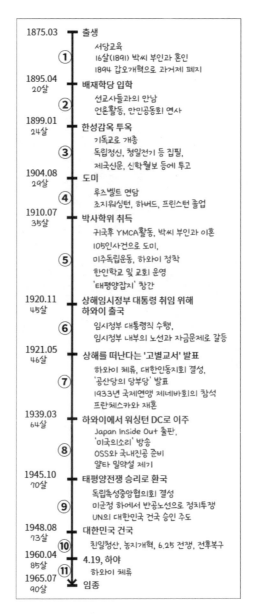

1875.03	출생
①	서당교육 16살(1891) 박씨 부인과 혼인 1894 갑오개혁으로 과거제 폐지
1895.04 20살	배재학당 입학
②	선교사들과의 만남 언론활동, 만민공동회 연사
1899.01 24살	한성감옥 투옥
③	기독교로 개종 독립정신, 청일전기 등 집필, 제국신문, 신학월보 등에 투고
1904.08 29살	도미
④	루즈벨트 면담 조지워싱턴, 하버드, 프린스턴 졸업
1910.07 35살	박사학위 취득
⑤	귀국후 YMCA활동, 박씨 부인과 이혼 105인사건으로 도미, 미주독립운동, 하와이 정착 한인학교 및 교회 운영 '태평양잡지' 창간
1920.11 45살	상해임시정부 대통령 취임 위해 하와이 출국
⑥	임시정부 대통령직 수행, 임시정부 내부의 노선과 자금문제로 갈등
1921.05 46살	상해를 떠난다는 '고별교서' 발표
⑦	하와이 체류, 대한인동지회 결성, '공산당의 당부당' 발표 1933년 국제연맹 제네바회의 참석 프란체스카와 재혼
1939.03 64살	하와이에서 워싱턴 DC로 이주
⑧	Japan Inside Out 출판, '미국의소리' 방송 OSS와 국내진공 준비 얄타 밀약설 제기
1945.10 70살	태평양전쟁 승리로 환국
⑨	독립촉성중앙협의회 결성 미군정 하에서 반공노선으로 정치투쟁 UN의 대한민국 건국 승인 주도
1948.08 73살	대한민국 건국
⑩	친일청산, 농지개혁, 6.25 전쟁, 전후복구
1960.04 85살	4.19, 하야
⑪	하와이 체류
1965.07 90살	임종

이승만 일생 시기 구분.

04
과거급제로 집안 일으키려던 이승만의 꿈,
갑오개혁으로 좌절

황해도 평산에서 1875년 태어난 이승만은 두 살이 되면서 서울 남대문 밖 남산 기슭으로 가족이 이사해 염동, 낙동을 옮겨 다니다 지금의 힐튼호텔 자리인 도동(挑洞) 우수현(雩守峴) 근처에 자리를 잡았다. '기우제를 지내는 언덕 우수현의 남쪽'이란 뜻을 가진 우남(雩南)이란 호를 이승만이 가지게 된 까닭이다.

아버지 이경선은 세종의 큰 형인 양녕대군의 후손으로 왕족이기는 했지만, 관직도 없고 재산도 없이 풍류만을 즐기는 호인이었다. 보학(譜學)에 심취했고 풍수에 관심이 많던 그는 명당을 찾아 전국을 유랑하며 집안 살림엔 아무런 관심도 기울이지 않았다.

반면 어머니는 서당 훈장 집안 출신으로 삯바느질로 생계를 꾸리며 아들의 교육에 관심을 쏟았다. 위로 둘 있던 형들은 이승만이 태어나기 전 모두 세상을 떴고, 누나 둘은 나이가 찬 후 출가했다. 이승만은 사실상 외아들로 성장하며 가족들의 사랑을 독차지했다.

이승만은 유학교육을 통해 과거에 급제해서 집안을 일으켜야 한다는 당시의 가치에 충실한 성장기 삶을 살았다. 그의 총명함 또한 소년 등과(登科)를 바라보기에 부족함이 없었다. 10살부터 19살까지 양녕대군의 직계 자손으로 대사헌을 지낸 이근수(李根秀)가 세운 '도동서당'에 다니며 과거에 대비한 모의고사를 치면 1등은 항상 이승만의 몫이었다.

그러나 나이를 속이면서 13살부터 응시한 과거에 이승만은 매년 낙방했다. 당시 과거는 공정한 경쟁을 통해 인재를 등용한다는 본래의 기능을 이미 상실한 모습이었다. 이승만의 꿈 나아가서 이승만 집안의 꿈 즉 몰락한 왕손 집안을 과거를 통해 일으키겠다는 꿈을 이루기 어려운 환경이었다.

그가 과거를 보던 시기는 영·정조 탕평(蕩平)의 시대가 이미 오래전에 저문 때였다. 1800년 순조가 만 10살에 불과한 어린 나이에 임금이 되자, 어머니 집안 즉 외척(外戚)의 입김이 국정에 영향을 미치기 시작했다. 이때부터 조선은 이른바 '세도정치(勢道政治)'가 자리를 잡아 1910년 멸망할 때까지 쭉 이어졌다. 왕의 어머니 혹은 왕의 부인 집안이 아니면 국정에서 버틸 수 없었다.

아래 표에서 보듯 어린 나이의 왕들이 연이어 즉위하면서 세도정치는 더욱 강화됐다. 순조는 10살, 헌종은 7살, 철종은 18살, 고종은 11살에 왕이 되었다. 요즘 기준으로 치면 일종의 '아동학대'라고도 볼 수 있는 왕위 계승이 진행되고 있었다. 어린 왕이 새로 들어설 때마다 세도를 부리는 집안이 바뀌면서 조선은 엉망이 되어갔다.

직계가 아닌 방계로 왕위를 이어받은 고종이 1863년 11살의 나이로 등극하면서부터는 왕의 아버지 대원군과 왕의 처가 민씨 집안 간의 정치적 헤게모니 싸움이 거세게 불어닥쳤다. 이승만이 태어나기 12년 전 일이다.

그리고 이러한 갈등은 고종 44년 재위 기간 내내 이어졌다.

조선 후기 왕들의 출생년도, 재위(기간), 즉위 나이.

조선 후기 왕	출생	재위 (기간)	즉위 나이
21대 영조	1694	1724–1776 (52)	30
22대 정조	1752	1776–1800 (24)	24
23대 순조	1790	1800–1834 (35)	10
24대 헌종	1827	1834–1849 (15)	7
25대 철종	1831	1849–1863 (14)	18
26대 고종 [대한제국]	1852	1863–1907 (44) [1897–1907 (10)]	11 [45]
27대 순종	1874	1907–1910 (3)	34

당시의 국제정세 또한 조선을 바람 앞의 등불 신세로 만들고 있었다. 청나라와 일본 그리고 러시아가 호시탐탐 조선을 넘보는 상황이 전개되었지만, 세도정치의 주인공들은 나라와 백성의 안위보다 가문의 안위를 더욱 걱정하며 갈등을 이어갔다.

당연히 정치가 문란해졌다. 세도가에게 뇌물을 바치고 관직을 얻은 관리들은 그 봉창을 하기 위해 농민을 쥐어짰다. 세금을 거두는 전정(田政), 군역을 바치는 군정(軍政), 곡식을 대출하는 환곡(換穀) 이른바 세 종류의 국가재정이 모두 엉망이 되었다.

과거제도라고 예외일 수 없었다. 세도가를 중심으로 '족집게' 과외가 성하면서, 이승만과 같이 아무런 배경 없는 집안 출신은 실력으로 과거에 붙을 수 없는 세상이 되었다. 청년의 좌절은 요즘 일만이 아니었다.

삼정(三政)의 문란은 농민 봉기로 이어졌다. 동학란 진압을 명분으로 고종을 움직여 청나라를 불러들인 왕비 집안 민씨 세력은, 일본이 그걸 핑계로 고종의 아버지 대원군을 후원하며 조선에 진출할 줄 꿈에도 생각 못 했다. 동학은 결국 진압되었지만, 동학이 주장한 폐정개혁(廢政改革)은 청일전쟁을 승리로 이끌며 조선에서 패권을 쥐게 된 일본의 자장 안에서 1894년 '갑오개혁'이란 이름으로 이루어졌다.

이승만이 과거에 낙방을 이어 가던 바로 그 시절이다. 갑오개혁은 세도가 집안 청년들의 출세 수단으로 전락한 과거제 자체를 폐지해 버렸다. 19살 청년 이승만으로선 삶의 목표가 영문도 모른 채 사라지는 순간이었다. 그로부터 3년 전인 1891년 16살 이승만은 부모의 중매로 동네 동갑내기 처자인 음죽(陰竹) 박씨와 혼인도 했었다. 장성해 일가(一家)를 이룬 청년의 꿈이 물거품처럼 사라졌다.

앞날에 대한 회의와 불안은 이승만으로 하여금 국제정세의 변화가 중요하다는 막연한 인식을 뿌리 깊게 심어주었다. 동시에 앞으로 무엇을 어찌해야 하는가 하는 문제로 방황하고 고민하지 않을 수 없도록 했다. 당시 친하게 지내던 동네 친구 신긍우, 신흥우 형제가 이승만을 찾아와, 서양 학문을 가르치는 '배재학당'에 같이 다니면 어떻겠냐는 권유를 한 것이 바로 이때다.

이승만은 처음에 단호히 거절했다. 서양의 오랑캐 학문을 배울 필요가 없다는 이유였다. 그의 머리에는 여전히 조선이라는 나라가 속해 있던 중화문명에 대한 사대(事大)가 자리 잡고 있었다. 그러나 뚜렷한 대책을 마련하지 못하던 21살의 이승만은 친구들의 끈질긴 권유에 못 이기는 체 1896년 4월 영어라도 배우자는 '가벼운 호기심'으로 배재학당의 문을 두드렸다.

이승만이 살던 '도동'에서 '정동'의 배재학당은 공간적으로 그리 멀지 않은 거리다. 남대문만 넘으면 바로 닿는 장소다. 그러나 그 두 공간을 지배하는 시간은 완전히 달랐다. 하나는 '전통'이라는 시간이 장악한 공간이었고, 다른 하나는 '근대'라는 시간이 흐르는 공간이었다.

이 두 공간을 오가며 시간을 갈아타게 된 이승만의 '가벼운 호기심'이 나중에 얼마나 '무거운 책임감'이 될지 이승만 본인도 전혀 몰랐다. 물론 당시 사람들 누구도 몰랐다. 그러나 이 선택이야말로 이승만은 물론 조선 백성 모두가 마주해야 할 서양과의 운명적 만남을 예고하는 사건이었다. 그러한 함의를 전혀 모른 채 21살 이승만은 '달리는 시간'에 올라탔다.

1983년 서당시절 아버지 이경선(李敬善)을 모시고 찍은 사진.
오른쪽이 18살 이승만, 왼쪽은 서당 친구 김홍서.

05
배재학당에서 '영어'는 물론 정치적인 '자유'를 배우다

21살의 유생(儒生) 이승만이 1896년 4월 문을 두드린 배재학당은 그를 완전히 새로운 세상으로 이끌었다. 이승만 스스로 한 말이다. "내가 배재학당에 가기로 한 것은 영어를 배우려는 큰 야심 때문이었고, 그래서 나는 영어를 열심히 공부했다. 그러나 나는 영어보다도 더 귀중한 것을 배웠는데, 그것은 정치적인 '자유'이다." (이정식, 2005, 《이승만의 구한말 개혁운동》, 배재대 출판부, p. 310).

'배재학당'은 1885년 8월 미국인 선교사 아펜젤러(Appenzeller)가 세운 우리나라 최초의 근대적 교육기관이다. 이보다 6개월 전 즉 같은 해 2월 고종은 한국 최초의 서양식 병원 '광혜원'을 세우고 미국인 의사이자 선교사인 알렌(Allen)에게 서양 의술을 펼치고 가르치도록 했다.

한 해 뒤 1886년엔 역시 미국인 선교사이자 의사인 스크랜튼(Scranton) 여사가 '이화학당'을 세웠고, 또 다른 미국인 선교사 언더우드(Underwood)는 '경신학교'를 세웠다. 그리고 다시 이듬해 1887년에는 또 다른 미국인 선교사 벙커(Bunker)가 '정신여학교'를 세웠다. 이들 미국인 선교사들은 당시 자신들이 세운 여러 학교에서 서로 돌아가며 품앗이로 학생들을 가르쳤다.

이 대목에서 궁금히 여겨야 할 질문이 하나 등장한다. 기독교 전파를 금지한 조선에서 이들 미국인 선교사들은 어떻게 갑자기 정부의 허락을 얻어 이렇게 많은 학교를 잇달아 세울 수 있었는가? 이 질문에 답을 하기 위해서는 다음 두 가지 사건을 이어서 보아야 한다. 가깝게는 1884년 12월 '3일천하'로 끝난 갑신정변에서 벌어진 일, 그리고 멀게는 1882년 5월 체결된 '조미수호통상조약'이다.

김옥균 등 개화파는 우정국(우체국) 낙성식 행사를 빌미로 민씨 집안으로 대표되는 수구파를 상대로 한 쿠데타 즉 무력정변을 일으켰다. 개화파 자객의 칼이 당시 실력자 민영익을 난자(亂刺)했다. 마침 현장에 있던 독일공사 묄렌도르프가 민영익을 자신의 집으로 급히 옮기고, 미국 공사 푸트에게 의료지원을 요청했다. 푸트는 알렌을 급파했다. 알렌은 죽음 직전의 민영익을 3개월 동안 정성껏 치료해 마침내 살렸다. 고종은 감동했다.

다른 한편 고종은 1882년 5월 조선이 서양 국가와 맺은 최초의 조약인 '조미수호통상조약'에 따라 그로부터 1년 후 1883년 5월 한성에 부임한 미국 공사 푸트를 맞았다. 그리고 같은 해 7월 민영익을 단장으로 한 대미 친선사절단 '보빙사(報聘使)'를 파견했다. 이런 상황에서 갑신정변으로 목숨을 잃을 뻔한 왕비 집안 실력자 민영익을 미국인 의사 알렌이 살려낸 것이다.

개인 알렌에게는 물론 미국이라는 나라에 고종이 감사하지 않을 수 없었다. 기독교 선교를 금지한 당시의 상황을 우회하는 방법으로 미국인 선교사들은 조선에 학교와 병원을 세우고자 애쓰던 때였다. 시의적절한 알렌의 활약으로 그 이듬해인 1885년부터 미국인 의사가 세운 병원이 섰고 또한 미국인 선교사들이 세운 학교가 우후죽순으로 들어설 수 있었던 까닭이다.

이로부터 대략 10년 후 1894년 '갑오개혁'이 시행되면서 미국인 선교사들은 서울을 넘어 평양을 비롯한 전국 방방곡곡에 학교를 세울 수 있었다. 1894년 한 해에만 평양에 광성학교, 숭덕학교, 정의여학교 등이 세워졌다. 이후 미국인 선교사들이 세운 학교는 전국으로 확산됐다. 1910년 조선이 완전히 망할 때까지 이들이 세운 학교는 전국적으로 9백여 개에 이르렀다.

이승만이 배재학당에 입학한 1896년은 바로 이런 시절이었다. 이미 창립된 지 11년이나 된 배재학당은 미국인 선교사들이 세운 학교 가운데서도 가장 잘나가는 학교였다. 이승만이 입학하기 10년 전인 1886년 고종이 친필 현판을 내릴 만큼 배재학당은 명성을 누렸다.

이런 배재학당에서 이승만은 단연 두각을 나타냈다. 입학한 지 6개월 만에 학당의 영어 강사로 발탁됐다. 또한 아펜젤러, 노블, 에비슨 등 여러 선교사들을 통해 미국의 역사와 독립투쟁, 자유와 민권, 선거와 민주주의, 사법제도, 국민과 인권 등을 배우고 깨달았다. 이승만은 그 참에 상투도 잘라 버렸다.

입학한 지 1년 3개월만인 1897년 7월 22살의 이승만은 정동감리교회당에서 열린 졸업식에서 대표로 연설을 했다. 왕실의 명사들과 조정의 대신들은 물론 선교사들이 모두 모인 자리였다. 당시 정국의 현안인 '조선의 독립(The Independence of Corea)'에 관한 연설이 영어로 장내에 퍼졌다. 아쉽게도 연설 원고가 전해지지 않고 있지만, 이승만의 연설은 하객들의 뜨거운 박수를 받았다.

서재필은 독립신문에 이날 일을 상세히 보도했다. "그의 연설은 창의적이다. 조선과 중국 관계, 위태로운 현 상황과 독립과제의 논의를 전개한 거침없는 말에 관객들의 열렬한 박수를 받았다. 뜻이 훌륭하고 영어도 알아듣기 쉽게 하였다고 외국인들이 매우 칭찬하더라. 윤치호 씨도 '조선의 독립'이란 연설이 매우 좋았다고 일기에 적었다고 하더라."

아펜젤러는 그가 발간하는 영문 월간지 '코리안 리포지터리(Korean Repository)'에 다음과 같이 기록했다. "미숙한 이 졸업생 대표는 '조선의 독립'을 연설 제목으로 택했다. 이것은 조선에서 처음 거행되는 대학(College) 졸업식 연설의 주제로 매우 적절하다. 독립만이 이들 젊은이들이 교육받은 것을 실천할 수 있는 터전을 마련해줄 것이다. 이승만의 어법은 훌륭했고 감정도 대담하게 표현했으며 발음도 깨끗하고 명확했다."

다른 한편, 배재학당에서는 갑신정변의 실패로 해외로 도피해 의사가 되어 귀국한 서재필의 지도로 '협성회'라는 학생회 토론모임이 조직됐다. 이승만은 이 모임을 이끌면서 소식지 '협성회회보'를 1898년 1월 1일 주간신문으로 창간했다. 이어서 같은 해 4월 9일에는 일간지 '매일신문' 그리고 8월 10일에는 역시 일간지 '제국신문'을 각각 창간하고 논설을 썼다. 서재필·윤치호 등이 주도해 1896년 7월 결성한 '독립협회' 일도 맡았다. 독립협회가 주관하는 거리집회 '만민공동회'의 대의원으로도 활약했다.

협성회회보 창간호
1898년 1월 1일

매일신문 창간호
1898년 4월 9일

제국신문 창간호
1898년 8월 10일

'협성회회보' 창간호에 23살 이승만이 쓴 논설은 당시 그가 무엇에 관심을 가졌는지 분명히 보여준다. "무릇 사람이 젊은 나이에 뜻을 굳게 세워 학문을 닦는 것은 나중에 그 학문을 기반으로 공사(公私) 간에 큰 과업을 성취코자 함이라. 오늘날 구미 제국은 정진하고 있다. 이런 때에 만일 우리가 과거의 학문에만 힘을 쏟아 옛사람들 이야기만 공부하고 과거의 일만 배워서 과업을 수행코자 하면 이는 곧 나무를 거꾸로 심고서 자라기를 바라는 것과 마찬가지니 어리석다 하지 않을 수 없다." 이승만은 언론을 통해 '신학문을 배워 구미 제국을 따라잡아야 한다'고 외치고 있었다. 시간을 달리기 시작했다.

고종이 하사한 친필현판.

이승만이 입학한 1896년 건축 중인 배재학당 모습. 검은 옷을 입은 사람이 아펜젤러다.

06
요즘 국회 격인 중추원 첫 회의서
고종 거스른 발언으로 체포

서재필의 가르침을 받으며 1897년 7월 배재학당 졸업식에서 '한국의 독립(Independence of Korea)'을 주제로 영어 연설을 한 청년 이승만이 그로부터 1년 전인 1896년 7월 서재필이 창립한 '독립협회(Independence Club)' 일을 하지 않았다면 오히려 이상하다. 졸업 후인 1898년 1월, 4월, 8월 이승만이 잇달아 창간한 협성회회보, 매일신문, 제국신문 또한 그로부터 2년 전인 1896년 4월 서재필이 창간한 '독립신문'의 청년 버전이었다.

서재필이 중심이 되어 유길준, 윤치호, 이상재, 주시경 등 개화파가 대거 필진으로 참여한 독립신문의 1896년 4월 7일 창간호 논설은 다음과 같이 쓰고 있다. "정부 관원이라도 잘못하는 이가 있으면 우리가 말할 터이요. 탐관오리들을 알면 세상에 그 사람의 행적을 밝힐 것이오. 사사로운 백성이라도 무법한 일을 하는 사람은 우리가 찾아 신문에 설명할 터이다."

당시 조선은 열강의 이권 다툼에 편승한 관리들의 부패로 국익을 지키기는커녕 나라의 독립조차 유지하기 어려운 형편이었다. 일본은 청일전쟁의 승리를 몰아 1985년 10월 왕실이 거처하는 경복궁 내전으로 자객을 난입시켜 고종의 부인 민비를 시해하는 '을미사변(乙未事變)'을 일으켰다. 신변에 위협을 느낀 고종은 결국 1896년 2월부터 1897년 2월까지 1년 동안 러시아 공관으로 피신했다. 이른바 '아관파천(俄館播遷)'이다.

거처하는 궁궐에서 왕비가 자객에게 죽임을 당하고 국정의 최고 책임자인 왕이 1년 동안 외국 공관에 피신하는 나라가 과연 독립을 유지하는 제대로 된 나라인가? '독립협회'는 바로 이 아사리판 한가운데 시점인 1896년 7월 2일 열강의 조선 침략을 막아야 한다고 주장한 서재필에 의해 창립된 단체다.

독립협회에는 앞서 나열한 독립신문 필진이 대거 자리 잡고 있었다. 거기에 더해 이완용, 안경수, 박정양 등 당시 정부의 개혁적인 고위관료들도 적극적으로 참여했다. 서재필의 제자로 온 세상이 주목하던 개화파 청년 이승만이 독립협회에 이름을 올리지 않을 까닭이 없었다.

독립협회는 중국에 대한 사대(事大)를 상징하는 영은문(迎恩門)과 모화관(慕華館)을 헐고 그 자리에 조선의 독립을 상징하는 문을 세우자는 주장과 함께 출발한 단체다. 이를 위한 국민들 성금이 쌓여가자 왕실도 비용을 보탰다. 프랑스의 개선문을 본 떠 만든 독립문이 마침내 무악재 아래 우뚝 선 것은 착공 1년 만인 1897년 11월이었다.

독립문 완공 한 달 전인 1897년 10월 고종은 소공동에 하늘에 제사를 지내는 원구단(圜丘壇)을 짓고 스스로 '대한제국'의 '황제'로 칭하며 열강과 대등한 자주국임을 과시했다. 그러나 대한제국은 결국 식민지로 전락하는 조선의 마지막 발버둥일 뿐이었다. 만약, 고종이 독립협회의 주장과 활동을 받아들여 개혁에 성공했다면 역사는 전혀 달리 전개되었을 수도 있었다. 분명한 것은 이 갈림길 한복판에 청년 이승만이 있었다는 사실이다.

1898년 3월 독립협회는 지금의 종로 보신각 근처에 있는 시장 거리에서 '만민공동회(萬民共同會)'라는 대중집회를 조선 역사상 처음으로 개최했다. 1만여 명이라는 엄청난 인파가 모였다. 얼지 않는 부동항(不凍港)을 찾아 부산 영도(절영도)에 대한 조차권을 요구하던 러시아의 행태를 문제 삼은 만민공동회 연사들의 주장이 정부에 의해 받아들여지자 대중은 열광했다.

독립협회 특히 만민공동회에서 이승만이 한 역할에 관해서는 이승만 본인이 영문으로 쓴 여러 버전의 '자서전(Autobiography)'을 포함해 다양한 기록이 존재한다. 그중 가장 정리가 잘 된 문헌은 어릴 적부터 이승만의 동네 친구이자 배재학당은 물론 나중에 옥중 생활도 상당 기간 같이 한 '신흥우'가 1949년 4월 12일 올리버(Oliver) 박사와 대담한 영문 기록이다.

이 기록은 이정식 교수가 2005년 출판한 책 《이승만의 구한말 개혁운동》 391-401 쪽에 '이승만을 말한다'라는 제목을 달고 한글로 정리되어 있다. 아래 일부를 인용한다. [ ] 속은 필자가 보완한 내용이다.

"이승만은 독립협회에서도 활발히 활동했다. 처음에는 연장자들에게 눌릴 수밖에 없었지만 차차로 그의 영향력은 커져갔다… 이승만은 독립협회 외곽에 있었지만, 그의 연설은 세밀하고 박력이 있어 유명하게 되었고 존경을 받게 되었다… 임금은 독립협회를 무시해 버렸는데, 독립협회 회원들은 밤낮으로 덕수궁 앞에서 그리고 종각 근처 광장에서 데모 집회를 열었다. 친러파 관리들은 '황국협회'를 만들어 보부상과 불량배들을 고용해서 폭력으로 독립협회 모임을 해산시키도록 했다.

이승만같이 과감한 사람들이 공격의 대상이 되었다. 이승만 등은 덕수궁 근처에 있는 독일 공관 쪽의 낮은 담을 넘어 도망쳐 배재학당으로 피하곤 했다…. 황제는 타협하기를 원했다. [마침내 1898년 11월 고종은] 독립협회와 황국협회로 하여금 25명씩 대표를 선출해 '국회 비슷한 기관' [중추원]을 구성하도록 했다. 이승만도 그 중의 하나로 임명되었다[종9품 의관]. 윤치호가 부의장으로 선출되었다.

그런데 중추원 첫 모임에서 이승만이 일본에 망명 중인 모든 망명객들을 소환해서 공개적이고 공정한 재판을 거치도록 하자고 주장했다. [1884년 12월 갑신정변이 실패로 끝난 직후 김옥균, 서광범, 박영효, 서재필 등 수많은 개화파 인사들이 일본으로 망명했다. 이들 중 서광범 박영효 서재필 등 일부는 1885년 5월 미국으로 건너가 뿔뿔이 흩어졌고, 김옥균은 윤치호가 있는 상해로 넘어갔으나 결국 1898년 3월 홍종우에게 암살됐다. 그럼에도 류혁로 신응희 이규완 정란교 등 개화파 인사들 상당수는 1898년 11월 현재까지 일본에 체류하고 있었다]. 그래서 죄가 있으면 벌을 주고 죄가 없으면 전직(前職)에 복귀하도록 하자는 것이었다. 이 제안이 있자 [일본이 저지른 을미사변으로 왕비를 잃은] 황제는 노할 대로 노해서 중추원을 즉각 해산시키고 중추원 의원들을 체포하라는 명령을 내렸다.

독립협회 출신들 여러 명은 [치외법권 지역인] 외국인 거주 지역으로 피신했다. 이승만도 미국 감리교회와 배재학교가 있는 곳에 피신했다… 어느 날 오후 신흥우 등이 이승만을 만나러 갔다. 그때 이승만은 미국 감리교 의사와 대화할 수 있는 정도로 영어를 구사하고 있었다.

셔먼(Sherman) 의사는 근처에 사는 환자를 보러 가게 되어 있었는데, 이승만에게 물었다. '나하고 같이 갔다 오겠냐'는 것이었다. 한동안 틀어박혀 살게 되어 싫증이 나고 있던 이승만은 '그래요' 하고 따라나섰다. 그들이 지금의 한국은행 앞 광장에 있던 일본 영사관 근처에 다다랐을 때 평복을 입은 형사들 몇몇이 뛰쳐 나와서 이승만을 체포해서 유치장으로 끌고 가버렸다.”

큰 죄를 짓지도 않고 끌려간 감옥에서 이승만은 결국 5년 7개월이라는 짧지 않은 20대 중후반의 황금 같은 나날을 갇혀있게 됐다. 좌절의 시간이었지만 동시에 그 시간은 이승만 삶의 새로운 전환점이 되었다. 감옥은 그를 완전히 새로운 사람으로 만들어 갔다. 이승만을 미래로 이끈 신작로는 감옥에서 활짝 열렸고, 이승만은 마침내 그 길의 입구에 들어섰다.

1897년 11월 완공 직후의 독립문 모습. 헐어 낸 영은문 기둥과 받침돌이 남아 있다.

1898년 3월 서울 종로(운종가)에서 개최된 만민공동회 모습. 인파 뒤로 상가 지붕이 보인다.

'이정식 교수의 책《이승만의 구한말 개혁운동》
표지(2005년 배재대 출판부).
신흥우가 1949년 4월 올리버 박사와 대담한
'이승만을 말한다' 수록.

07
이승만, 감옥에서 권총 들고 탈옥하다 붙잡혀
종신형 선고받아

이승만은 감옥에서 5년 7개월 복역했다. 1899년 1월 9일부터 1904년 8월 9일까지, 나이로 치면 24살부터 29살까지다. 누구에게라도 삶의 가장 황금 같은 시절인 20대 중후반의 청춘을 감옥에서 보낸 이승만에겐 과연 어떤 일들이 있었는가? 객관적인 사건의 전개를 우선 정리해 보자.

이승만 체포의 빌미를 제공한 미국인 의사 셔먼(Sherman)은 같은 의사 출신으로 주한 미국 공사가 된 알렌(Allen)에게 구명을 호소했다. 왕진에 나선 외국인 의사의 통역이었으니 체포하려면 사전에 해당 국가에 통보하고 동의를 구해야 한다는 논리였다. 즉 외교 절차를 무시한 불법 연행이라 주장했다.

알렌은 외교 경로를 통해 정식으로 항의하며 석방을 요구했다. 몇 주 동안 협상이 진행되면서 경무청의 미국인 고문관 스트리플링(Stripling)이 유치장을 방문해 고문 등 가혹행위가 있었는지도 확인했다. 이러한 노력으로 석방이 거의 성사되어 갈 즈음, 이승만은 배재학당 친구들과 엄청난 사고를 쳤다. 권총을 들고 탈옥하다 다시 잡혀 들어왔기 때문이다.

'건국이념보급회' 대표 인보길은 당시 상황을 이승만에 대한 '판결문'과 '고종실록' 등을 참고해 아래 박스와 같이 재구성했다(뉴데일리 2013. 5. 24). 흥미진진을 넘어 충격적이기까지 한 이야기를 여기 인용한다. [ ] 속은 필자가 보완한 내용이다.

"이승만 등 죄수 3인, 대낮에 권총 쏘며 탈옥"

"이승만은 억울하게 사형선고를 받은 간성 군수 '서상대'와 독립협회 동지 '최정식'과 같은 감방에서 울적한 나날을 보냈다… 최정식은… 어느 날 '탈옥하자'는 권유를 이승만에게 먼저 꺼냈다. '… 당신과 나는 민회(民會: 만민공동회)의 이름있는 사람인데 앉아서 죽기를 기다리려 하오?' 한시바삐 뛰쳐나가 민중운동을 재개하고 싶었던 이승만은 즉시 호응하여 '다시 만민공동회를 모아 독립협회를 부흥하자'며 탈옥을 굳게 맹세하고, '주상호(周商鎬)'에게 권총을 부탁했다.

주상호는 뒷날 국어학자로 유명한 '주시경(周時經)'이다. 이승만과 고향(황해도 봉산)이 같고 한 살 아래인 주시경은 배재학당과 독립협회, 독립신문 활동을 함께 한 평생동지다. 탈옥을 모의한 주시경은 이승만이 탈옥 후 진행할 대중집회도 준비하면서 권총 두 자루를 몰래 감방에 들여보냈다.

이승만, 최정식, 서상대 세 명은 1899년 1월 30일 저녁때 감옥 문을 뛰쳐나가 서소문 쪽으로 달렸다. 최정식은 추격하는 순검들과 간수들에게 권총을 쏘며 배재학당 담을 넘어 도망쳤다. 감옥 문 앞에서 실랑이를 벌이다 뒤 쳐진 이승만은 병사에게 잡히고 말았다. 최정식과 서상대는 양장한 여자로 변장하고 서울을 빠져나갔다.

칼을 뽑아 든 병정들에게 끌려간 이승만은 [1899년 2월 1일] '한성감옥'으로 이감되어 즉시 무시무시한 고문을 받기 시작했다. 한성감옥은 종로 네거리 포도청(捕盜廳) 건너편에 있던 것으로 현재 영풍문고 빌딩 근처다. 3개월 후 최정식도 체포되었다. 평안도 진남포로 도피하여 일본으로 밀항하려던 그는 여관 주인의 밀고로 잡혀서 한양으로 이송되었다.

이승만이 갇힌 방은 흙바닥의 중죄수 감방이었다. 그의 목에는 큰 칼이 씌워지고 손은 뒤로 묶이고 발에 차꼬가 채워졌다. 날마다 계속되는 고문은 잔혹했다. 무릎과 발목을 묶고 두 다리 사이에 주릿대를 끼워 두 사람이 주리를 틀고 손가락 사이엔 세모난 대나무를 끼워 살점이 떨어지도록 비틀었고, 이승만을 엎드려 놓고 대나무 몽둥이로 피가 철철 흐르도록 때렸다. 이때 받은 고문의 후유증으로 훗날 이승만은 손가락을 '후후' 부는 버릇이 생겼다. [볼을 실룩이는 버릇도 같이 생겼다.]

…그는 자신이 사형당하리라 단정했다… 이승만은 아버지에게 남기는 유서를 세 번 썼고, 아버지 이경선(李敬善)옹은 아들의 시체를 거둬 가려고 몇 차례나 감옥 문 앞에서 기다리곤 했다. 이승만이 열여섯 살 때 결혼한 박씨 부인은 고종 황제에게 올리는 상소문을 가지고 인화문 앞에 엎드려 남편을 살려달라고 사흘 밤낮이나 통곡했다. 아펜젤러, 알렌 등 미국 선교사들과 한규설 등 대신들도 이승만이 사형되지 않도록 구명운동에 발 벗고 나섰다….

[1899년 7월 11일 홍종우가 주재한 평리원 재판에서] 탈옥을 주도했던 [24살] 이승만은 종범(從犯)이 되고 최정식이 주범(主犯)으로 판결이 났다. 조사결과 최정식의 총탄은 간수의 다리를 맞혔지만, 이승만의 권총은 발사한 흔적이 없었기 때문이다…. [최정식은 사형을 당했고] 사형을 면한 이승만은 태형(笞刑)을 받고 종신 징역살이를 시작했다."

종신형 선고 대략 6개월 후인 1899년 12월 이승만은 '치하포' 사건으로 '민간인'을 죽여 사형선고를 받은 김구(김창수) 등과 함께 특사를 받아 징역 10년으로 감형되었다. 이어서 1900년 2월 감옥의 책임자로 부임한 '김영선'은 정치범들에게 독서와 글쓰기를 허락하고 도서실도 설치해 주었다. 이때부터 이승만은 옥중에서 신앙생활은 물론 독서와 집필도 할 수 있었다. 1904년 2월 러일전쟁이 발발한 후 민영환, 한규설 등의 노력으로 이승만은 마침내 특별사면을 받아 그해 8월 4일 29살의 나이에 석방되었다.

이승만은 감옥에서 정말이지 지옥에서 천당까지 오가는 경험을 했다. 탈옥 후 잡혀 시작된 모진 고문은 결국 사형을 당할 거라는 지옥으로 이승만을 내몰았다. 동시에 그 과정에서 자신도 모르게 올린 기도 끝에 이승만은 하나님의 은총을 받기도 했다. 구원을 받은 기쁨은 감옥에서 죽어 나가는 콜레라 환자들을 맨몸으로 돌보는 모습에서 절정에 올랐다. 자신의 신앙 경험을 바탕으로 옥중에서 정치범들을 상대로 전도도 했다.

이승만 연구의 최고 전문가 중 하나인 유영익은 《젊은 날의 이승만》(연세대 출판부, 2002)에서 이승만의 옥중 활동을 다음과 같은 7가지로 분류해 정리한 바 있다. 1) 기독교 개종과 성경공부 및 전도, 2) 영어 공부와 독서, 3) 번역·저술 활동과 신문논설 집필, 4) 옥중학당 개설, 5) 서적실 개설, 6) 콜레라 환자 구호, 7) 붓글씨 연습과 한시 짓기. 이 연재물에서 이를 하나하나 세밀하게 살펴볼 여유는 없다.

다만 후일 독립운동의 지도자는 물론 대한민국을 건국한 대통령이 된 후의 행보와 연관해 중요한 의미를 담고 있는 몇몇 대목에 관해서는 살펴보지 않을 수 없다. 우선, 이승만의 건국 정신의 하나로 평가받는 '기독교 입국론'의 배경이 된 옥중 개종이다. 다음, 옥중에서 집필해서 독립운동과 건국의 방향을 예고한 원고들이다. 여기에는 당시 신문에 투고한 논설을 비롯해 후에 미국에서 출판한 '독립정신'과 '청일전기' 등이 포함된다.

이승만이 한성감옥에서 5년 7개월을 보내지 않고 또 기독교로 개종하지 않았다면, 후에 그가 어떤 사람이 되었을지 누구도 예측하기 어렵다. 권총을 들고 탈옥을 결행하고 만민공동회에서 보부상과 싸우며 밤낮으로 집회를 이끌어 가는 모습을 근거로, 그도 '박용만' 같은 무장투쟁 노선의 독립운동가가 되었을 가능성이 컸다고 말할 수도 있다(이정식 2005: 220).

그러나 그가 겪었던 고통, 그 고통의 끝에서 경험한 종교적 구원, 그리고 이어진 지적 성취는 그를 전혀 새로운 길로 인도했다. 청년기에 빠지기 쉬운 과격한 방식의 개혁과 독립을 넘어서 그는 마침내 기독교 교육을 통해 인간을 근본부터 바꾸는 방식으로 개혁과 독립을 이루는 새로운 선택에 눈을 뜨게 되었다(이정식 2005: 200).

이승만 후배 주시경(주상호)

1903년 이승만의 옥중 동지들. 이승만은 중죄수라 포승줄에 묶여 있다. 앞줄 왼쪽부터 강원달, 홍재기, 유성준, 이상재, 김정식, 뒷줄 왼쪽부터 안명선, 김린, 유동근, 이승인, 그리고 부친 대신 복역하는 어느 소년. (출처: 유영익, 1996, 《이승만의 삶과 꿈》 중앙일보사, p. 33)

08
"하나님, 나의 영혼을 구해주옵소서…
우리나라를 구해주옵소서"

24살, 권총으로 무장한 탈옥수를 다시 가둔 구한말 감옥은 죽음보다 더한 시련이었다. 이정식 교수가 2005년 출판한 책 《이승만의 구한말 개혁운동》(배재대 출판부, 303-304쪽)은 이승만 스스로 영문으로 작성해 보관하고 있던 비망록 '감옥 이야기 일부(A Part of Prison Story)'를 번역해 다음과 같은 장면을 전한다. [ ] 속은 이정식 교수가 보완했다.

"7개월 동안 나는 10kg 쯤 무게가 나가는 나무로 만든 목걸이(칼: 수판, 首板)를 목에 달고 두 손은 수갑에 채우고 발은 형틀(차꼬: 족가, 足枷)에 끼워져 있었다. [그런 나에게] 다른 죄수들은 몰래 감옥으로 들여온 조간신문에서 밤중에 내가 사형되었다는 보도를 눈물을 흘리면서 읽어 준 일이 몇 번이나 있었고, 그럴 때마다 나의 선친은 나의 시신이라도 찾아 매장하겠다며 오곤 했다."

그러나 모진 시련은 동시에 이승만을 종교적 구원의 길로 이끌었다. 살점이 떨어져 나가는 고문이 이어지던 1899년 2월 어느 날 24살 이승만은 감옥에서 어렵게 구한 성경을 읽다 불현듯 겪게 된 영적 체험을 아래와 같이 적었다. 유영익 교수가 2002년 펴낸 책 《젊은 날의 이승만》(연세대출판부. 60-61쪽)에 정리한 이승만의 또 다른 영문 비망록 "Mr. Rhee's Story of His Imprisonment"에 등장하는 대목이다. [ ] 속은 유영익 교수가 보완했다.

하나님의 응답받은 이승만의 옥중 기도

"나는 감방에서 혼자 있는 시간이면 이 성경을 읽었다. 그런데 신학교(배재학당)에 다닐 때는 그 책이 나에게 아무 의미가 없었는데 이제 그것이 나에게 깊은 관심거리가 되었다. 어느 날 나는 선교학교에서 어느 선교사가 했던 말이 기억났다. 그래서 나는 평생 처음으로 감방에서 '오 하나님, 나의 영혼을 구해주옵소서. 오 하느님, 우리나라를 구해주옵소서'라고 기도하였다.

[그랬더니] 금방 감방이 빛으로 가득 채워지는 것 같았고 나의 마음에 기쁨이 넘치는 평안이 깃들면서 나는 [완전히] 변한 사람이 되었다. [동시에 그때까지] 내가 선교사들과 그들의 종교에 대해서 갖고 있던 증오감, 그리고 그들에 대한 불신감이 사라졌다. 나는 그들이 우리에게 자기들 스스로 대단히 값지게 여기는 것을 주기 위해서 왔다는 것을 깨달았다."

감옥에서 하나님의 응답을 얻기까지 이승만이 기존에 가지고 있던 기독교에 대한 평가와 태도는 다음 독백에서 잘 드러난다. 이승만의 또 다른 영문 비망록 "Rough Sketch"에 기초해 이정식 교수가 2005년 책 40쪽에 한글로 정리한 내용이다. 배재학당에 다니기 시작할 즈음인 1896년 4월, 21살 때의 고백으로 추정된다.

"나의 관심을 끄는 한 가지 이상한 사실은 1900년 전에 죽은 한 인간이 내 영혼을 구원해 줄 수 있다는 것이었다. 이 사람들은 온갖 놀라운 일들을 한 사람들이라고 알려져 있는데 어떻게 그런 우스꽝스러운 말을 믿을 수 있단 말인가. 아마 그들은 자신들은 믿지 않으면서 무지한 사람들만 그런 것을 믿게 만들기 위해 여기에 왔을 거다. 그러니 가난하고 무지한 사람들만 교회에 가는 것은 놀랄 일이 아니다. 위대한 부처님의 진리와 공자님의 지혜를 공부해 학식을 갖춘 선비라면 저런 말은 절대 믿지 않는다."

쇠락하는 조선의 소중화(小中華) 대륙문명 '성리학'을 벗어 던지고 세계를 석권하는 해양문명 '개신교'로 세계관을 바꾼 이승만의 개종은 배재학당에서의 신학문과 함께 시작되었지만, 결국에는 감옥에서 죽음과 다름없는 고통을 겪으면서 완성되었다. 그렇다면 그의 개종은 이 땅의 수많은 기독교 신자들이 거치는 개종과 얼마나 같고 또 얼마나 다른가?

그의 개종에는 남다른 특징이 몇 가지 존재한다. 우선, 고통을 극복하기 위해 하나님께 구원을 호소하는 이승만의 기도는 이승만 개인의 문제에 그치지 않았다. 하나님을 향한 그의 기도는 '자신'은 물론 자신이 속한 '나라'도 같이 구원해 달라는 호소였다. 흔치 않은 모습이다. 어쩌면 하나님은 이미 그때 그를 이 나라의 지도자로 예비하고 있었는지도 모른다.

다음, 이승만의 개종이 옥중에서 이루어지면서 드러난 특징이다. 이승만 재평가에 남다른 관심을 기울이는 전광훈 목사는 2015년 저서《이승만의 분노》(퓨리탄출판사, 45쪽)에서 그가 "감옥 안의 죄수들에게 성경을 읽어주고 기독교 교리를 알려주며 40여 명을 개종시켰다"고 지적한다. 당시 서양 선교사들이 몇 년을 노력해도 신도 1명을 얻기 어려운 상황임을 고려하면 놀라운 업적이라 하지 않을 수 없다.

나아가서 이승만의 영향으로 옥중에서 개종한 인사들의 면면을 살펴보면 이들의 개종이 거의 '사회혁명'적 수준이었다는 사실도 확인할 수 있다. '제사를 반대하는 기독교'를 받아들인 감옥 선비들의 사회적 지위가 엄청났기 때문이다. 대표적 인물들의 경력을 보자. '이원긍'은 법무차관, '이상재'는 의정부 차관보, 유길준의 동생 '유성준'은 내무차관, '김정식'은 경찰청장, 이상재의 아들인 '이승린'은 부여군수 경력을 가진 사람들이다(이정식 2015: 149). 더구나 이들은 모두 이승만보다 나이가 한참 위였다.

또한 이들 대부분은 사회를 개혁하려다 감옥에 온 정치범들이었다. 이승만은 '기독교를 썩어빠진 나라를 혁신하기 위한 수단'으로 옥중의 선비들에게 전파했고, 이들은 '나라의 비운과 개인적 좌절, 그리고 그 속에서 뚜렷한 한 가지 희망으로 번져오는 기독교에 대한 기대를 떨쳐 버릴 수 없어' 개종했다(서정민, 1988, "구한말 이승만의 활동과 기독교(1875-1904)"《한국기독교사연구》 No. 18: 4-23]. '기독교 입국론'의 출발은 감옥에서 이루어졌다.

이승만이 개종한 후 보여준 기독교적 헌신은 그의 옥중 소식을 전한 1903년 5월호《신학월보》에 잘 기록되어 있다. "우리 사랑하는 리승만 씨는 옥에 갇힌 지 이제 칠팔년(사실은 사년)인데 그 사이, 고생하는 중에 참아

견뎌낼뿐더러 옥중에 갇힌 사람에게 전도하여 아름다운 일을 행한 것이 많은데 그 대강의 기록을 다음에 기재하노라"는 도입으로 시작하는 '옥종 전도'는 다음과 같은 대목을 드러낸다.

"작년 가을에 호열자(콜레라)가 옥중에 먼저 들어와 사오일 동안에 육십 여 명을 목전에서 끌어내릴 새, 심할 때는 하루 열일곱 목숨이 앞에서 쓰러질 때는 죽는 자와 호흡을 상통하며 그 수족과 몸을 만져 시신과 함께 섞여 지냈으나, 홀로 무사히 넘기고 이런 기회를 당하여 복된 말씀을 가르치매 기쁨을 이기지 못함이라"(《언론인 이승만의 글 모음》 1995, 조선일보사, pp. 146-147).

낮은 곳에서 어려운 사람들을 위해 목숨을 걸고 헌신하는 기독교인의 기쁨에 찬 사역을 이보다 더 극적으로 보여 줄 방법이 있을까? 120년이 지나 다시 '코로나'라는 전염병에 시달리는 지금 우리에게 더욱 돋보이는 모습이다.

옥중에서 기독교로 개종해 전도하는 모습을 담은 글 '옥중전도'가 실린 《신학월보》 1903년 5월호. 상단에 이승만 친필 메모.

'옥중전도' 첫 페이지. "우리 사랑하는 형제 리승만 씨는 옥에 갇힌지…"라는 도입부 글이 보인다.

'옥중전도'가 실린 1903년 5월호 《신학월보》 영문 표지. 목차에 'The Work in the Seoul Prison' 이 보인다.

1995년 조선일보사가 펴낸 《언론인 이승만의 글 모음》 표지. 이 책은 이승만이 1944년(59살)까지 각종 매체에 기고한 국영문 기명 논설 및 옥중에서 제국신문에 기고한 논설을 모으고 해설을 붙인 책이다.

09
교인의 두 가지 문제는 '정치상 조급함'과
'교회에 편벽됨'이라

이승만은 옥중에서 수많은 글을 썼다. 그가 쓴 글들을 구체적으로 살펴보기 전에 우선 그가 감옥에서 어떻게 글을 쓸 수 있었는지 알아보자. 이승만이 중추원(국회) 첫 회의에서 의관(의원)으로 발언한 내용이 고종의 심기를 거슬러 체포 명령이 내려지고 유치장에 처음 잡혀 들어간 것은 1899년 1월 9일이었다. 이때부터 1904년 8월 7일 석방될 때까지 이승만은 5년 7개월 감옥에 있었다.

정치범으로 유치장에 잡혀 온 그는 3주 만에 탈옥을 감행했다. 권총을 들고 도망치다 현장에서 다시 잡힌 그는 그때부터 중죄인 신세가 됐다. 체포와 함께 1899년 2월 1일부터 유치장이 아닌 한성감옥 중죄수 감방으로 격리된 그는 목에 칼을 차고 모진 고문을 당했다. 5개월 후 1899년 7월 재판에선 종신 징역형을 선고받았다.

그때까지 그가 감옥에서 누릴 수 있었던 최고의 호사(好事)는 몰래 들여온 성경을 목에 칼을 찬 채로 읽는 일이었다. 이승만 스스로 작성한 비망록은 그가 칼을 찬 기간이 7개월이었다고 전한다. 아마도 탈옥에 실패한

1899년 2월부터 종신형 선고를 받은 7월까지 만 5개월의 기간인듯하다. 이 기간에는 살아남는 것 자체가 힘겨운 상황이라 글쓰기는 불가능했다.

그러나 1899년 후반 특히 1900년으로 접어들면서 감옥 속의 이승만에게는 조금씩 좋은 일들이 생기기 시작했다. 우선 그는 판결에서 사형을 면했다. 또한 종신형 복역을 시작하면서부터는 반입된 책을 읽을 수 있었다 (이정식 2005: 104). 판결 6개월 후인 1899년 12월에는 특사를 받아 징역 10년으로 감형되었다. 이듬해 1900년 2월 한성감옥 책임자로 김영선이 부임하면서 감옥의 정책이 바뀌어 수감생활 중 글을 쓸 수 있게 되었다(이정식 2005: 106).

감옥에서 이승만이 처음 쓰기 시작한 글은 1917년 하와이에서 출판한 《청일전기(淸日戰記)》 원고로 추정된다. 출판된 책 서문 마지막에 '1900년 7월 20일, 한성감옥에 갇혀있는 이승만 기록'이라 밝혔기 때문이다. 출판된 책은 전체 154쪽 분량이었다. 적지 않은 분량의 원고를 자필로 쓰며 1900년 7월 마무리를 했다면, 감옥에서 처음 글을 쓸 수 있을 때부터 원고를 쓴 것으로 보는 것이 합리적이다.

감옥에서 이승만이 쓴 글들을 모두 연대기적으로 확인하기란 불가능하다. 한시(漢詩)에서부터 신문의 논설은 물론 《청일전기》 및 《독립정신》 등과 같이 다양한 장르의 글을 무수히 생산했기 때문이다. 그는 자신이 글을 쓴 시점을 대부분 밝히지 않았다. 그럼에도 이승만이 제국신문에 쓴 논설은 그것이 실린 시점은 물론 글 자체가 모두 추적이 가능하다. 신문이 보관되어 있기 때문이다.

이정식 교수에 따르면(2005: 169), 옥중의 이승만이 제국신문에 논설을 쓰게 된 경위는 신문사 사장인 '이종일'이 편집인이었던 이승만에게 1901

년 연초 '논설을 써서 보내주면 큰 도움이 될 것'이라 간곡히 요청했기 때문이라 한다. 조선일보사가 1995년 출판한 《언론인 이승만의 글 모음》 '발간사'에서 방상훈 사장은 이승만이 '1901년 1월부터 1903년 4월까지 27개월간 500여 편의 옥중논설을 실었다'고 밝히고 있다. 또한, 같은 책에서 언론학자 정진석 교수는 그중 89편을 골라 날짜와 함께 전문을 싣고 해설하는 논문도 썼다.

옥중에서 이승만이 쓴 제국신문 논설의 주제는 실로 다양했다. '나라의 흥망은 운수보다 정치에' 등과 같은 정치개혁부터 '일본이 새로 청국을 침범함'과 같은 군사외교적 현안, 그리고 '자식을 매매하는 혼인풍속' 등과 같은 교육·문화 문제에서 '이젠 천하 근본은 농사가 아니라 상업이다' 등과 같은 경제문제까지, 나아가서 '워싱턴의 기개와 정신' 등과 같은 세계적 안목도 필요함을 역설했다. 1903년 4월 17일 논설 '기자의 작별하는 글'을 통해선 이제 더는 논설을 쓰지 않을 것이라 밝히기도 했다.

다른 한편 이승만은 기독교 신자가 된 후부터 신학 월간지인 《신학월보》에도 여러 차례 글을 실었다. 앞에서 소개한 1903년 5월호의 '옥중전도'에 이어 같은 해 8, 9, 11월호에 그는 각각 '예수교가 대한 장래의 기초' '두 가지 편벽됨' '교회경략' 등의 글을 발표했다. 특히 9월호에 실린 '두가지 편벽됨'은 당시 교인들이 조심해야 할 문제를 지적하고 있는데, 오늘날까지도 큰 울림을 준다. 《우남 이승만 신앙연구》(김낙환, 청미디어, 2012, pp. 268-272)에서 발췌한 일부를 소개한다. [ ] 속은 필자가 덧붙인 내용이다.

"두가지 편벽됨" [교인의 두가지 문제]《신학월보》 1903년 9월호, pp. 389-395).

…[교회의] 뜻을 전파하기에 두 가지 방해가 있으니 하나는 '정치상에 조급'히 생각함이오, 다른 하나는 '교회에 편벽'되지 않도록 주의함이라.

'정치상에 조급'한 생각으로 말할진대 우리가… 교회에 들어가면 곧 정사(政事)가 바로 잡히고 나라가 문명되는 도리가 있는 줄로 알고 들어 갔다가… 정사가 어떠하며 법률이 어떠함을 논란하는 자는 별로 만나기 어려운지라… 곧 돌아서 물러나며 말하기를 '그 중에는 아무 뜻 없고 다만 교에만 혹할 뿐이니 대한 장래가 달렸다 함이 불과 사람을 속임이로다.'

'교회에 편벽'되기를 주의하는 자로 말할진대… [교회]에서 일하면 곧 무슨 효력이 있는 줄 알고 이것저것 부질없이 애써보다가 하나도 자기의 뜻과 같지 않은 즉… 세상 시비에 상관하지 말며… 전국 동포가 다 죽을 고초를 당하였다 하여도… 들은 체 아니하며, 다만 기도하는 말은… '나의 집안과 부모처자와 친척친구를 복 많이 주소서' 할 뿐이라.

이상 두 가지는 다 널리 생각하지 못한 데서 생김이라… 정치는 항상 교회의 본의로서 딸려 나오는 고로 교회에서 사람이 많이 생길수록 정치의 근본이 스스로 바로 잡히나니… 이것을 생각지 아니하고 다만 정치만 고치고자 하면 정치를 바로 잡을만한 사람도 없으려니와 설령 우연히 바로 잡는다 할지라도 썩은 백성 위에 맑은 정부가 어찌 일을 할 수 있으리오…

저 편벽되게 교회로 일신의 이익을 만들려는 자인즉 또한 사사로운 뜻에 병이 든지라. 어찌 나의 구원 얻는 것만 풍족히 여겨 남의 화복안위(禍福安危)를 돌아보지 아니하리오… 우리가 남의 환란질고(患亂疾苦)와 멸망함을 돌아보지 아니할진대 우리의 신(神)은 어디 있으며 우리의 일은 어디에 있으리요. 마땅히 세상을 생각하며 나라를 생각하며 이웃을 생각할지라…

이승만이 옥중에서 마지막으로 쓴 글은 《독립정신》 원고로 추정된다. 1910년 미국 LA에서 초판이 출판된 이 역저는 295쪽에 달하는 방대한 분량이다. 이 책 서문에서 이승만은 이 원고를 1904년 2월 19일 시작해 같은 해 6월 29일 마무리했다고 밝히고 있다. 1904년 8월 석방 직전 감옥에서 불과 4개월 만에 필생의 작품이 된 엄청난 분량의 원고를 마무리한 셈이다. 제국신문 등에 기고한 논설을 활용하지 않았다면 불가능한 일이라 여겨진다.

이 외에도 이승만이 감옥에서 쓴 글에는 옥중의 무료함을 달래려 쓴 한시 196수를 모은 '체역집(替役集)', 영어공부를 겸한 '영한사전 원고(F까지)', 옥중 학교에서 산수(算數)를 가르치는 교재로 쓴 '산술(算術)' 등이 포함된다. 그중 '체역집' 등 일부는 실체가 남아 오늘날 책으로 출판되기도 했지만, 다른 일부는 아예 망실되어 실체를 확인할 길이 없다.

1904년 이승만의 출옥이 임박할 즈음 감옥에서 성경공부를 같이 하던 옥중 동지들.
이승만 양옆에 있는 인물 둘은 성경책을 들고 있다.
중앙에 있는 어린이는 아버지 이승만을 면회 온 아들 봉수다.
배경에 보이는 쇠창살과 덧문에 쓰인 글자 징(懲)이 감옥임을 확인해준다.

김낙환,《우남 이승만 신앙연구》(청미디어, 2012). 이승만의 글 '두가지 편벽됨'이 정리되어 있다 (268–272 쪽).

《신학월보》 1903년 9월호에 실린 이승만의 논설 "두 가지 편벽됨" ["교인의 두 가지 문제"].

10
옥중 이승만, 1903년 2월 3일 제국신문 논설 '국문교육'을 쓰다

옥중의 이승만이 쓴 글들을 찬찬히 읽다 보면 절로 고개를 숙이게 된다. 시대를 앞서간 선각자의 혜안을 만나기 때문이다. 앞으로 소개할 《청일전기》《독립정신》 등과 같은 글들이 대표적이다. 하지만 여기에선 그동안 전혀 주목받지 못한 이승만의 '제국신문' 옥중논설 하나를 소개해서, 그가 정말이지 시간을 앞서 달렸던 선각자임을 다시 한번 확인하고자 한다.

'제국신문'은 고종이 스러져 가는 조선을 다시 일으켜 열강과 당당히 겨룰 수 있는 국가로 만들겠다는 포부를 담아 나라 이름을 1897년 10월 '대한제국'으로 바꾼 것을 배경으로, 이듬해인 1898년 8월 창간된 일간지다. 이승만이 논설을 책임진 주필이었고, 이종일이 경영을 책임진 사장이었다. 순 한글 전용이었다

'제국신문'에 앞서 이승만은 같은 해 1월 1일 배재학당 학생회 기관지 '협성회회보'를 주간지로 창간하면서 역시 순 한글로 발행했다. 3개월간 토요일마다 나오던 '협성회회보'를 이승만은 4월부터 제호를 '매일신문'으로 바꾸고 역시 순 한글 일간지로 이어갔다. 이승만이 사장 겸 주필이었

다. 그러나 불행히도 '매일신문'은 같은 해 7월 내분에 휩싸여 발행이 중단됐다.

이 단절을 이어간 순 한글 일간지가 바로 다음 달 창간된 '제국신문'이다. 창간부터 5개월간 주필로 활동하던 이승만은 1899년 1월 감옥에 들어가면서부터 글을 쓸 수가 없었다. 감옥에서 다시 형편이 좋아지자 이승만은 이종일의 간곡한 요청을 받아들여 1901년 1월부터 1903년 4월까지 27개월간 500여 편의 옥중논설을 썼다.

아래에 소개하는 논설이 그중 하나다. 이승만이 한글 교육에 쏟은 관심과 애정을 확인할 수 있다. '국문교육'이란 제목이 붙은 1903년 2월 3일 제국신문 논설은 이승만이 한글 발전사에서도 빠질 수 없는 인물이라는 사실을 웅변한다. [ ] 속은 독자들의 이해를 위해 필자가 덧붙인 내용이다.

논설에서 이승만은 당시 식자층이 사용하던 한문이라는 어려운 문자 대신 손쉽게 배울 수 있는 한글을 활용해야 전 국민 '문명개화'를 빨리 이룰 수 있다고 역설했다. 세종이 창제한 이후 방치되었던 한글의 가능성에 맨 처음 주목한 사람들은 역설적이게도 이 땅에 기독교를 전하러 온 외국인 선교사들이었다. 이들은 한글을 사용하면 성경의 복음을 대중에게 손쉽게 전할 수 있음을 바로 알아챘다.

로스, 언더우드, 게일, 존스, 헐버트 등 선교사들이 한영사전을 만들고 성경을 한글로 번역했다. 한 걸음 더 나아가 이들은 무지한 백성을 위해 새로운 지식을 전하는 교재도 한글로 만들었다. 이승만은 논설에서 선교사들이 개발한 각종 순 한글 교재가 '게으르고 무식한' 사람들이 '개명'하는데 결정적 도구라고 강조했다. 논설의 끝에서는 주시경의 한글문법 연구에 관한 홍보도 잊지 않았다.

이승만이 논설에서 추천한 한글 교재 5권 가운데 현재 실물을 확인할 수 있는 책 4권의 이미지 및 그 내용에 관한 설명은 따로 준비한 아래 표를 참고하기 바란다. '초급 국어' 및 '중급 국어' 그리고 '지리' 및 '산수' 과목 교재들이다. 아래로부터의 근대화는 이승만의 혜안과 함께 시작되었고, 마침내 한 세기 후에는 세계를 휩쓰는 '한류'로 이어졌다.

논설의 끝자락에 언급된 주시경의 '필역' 원고에 관한 이해를 돕기 위해 1909년 주시경이 완성한 육필원고 《국어문법》 이미지도 곁들였다. 주시경의 한글 연구는 21살 때인 1897년 4월 22일 〈독립신문〉에 '국문론'을 발표하면서 시작되었고, 1914년 38살로 요절할 때까지 이어졌다. 주시경의 뒤를 이은 최현배가 '한글맞춤법통일안'을 완성한 것은 1930년 일제 때였다.

이승만의 논설 '국문교육'이 실린 1903년 2월 3일 제국신문 이미지.
(이미지 출처: 한국학진흥사업 성과포털).

'국문교육'

국문이 우리나라 교육 개명 상에 대단 유조함[有助, 도움이 됨]은 사람마다 거의 다 짐작하는 바라… 만일 이 글[국문]이 아니었다면 제국신문 보시는 한문 모르는 이들은 무엇으로서 매일매일 등재하는[登載, 신문에 나는] 뜻을 보았을런지 모를지라. 만일 한문을 배워서 이 말[글] 을 보려 한다면 적어도 오륙 년 후에야 이것을 볼지라. 그런즉 이 글[국문]의 효험이 어쩌하다 하겠느뇨.

…저 게으르고 무식하여 국문 한 글자도 모르는 사람들로 하여금 며칠만 공부하면 각색[各色, 각종] 책을 못 볼 것이 없을지니, 함께 가르치고 권면하여 우선 남들이 아는 여간[저간의] 학식과 소문이라도 알고 차차 같은 뜻을 배워 각색[각종] 학문을 배우게 하였으면 어찌 개명 발달의 길이 이것에 있지 아니하리오…

…지금은 국문학교를 설시[설치] 하는 것을 긴요한 것으로 여기는 이가

많지 못한 연고로[까닭으로]… 책을 국한문으로 저술하는 것만 긴요한 줄로 알지 순 국문으로만 만들기는 경영하지 못하는 바라. 설령 국문을 긴히 알아 배우려 하거나 가르치려 하거나 혹 학교를 설시[설치] 할지라도 교과할[가르칠] 책이 없어서 할 수 없는지라…

지금 국문으로 새로 지은 책 권을 대강 상고[생각]할진대 국문학교에서 가르칠만한 것이, 첫째 '초학언문[初學諺文]'이라고 하는 책이니 인천에 사는 미국인 존스 부인이 저술한 것이요, '국문독본[國文讀本]'이라 하는 책은 존스 씨가 지은 것이요, 국문 '사민필지(士民必知)'는 헐버트 씨가 지은 것이요, '심산초학[審算初學, 산수초학]'이라는 것은 교회에서 발간한 것이요, '국문산술[國文算術]'이라 하는 책은 신해영 씨가 번역하여 교회에서 박은 것이라. 이 다섯 가지가 소학교의 긴요한 국문 교과서가 될지라.

…더욱 긴절한 것은 국문의 문법이라… 국문을 지을 적에는 다 글자를 낸 까닭이 있었으나 공부를 힘쓰지 않고 버려두어 연구하지 아니하매 지금 쓰는 국문이 다 법에[문법에] 어긋나는 것이 많으니 이 역시 개탄할 바라. 서양 교사들이 혹 고쳐 만들기도 하고 혹 새로 발명도 하여 교정한 것이 많으나 다 각기 의견이 달라 일정한 규모가 없는지라.

근일에 주상호[주시경] 씨가 국문 문법을 한 해가 넘는 동안이나 궁리하고 상고하여 한 권을 필역하였는데 그 글자의 생긴 시초와 음의 분별됨과 어찌 써야 옳은 것을 질정하여 놓았는데 국문 배우기에 가장 유조할[도움이 될] 지라. 누구든지 이 책을 발간하여 놓으면 큰 사업이 될지라. 유지하신 [뜻이 있는] 이 중 의논하고자 한다면 정동 배재학당으로 가면 만나오리. 이상 몇 가지 책은 불가불 보아야 할지니 널리 구하여 보기를 권면하노라.

출처: 《언론인 이승만의 글 모음》(조선일보사, 1995: 393-5)

	《초학언문(初學諺文)》은 감리교회가 편찬한 국한문 혼용 한글 교재로 1895년 초판을 발행한 후 여러 차례 수정하며 간행되었다. 저자는 인천 '내리교회'에서 활동하던 George H. Jones 목사의 아내 Margaret J. Bengel이다. 배재학당 등에서 한글 과목 교재로 사용되었으며, 한글 성경 보급에 결정적 역할을 했다.
	《국문독본(國文讀本)》은 《초학언문》의 심화단계에 해당하는 한글 교재로 1902년 미국인 선교사 George H. Jones(조원시, 趙元時)가 지은 최초의 민간 순 한글 '국어읽기' 책이다. 1895년 근대식 학제 도입 이후 대한제국 학부(교육부)에서 편찬한 독본들이 대부분 국한문 혹은 한문을 사용해 초보자가 접근하기 어려웠던 문제를 해소한 교재다.
	《사민필지(士民必知)》는 미국인 선교사 헐버트(Hulbert, 1863~1949) 목사가 1889년 순 한글로 출판한 우리나라 최초의 세계 지리 교재다. '사민필지'라는 책 제목은 '양반(士)과 평민(民) 모두가 반드시 알아야 할 책'이란 뜻이다. 목차는 제1장 지구, 제2장 유럽, 제3장 아시아, 제4장 아메리카, 제5장 아프리카, 제6장 기타로 구성되어 있다.
	《산술신서(算術新書)》는 1900년 대한제국 학부(교육부)가 산술(算術, 산수) 교육을 위해 번역·편집한 교과서다. 이승만이 논설에서 언급한 교회 발행의 순 한글 교재 《심산초학(審算初學, 산수초학)》 및 《국문산술(國文算術)》 이미지가 없어 대신 사용했다. 제목에서 보듯 《산술신서》는 한문을 사용해 일반 백성들의 접근성이 떨어졌다.

1903년 옥중의 이승만이 제국신문 논설을 통해 추천한 한글 전용 교재들이다. 《초학언문》은 초급 국어, 《국문독본》은 중급 국어, 《사민필지》는 지리 교재다. 맨 아래 《산술신서》는 이승만이 추천한 한글 전용 산수 교재 《심산초학》 및 《국문산술》 이미지가 없어 대체했다.

1909년 7월 친필로 완성된 주시경의 《국어문법》(박문서관, 1910) 원고다. 대한제국 경무국의 검열 및 출판허가 도장이 보인다. 《국어문법》은 선교사가 아닌 국내 학자가 최초로 한글 문법의 종합적 체계를 제시한 책으로, 1930년 일제가 채택해 오늘날까지 사용하고 있는 국어 표기법인 '한글맞춤법통일안'의 기본이론을 세운 책이다. 이승만이 논설에서 "발간하여 놓으면 큰 사업이 될지라… 정동 배재학당으로 가면 만나오리"라고 추천한 주시경의 '필역' 원고는 이 원고의 초기본으로 추정된다.
(이미지 출처: 문화재청 국가문화유산포털).

11

이승만, 순 한글로 쓴 '청일전기(淸日戰記)'
1900년 옥중 탈고

2024년 올해는 갑진(甲辰)년이다. 130년 전 1894년은? 갑오(甲午)년이다. 1894년 갑오년엔 무슨 일들이 있었는가? 2월 전라도에서 동학난(東學亂)이 일어났고, 자체 진압이 어렵다고 판단한 고종은 종주국 청(淸)에 파병을 요청했다. 6월 청군이 도착하자 즉시 일본도 조선에 파병했다. 그로부터 대략 10년 전인 1885년 조선에서 청과 일본이 같이 철군하기로 한 '천진(天津, 톈진)조약'을 위반했기 때문이란 이유였다.

곧바로 7월엔 일본군이 경복궁에 진입해 민비 세력을 축출하고 대원군을 다시 옹립하는 한편 친일성향의 개화파 김홍집 내각을 출범시켰다. 김홍집의 '갑오개혁'이 추진되던 와중인 8월 1일 청·일 두 나라는 한반도에서 '갑오전쟁'을 시작했다. 12월 일본군의 도움으로 동학난은 진압됐지만 후폭풍은 컸다.

전쟁은 일본의 일방적 승리로 이어졌다. 마침내 청은 이듬해 1895년 4월 시모노세키조약에 서명하며 패배를 인정했다. 청은 일본의 조선에 대한 종주권을 인정하고, 요동(遼東, 랴오둥)반도와 대만(타이완)을 일본에 내주었다. 엄청난 전쟁배상금도 부담했다.

1895년 10월엔 민비가 일본의 자객에 의해 살해되는 '을미사변'이 있었다. 신변의 위협을 느낀 고종은 이듬해 1896년 2월부터 1년 동안 러시아 공관으로 피신하는 '아관파천'을 했다. 이번에는 러시아 입김으로 친일 김홍집 내각이 초토화되고 친러 내각이 들어섰다.

바람 앞의 등불 같은 조선이었다. 이즈음 이승만은 무얼하고 있었나? 1894년 갑오년, 19세 이승만은 '갑오개혁'의 여파로 과거가 폐지되자 신학문을 배우려 배재학당에 들어섰다. 영어를 배우면서 세상 돌아가는 모습을 이승만은 국제적인 시각에서 바라보기 시작했다.

그로부터 6년이 지난 1900년 25살 이승만은 감옥에서 동북아 패권을 바꾼 '갑오전쟁'에 관한 국제정치 책 '청일전기(淸日戰記)' 원고를 완성했다. 그 사이 그는 배재학당 영어교사, 만민공동회 청년연사, 신문발행 및 언론 기고, 중추원(국회) 의관(의원)을 거치며 개혁개방을 주장하다 결국에는 정치범으로 감옥에 들어가 탈옥수가 되면서 죽을 고비도 넘겼다.

감옥에 갇힌 지 대략 1년이 지나 글을 쓸 수 있게 된 1900년 25살 이승만이 감옥에서 처음 쓴 글이 바로 순 한글 원고 '청일전기'다. 출판은 원고가 마무리되고 17년이 지난 1917년 하와이의 태평양잡지사에서 이루어졌다. 이 책에서 이승만은 '갑오전쟁'으로 인해 동북아의 패권이 완전히 바뀌었음을 강조했다. 청나라는 가라앉고, 일본이 떠올랐으며, 조선은 일본의 식민지로 가고 있다고 분석했다.

셔문

…그런즉 임진란보다 더큰 란리가 갑오젼쟁이오 한 인의게 더욱 통분히 녁일바이 갑오젼쟁이라 이 젼졍 에 한국이 잔멸을당호엿고 이젼쟁에 한국이 독립을 일헛슨즉 오늘날 한구국의 당호고안준것이 곳 갑오 젼쟁에 된것이라

만일 한인들이 오늘날 유구국이나 대만 인종들의 디위를 차지호고 말것갓흐면 이 젼졍사적을 알아도 쓰르되업고 도로혀 모르는것이나 흘러이지만은 우리 는 결단코 그럿치안이호야 태평양이 말으고 히말라 야가 평디가 될지라도 우리 대죠션독립은 한인의손 으로 회복호고야말터인즉 우리한인이 갑오젼쟁사적 을 모르고지낼수업도다 …

一千九百十七年八月六日

미령포와호항

리승만 근셔

이승만이 1917년 하와이에서 출판한 청일전기 표지와 서문 이미지다. 왼쪽 마지막 줄 '미령포와호항'은 '미국령 하와이(布哇, 포와) 호놀룰루(호항)'를 뜻하고, '근서'는 '삼가 쓰다'(謹書)를 의미한다. 1917년 서문에서 이승만은 "…그런즉 임진난보다 더 큰 난리가 갑오전쟁이요 한인에게 더욱 통분히 여길 바가 갑오전쟁이라. 이 전쟁에서 한국이 잔멸을 당하였고 이 전쟁에서 한국이 독립을 잃었은즉 오늘날 한국이 당하고 앉은 것은 곧 갑오전쟁에 의해 그렇게 된 것이라. 만일 한인들이 오늘날 유구국(琉球國, 오키나와)이나 대만(臺灣, 타이완) 인종들의 지위를 차지하고 말 것 같으면 이 전쟁의 역사를 알아도 쓸데 없고 오히려 모르는 것이 나을 터이지만, 우리는 결단코 그렇지 아니하여 태평양이 마르고 히말라야가 평지가 될지라도 우리 대조선 독립은 우리 한인의 손으로 회복하고야 말 터인즉 우리 한인이 갑오전쟁의 역사를 모르고 지낼 수는 없다"고 썼다.

옥중에서 이승만은 청일전쟁에 관한 중국 책 《중동전기본말(中東戰記本末)》을 발췌 및 번역하고 그에 더해 "전쟁의 원인" 그리고 "권고하는 글"이라는 자신의 논설을 덧붙여 원고를 완성했다. 《중동전기본말》은 당시 중국에서 선교사 겸 언론인으로 활동하던 알렌(Young J. Allen, 林樂知, 1836~1907)과 중국 언론인 채이강(蔡爾康, 1852~1921)이 공동으로 편저해 1896년 전체 18권(전편 8권, 속편 4권, 3편 4권, 부록 2권)으로 출판한 청일전쟁에 관한 한문 역사책이다. 중국(中國)과 동영(東瀛, 바다의 동쪽 나라 즉 일본)의 전쟁을 처음부터 끝까지 해설했다는 의미에서 '중동' 그리고 '본말'이란 단어를 사용한 것으로 보인다.

이 책은 당시 우리나라 식자층에서 큰 관심을 끌었다. 언론인 유근(柳瑾, 1861~1921)이 돕고 사학자 현채(玄采, 1856~1925)가 발췌 및 정리해서 국한문으로 압축한 두 권의 책 《중동전기(中東戰記)》가 1899년 출판된 사실이 이를 뒷받침한다. 1900년 감옥에서 쓴 청일전기 서문에서 이승만은 이 번역본을 참고해 원고를 썼다고 밝혔다.

| 1896년 출판된 《중동전기본말》 (중국책) | 1899년 출판된 축약본 《중동전기》 (황성신문사) | 2015년 출판된 《청일전기》 (북앤피플) | 2020 출판된 《청일전기》 (연세대 출판부) |

'청일전쟁'에 관한 역사서 4권. 왼쪽 두 권은 1890년대 출판된 책들이고, 오른쪽 두 권은 이승만의 1917년 《청일전기》를 요즘 말로 다듬은 책들이다.

책은 청일전쟁과 관련된 여러 나라의 시각을 입체적으로 보여주는 기록들로 구성되어 있다. 전쟁의 당사자인 일본과 중국이 작성한 공문은 물론, 전쟁의 명분이 된 '독립국가' 조선의 상황, 여기에 더해 만주에 야심이 있던 러시아 그리고 중국에 관심을 가진 영국과 프랑스 및 독일 등 유럽의 시각까지도 이 책은 담고 있다.

예컨대 '청국 황제'와 '일본 천황'이 발표한 선전포고문, 청국 대표 '이홍장'과 일본 대표 '이토 히로부미'가 시모노세키에서 강화 회담할 때의 대화록, 전쟁에 패배한 청국의 운명을 적나라하게 보여주는 시모노세키 최종 조약문 등은 물론, '이홍장'과 '로마노프' 간에 체결된 '청러밀약문' 그리고 청국과 일본 간 조선 문제를 두고 서울에서 조인한 '한성조약문' 등이 그 예다. 이 가운데 지금도 울림이 큰 몇몇 대목만 추려서 살펴본다.

알렌이 쓴 '네번째 조선 난리의 역사적 기록'에는 다음과 같은 대목이 나온다.

"러시아 신문에 실린 논설에 의하면 일본이 조선을 누에가 뽕잎 먹듯 하려는 것을 러시아가 허락하지 않고 청국과 함께 조선의 자주 권리를 보호할 것이라고 했다. 일본이 요동반도를 차지하면 러시아 국경과 마주하게 된다. 이를 수수방관하면 일본 같은 강한 나라가 러시아와 이웃하게 되고, 시베리아 철도가 완성되면 조선은 블라디보스토크로 출입하는 관문이나 다름없다."

이홍장이 이토 히로부미에게 시모노세키 강화조약을 준비하면서 던진 대화도 백미다.

"귀 대신은 저와 만난 후 귀국의 좋지 않은 제도를 일제히 고쳐서 오늘과 같이 발전했으니 진실로 부럽습니다. 우리 청국은 과거의 제도에 젖어 오늘에 이르기까지 10여 년 동안 변한 것이 하나도 없으니 참으로 부끄럽기 그지없습니다."

일본 해군 사령관 '이토 스케유케'가 청국 북양함대 제독 '정여창'에게 보낸 항복권유 편지 또한 압권이다.

"청국은 글로만 과거를 보아 인재를 선발하기 때문에 정권을 잡은 대신과 조정의 관리들은 모두 문학에만 힘쓴 사람들입니다. 사정이 이렇다 보니 과학기술이라든가 국가운영에 필요한 실사구시의 학문을 배울 기회가 전혀 없었을 것입니다. 불과 30년 전에 우리나라도 오늘의 청국 비슷하게 위태로웠던 형편이었음을 각하께서도 잘 알고 계실 것입니다."

전쟁이 끝나고 고종이 종묘(宗廟)에 맹세하며 고(告)한 글도 잊을 수 없다.

"지금 이후로는 다른 나라에 의존하지 않고, 나라의 기운이 융성하며 신민이 복되고 영화로운 삶을 누려서 자주독립의 기초를 완전하게 하고자 합니다. 과거의 관습에 구애받지 않고 편안한 방법에 빠지지 않으면서 역대 조상님들의 뒤를 잇고, 세상 형편을 살펴 내정을 고치고 폐단을 바로잡기 위해 짐 소자가 '홍범 14조'를 들어 하늘에 계신 우리 조상님들의 신령께 맹서하여 알립니다."

갑오전쟁이 끝난 지 120여 년이 지난 오늘날 동북아 정세는 다시 우리로 하여금 이 책에 주목하지 않을 수 없게 하고 있다. 떠오르는 중국과 이를 견제하는 일본 그리고 북한이라는 변수가 미국은 물론 러시아를 여전히 동북아에 불러들이고 있다. 120여년 전 감옥 속 이승만의 통찰력이 다시 필요할 때다.

12
1904년 옥중 이승만 '문화재급' 책
'독립정신' 원고 완성

1904년 2월 7일 일본 해군이 제물포 앞바다에 정박 중이던 러시아 해군을 공격했다. 러일전쟁이 시작되었다는 소식을 29살 이승만은 옥중에서 들었다. 이 전쟁이 끝나면 승자가 누구이건 그 승자가 대한(조선)을 지배하게 될 것이란 사실을 내다 본 이승만은 마음이 바빴다.

옥중에서 편찬 중이던 '영한사전' 일을 팽개치고, 나라의 독립을 보전하는 방안을 담은 책 원고를 쓰기 시작했다. 4달 만에 끝낸 원고가 실제 책으로 출판된 건 이승만이 출옥해 미국으로 건너가 유학을 마칠 즈음인 1910년 2월이었다. 옥중에서 원고를 마친지 6년 후다. 출판사는 미국 LA에 있던 '대동신서관'이었다. 물론 순 한글책이었다.

이승만이 1910년 LA에서 출판한 《독립정신》 초판본 표지(왼쪽) 및 김한교가 편역해 2000년 미국 하와이대학에서 출판한 영문판 독립정신 The Spirit of Independence 표지(오른쪽). 두 책 표지의 '독립정신' 글씨는 모두 이승만의 친필이다.

출판된 책 '서문'에서 이승만은 이 원고를 쓴 과정을 다음과 같이 밝히고 있다. "일아전쟁(일러전쟁)이 벌어졌다. …슬프고 분통한 눈물을 주체하지 못하고 그동안 만들던 한영자전 간행 작업을 정지하고 양력 2월 19일부터 이 책을 쓰기 시작하였다. 처음에는 한 장의 종이에 장서를 기록하여 몇만 장을 발간하려 하였으나 급기야 시작하고 보니 끊을 수 없는 말이 연속되는지라 마지못해 관계있는 사건들을 대강대강 기록하였다(이승만, 1910,《독립정신》f1)." 서문 말미에 '죄수 이승만'의 원고 마무리는 1904년 6월 29일이라 밝히고 있다.

이승만은 출판된 책 본문 중 '마음속에 독립을 갖게 함'이라는 소제목 하의 글에서 원고 작성의 이유를 다음과 같이 소개했다. "지금 우리나라에 독립이 있다 없다 함은 외국이 침범함을 두려워함도 아니요, 정부에서 보호하지 못함을 염려함도 아니요, 다만 인민의 마음속에 독립 두 글자가 있지 아니함이 참 걱정이라(이승만 《독립정신》 p. 23)." 국민의 마음속에 '독립'이란 생각이 있는 한 독립을 지킬 수 있다는 이승만의 마음이 처연하다.

출판된 책의 분량은 본문만 295쪽에 달했다. 이 본문에 더해 이승만 본인의 '서문' 2쪽, 그리고 박용만 및 문양목이 쓴 '후서(後書)' 각 3쪽에 목차 4쪽, 합해서 모두 12쪽이 책의 앞부분에 추가로 등장한다. 참고로, 후서는 이름만 후서라 붙였을 뿐 실제로는 책의 앞부분에 등장하는 전서(前書)이며 출판의 경위를 설명한 글이다. 이외에도 책에는 페이지 번호가 붙지 않은 사진, 도표, 그림이 111개나 추가되어 있다.

지금의 책으로 쳐도 이 책은 결코 짧은 분량이 아니다. 요즈음 문장으로 다듬어 재출간된 《독립정신》 책 분량을 살펴보자. 연세대 이승만연구원(원장 김명섭)이 연세대 출판문화원에서 2019년 출간한 《독립정신》은 474쪽이다. 박기봉이 2017년 비봉출판사에서 출간한 《독립정신》은 464쪽이다. 결코 짧지 않은 분량의 책 원고를 이승만은 옥중에서 불과 4개월 만에 완성했다. 어떻게 가능했을까?

앞에서 설명했듯이 이승만은 감옥에서 글을 쓸 수 있게 되었을 때 동북아 정세를 분석한 《청일전기》 원고를 제일 먼저 썼다. 그리고 나선 '신학월보'와 '제국신문'에 엄청난 분량의 논설을 기고했다. '제국신문'에만 1901년 1월부터 1903년 4월까지 무려 500여 편의 옥중논설을 썼다. 물론 감옥에 들어오기 전 '협성회회보' '매일신문' '제국신문'에 썼던 원고도 있었다. 배재학당 졸업식 때 읽은 영문 원고 '조선의 독립'도 있었다.

러일전쟁의 발발을 지켜본 이승만은 독립의 정신을 백성들 사이에 널리 알려야 한다고 생각하고 4개월 동안 집중적인 작업을 했다. 기존의 원고들을 재활용 및 재구성하고 추가로 필요한 글은 새로 덧붙였다. 이렇게 《독립정신》 원고가 완성되었다.

《독립정신》 본문은 '총론'과 '후록'을 포함해 전체 52개의 소주제로 구성되어 있다. '총론' 이후 '후록'이 나오기까지 중간에는 '각각 자기 책망(責務)을 깨달음'으로 시작해 '일본 백성의 주의'로 끝나는 50개의 소주제가 이어진다. 후록에는 '독립주의의 긴요한 6대 조목'이 압축되어 있다. 여기에서 각각의 소주제별 내용을 일일이 소개하는 작업은 불가능하다.

그러나 책의 전체적인 구성은 잠시 설명하지 않을 수 없다. 책에는 1) 독립과 자유에 관한 인간의 본성, 2) 독립과 자유는 곧 통상이며 문명·개화는 필연, 3) 야만과 개화 그리고 세 유형의 정치체제(전제정치, 대통령제, 내각제), 4) 폐쇄경제의 운명과 전제정치의 해독에 따른 마음의 결박 8가지, 5) 동아시아 근세사를 통해 본 망국의 정치외교사, 6) 마지막 처방인 교화 등과 같은 큰 주제의 논의가 차례로 등장한다(이영훈, 2020, 《이승만의 독립정신을 읽자》 미래사).

'이승만학당' 교장 이영훈 교수는 이승만의 《독립정신》을 다음과 같이 평가한다. "이승만은 실학의 계보를 잇는 마지막 사람이었다. …실학의 맥락은… 이승만을 매개로 대한민국 역사로 계승되었다. 우리의 대학사회는 이 같은 역사적 사실을 깡그리 무시했다. …그들은 이승만이 《독립정신》에서 피력한 인간 본성으로서의 자유, 문명·개화의 논리와 필연, 자유의 통상·정치·외교, 망국에 이른 정치사를 전 체계로 이해하고 평가할 지력의 소유자가 아니었다(이영훈, 2020, 《이승만의 독립정신을 읽자》 14쪽)."

그렇다. 이승만에 대한 재평가 없이 오늘날 대한민국 역사를 제대로 이해하는 것은 불가능하다. 이 책은 '망해가는 구한말'과 오늘날 '번영하는 대한민국'이 그 사이 등장한 수많은 단절에도 불구하고 이승만이라는 선각 지식인을 통해 사상적으로 정신적으로 연결되어 있음을 드러낸다. 당연히 대한민국 최고의 문화재급 대우를 받아야 할 책이다. 이런 역사 해석이 자리를 잡아야 비로소 나라가 바로 설 터이다.

《독립정신》 재판은 1917년 하와이 태평양잡지사에서 찍었다. 일제에 의해 금서로 지정된 이 책은 해방이 되고 나서 1946년(국민정신진흥회 및 활문사), 1947년 및 1953년(중앙문화협회), 1954년(태평양출판사) 간헐적으로 중간이 이어지다가, 1960년 4·19 이후 다시 금서 취급을 받으며 사라졌다.

세월이 지나 1993년 이한빈이 다듬어 정동출판사가 다시 출판을 했고, 1998년 연세대 현대한국학연구소가 《이화장소장 우남이승만문서 동문편》 18권 중 제1권에 '초판 영인본'을 수록했다. 그 후 2008년 김충남·김효선이 《풀어쓴 독립정신》(청미디어) 그리고 같은 이들이 다시 더 쉽고 간략히 정리해서 2010년 《독립정신: 조선민족이여 깨어나라》(동서문화사)로 출판했다.

그러나 전체 내용을 완전히 제대로 복원한 책은 2018년 박기봉이 교주(校註)한 《독립정신》(비봉출판사) 그리고 2019년 연세대 출판문화원이 출판한 《독립정신》 뿐이다. 연세대는 《독립정신 영인본》도 함께 출판했다. 한편, 영문판은 2000년 김한교 교수가 번역해 하와이대학 출판부에서 나왔다.

이 책의 원고를 마친 후 두 달만인 1904년 8월 9일 이승만은 민영환·한규설 등의 노력으로 특별사면을 얻어 감옥에서 나왔다. 5년 7개월 만의 출옥이었다. 출옥 3개월 후인 11월 4일 이승만은 미국으로 가는 배를 탔다.

본 칙 져 슐 흘 쎄 본 져 슐 가 리 승 만 본 형태

1910년 《독립정신》 초판본에 실린 이승만 사진.
'본 책 저술할 때 본 저술가 이승만 본 형태'라고
쓰여 있다.

광화문

1910년 《독립정신》 초판본에 실린 '광화문' 사진.

대한제국 국기 태극

1910년 《독립정신》 초판본에 실린 '대한제국 국기 태극'.

13

이승만의 '옥중잡기' 중
'러시아 피터 대제의 유언'과 우크라 전쟁

이승만의 감옥생활에 관해 미처 전하지 못한 이야기가 남아있다. 이승만의 '러시아'에 대한 평가 혹은 태도에 관한 문제다.

한반도를 둘러싼 강대국들에 대한 이승만의 평가를 유영익은 다음과 같은 네 단어로 알기 쉽게 정리했다. 멸청(蔑淸), 공로(恐露), 반일(反日), 친미(親美). 유영익의 책 《젊은 날의 이승만: 한성감옥 생활과 옥중잡기 연구》(연세대 출판부, 2002) 144쪽부터 158쪽까지에 등장하는 내용이다.

'멸청'이란 청나라를 개혁에 실패해 쇠약해진 노(老) 대국으로 보고 멸시하는 태도다. '공로'는 러시아를 강포하고 무도한 나라 그리고 영토 야욕에 사로잡힌 지도자를 가진 나라로 보며 공포의 대상으로 경계하는 태도다.

'반일'은 일본에 반대하는 태도다. 이승만은 1904년 2월 8일 러일전쟁이 발발하기 전까지 일본에 우호적이었으나, 같은 달 28일 '한일의정서'를 체결하고 일본이 한반도에서 저지르는 난폭한 행동을 보며 입장을 바꿨다.

'친미'는 이승만이 미국을 '상등(上等) 문명국'으로 평가하는 태도다. 배

재학당 초기 미국 선교사들의 활동을 의심하기도 했으나, 옥중에서 개종
하면서부터 미국은 이상적인 국가가 됐다.

유영익이 정리한 이승만의 주변 4 강국에 대한 평가는 논란의 소지가
있을 수 있다. 여기서는 '러시아' 문제만 검토한다. 이승만의 '러시아에 대
한 공포'는 어디에서부터 비롯되었나? 유영익은 그 근거를 이승만이 감옥
에서 한문으로 필사한 '러시아 피터 대제의 고명(俄彼得大帝 顧命, 고명은 유언을
뜻한다)'이란 제목이 붙은 글에서 찾는다.

이승만은 감옥에서 40종의 잡다한 글들을 손 가는 데로 서양식 공책(노
트북)에 필사해 두었는데, 유영익은 이 묶음을 '옥중잡기(獄中雜記)'라 이름
붙였다. 유영익은 2002년 책에서 '옥중잡기' 전체를 정리하면서 '피터 대
제의 고명'도 한글로 완역했다(333-336쪽).

이승만이 감옥에서 서양식 공책(노트북)에
필사한 기록물 모음 '옥중잡기' 표지.

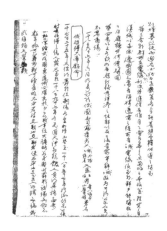

'옥중잡기' 중 이승만이 한문으로 필사한
'아피득대제고명(俄彼得大帝顧命)' 첫 쪽.

이승만의 '옥중잡기' 표지에 등장하는 인물 와너(Charles Dudley Warner,

1829~1900)는 마크 트웨인(Mark Twain)과 동시대에 활동한 미국의 저명한 작가다. 인물 사진 밑의 'The Great Warner Library'라는 글귀는 물리적인 도서관이 아니라, 와너가 당시 선별하기 시작한 '세계문학선집(The Library of the World's Best Literature)'을 뜻한다.

참고로 와너는 마크 트웨인과 같이 1873년 The Gilded Age: A Tale of Today(도금의 시대: 오늘날의 이야기)라는 소설을 썼다. 남북전쟁이 끝나고 엄청나게 발전하던 시기의 미국이 보여준 탐욕과 정치적 부패를 풍자한 소설이다. 지금까지 100쇄를 넘게 찍은 베스트 셀러다.

이 책의 부제가 'A Tale of Today'인 것을 확인한 필자는 이승만의 1941년 책 Japan Inside Out의 부제가 'The Challenge of Today'라는 사실을 떠올리지 않을 수 없었다. 젊은 날 옥중에서 공부하며 영향을 받은 콘텐츠를 잊지 않고 활용해 자신의 것으로 만든 이승만의 지적 성실성을 엿볼 수 있는 대목이다.

이승만이 필사한 '러시아 피터 대제의 고명' 요지는 다음과 같다.

"1725년에 대피득(大彼得 Pyotr I, Peter the Great, 1682~1725)이 재위 중에 서거하였다. 뒤를 이은 각 황제가 고명(顧命, 유언)을 상전(相傳)하여 버리지 않았다… 1896년 겨울에 이르러 미국 대례상(大禮相, 미상) 보관인(報館人, 신문기자)이 진본(眞本) 14조를 찾아냈다.

1) 군비를 정제하고 무사를 경영하는 것은 나라를 다스리는 요도이다…

2) 다른 나라에 싸움을 잘하는 장수가 있거나 학문이 깊은 학자가 있으면, 러시아는 반드시 예를 갖추어 초빙하여…

3) 유럽 각국에 분쟁이 있을 경우에 러시아는 반드시… 그 가운데 끼어

들어야 한다. 일이만(日耳曼, 게르만) 부족의 일에 있어서는 더욱 특별히 마음을 써야 한다…

4) 파란(波瀾, 폴란드) 국을 반드시 멸망시켜 파란의 인근 제국과 더불어 그 땅을 분할해야 한다…

5) 서전(瑞典, 스웨덴)은 반드시 쳐서 복종시켜야 한다. 그 계략은 먼저 서전과 단맥(丹麥, 덴마크)을 분할하여 둘로 만들고…

6) 러시아 황실의 자녀가 배필을 구할 경우에는 반드시 일이만(日耳曼, 게르만)의 열방(列邦) 군주 가운데서 고른다…

7) 통상을 논할진대, 러시아는 마땅히 영국과 연대하고 더불어 병행하여 서로 상충됨이 없도록 해야 한다…

8) 파라적해(波羅的海, 발틱해) 및 흑해(黑海)…[로 진출해야 한다].

9) 러시아는… 제나박(提挪泊, 돌궐 즉 터키의 수도[Constantinople]) 전역에서 여유가 생기면 반드시 전력으로 인도(印度) 전체를 엿보아야 한다…

10) 오사마가(奧斯馬加, 오스트리아) 국은 오래도록 일이만(日耳曼) 전체의 주인이 되려고 하였다. 러시아는… 일이만의 여러 제후들을 격동시켜 각자 시기하는 마음을 품게하여…

11) 돌궐(突厥, 터키) 족속은 유럽에 속지를 가지고 있으니, 러시아는 반드시 그들을 핍박하여 쫓아내고…

12) 희랍교인(希臘敎人)으로 흉아리(匈牙利, 헝가리)에 있는 자, 돌궐에 있는 자, 파란에 있는 자들을 러시아는 음으로 도와야 한다…

13) 서전, 파사(波斯, 페르시아), 파란, 돌궐 제국이 전부 러시아에 복종하고 발틱해와 흑해가 서로 통하는 해로(海路)가 되어 러시아 선박이 그곳을 수호하게 되면… 먼저 불란서(프랑스)를 향하여 천하를 공평하게 양분하자

고 제의한다. 만일 불란서가 허락하지 않는다면 다시 오사리가(奧斯里加, 오스트리아)를 향하여 제의하고…

14) 불란서와 오사리가 두 나라가 만일 모두 러시아에 동의하지 않는다면… 서로 싸우게 한다… 먼저 일이만을 제압하고 다음으로 불란서를 친다. 오사리가와 불란서가 평정되면… 구주(歐洲)의 사방 변경까지 모두 러시아를 대황제로 받들게 될 것이며…"

유영익 교수는 '옥중잡기'를 검토한 결과 이승만의 '공로증'은 그가 한성 감옥에서 '러시아 피터 대제의 고명(유언)'을 자기의 노트북에 베낄 때 이미 그의 뇌리에 인각되었다고 단언한다. "나중에 유명한 반공사상으로 바뀐 이승만의 반러사상의 원천"이 바로 이 글이라 지적한다(유영익, 2002: 155-156).

러시아의 우크라이나 침공이 현안이 된 요즈음 이승만이 백여 년 전에 주목한 '피터 대제의 유언'은 어떤 의미를 지니는가? 이 문건은 1948년 진본이 존재하지 않는 위서로 판명났다(Dimitry V. Lehovich, "The Testament of Peter the Great", American Slavic and East European Review, 7(2): 111-124, Apr, 1948).

그럼에도 불구하고 이 문건은 러시아가 팽창할 때마다 세인(世人)의 관심을 끌었다. 1차 동방전쟁(Creamian War, 1853-56), 2차 동방전쟁(Russo-Turkish War, 1877-78), 그리고 1차 세계대전(1914-1918) 등이 그 예다. 러시아의 현대판 '짜르(황제)'라 불리는 푸틴이 우크라이나를 침공한 오늘날은 예외일까? 다음 사진이 답하고 있다.

러시아 피터 대제 초상
(1672~1725)

러시아 푸틴 대통령 이미지
(2008년 Time 잡지 표지)

14

1904년 8월 9일 이승만,
5년 7개월 복역한 감옥 문을 나오다

이승만은 5년 7개월 복역 끝에 1904년 8월 9일 출옥했다. 그의 출옥 경위를 이해하기 위해서는 투옥 경위부터 다시 한번 살펴볼 필요가 있다. 이 글의 6번째 글에서 밝힌 신흥우의 이승만 투옥경위 설명에 더해, 여기서는 유영익 교수가 2002년 출판한 《젊은 날의 이승만》에 정리한 '투옥경위' 및 '출옥경위'(pp. 12-28) 설명도 함께 참고한다.

신흥우가 지적한 데로 이승만은 1898년 12월 16일 소집된 중추원 첫 회의에서 "(박영효를 포함한) 일본 망명객들을 전부 소환해서 죄를 따진 다음 죄가 없으면 전직(前職)에 복귀시키자"는 파격적 제안을 했다. 이 제안은 과연 얼마나 정치적으로 위험한 주장이었나?

그로부터 14년 전인 1884년 12월 갑신정변이 '3일천하'로 끝나면서 박영효는 일본으로 피신했었다. 기회를 엿보던 박영효는 청일전쟁이 일본의 일방적 승리로 방향을 잡자, 피신 10년만인 1894년 중반 일본을 등에 업고 갑오개혁을 주도한 김홍집 내각의 내부대신(內部大臣, 내무부 장관)으로 화려하게 복귀했다.

그러나 박영효는 복귀 1년 만인 1895년 7월 '고종과 민비를 제거하려는 비밀음모(이른바 불궤음도, 不軌陰圖)'에 가담했다는 혐의를 받아 다시 일본으로 도피했다. 이승만이 배재학당에 입학하기도 전인 20살 때의 일이었지만, 박영효는 이미 이때부터 고종에게 대역죄인 취급을 받고 있었다.

그로부터 대략 3년 6개월이 지난 1898년 11월 29일 오늘날 국회의 초보적 모습에 해당하는 중추원이 출발했다. 독립협회가 주도한 만민공동회가 백성들 사이에 인기를 끌며 조정을 비판하자 고종은 정치적 타협의 수단으로 중추원을 만들고, 개방을 주장하는 독립협회 출신 25명 그리고 쇄국을 주장하는 황국협회 출신 25명 합해서 50명의 중추원 의관(의원)을 임명했다.

그 사이 이승만은 독립협회를 주도한 서재필의 배재학당 제자이자 졸업생으로 언론에 이름을 떨치며 만민공동회의 인기 연사가 되었다. 이 활약 때문에 23살 이승만은 중추원 종9품 의관(의원)으로 발탁되었다. 이런 배경을 가지고 열린 중추원 첫 회의에서 청년 이승만은 대역죄인 박영효의 복권 가능성을 언급한 것이다.

뚜껑이 열린 고종은 1898년 12월 25일 독립협회와 만민공동회를 해산시키고, 급기야 1899년 1월 2일 이승만의 중추원 의관(의원) 직을 박탈하고 체포를 명령했다. 이승만의 중추원 발언은 다음과 같은 배경 사건 때문에 더욱 심각한 문제였다.

일본에 망명 중이던 박영효 추종자들 가운데 이규완 등 몇몇이 1898년 10월 몰래 귀국해 고종을 폐위시키고 박영효를 총리대신으로 추대하는 거사를 추진하고 있었다. 이승만은 이들을 돕기 위해 전덕기, 박용만, 정순만 등과 함께 '상동(尙洞)청년회' 이름으로 "황제는 춘추가 많으시니 황태

자에게 양위하셔야 한다"는 요지의 격문을 만들어 장안에 뿌렸다.

이 쿠데타 음모는 사전에 누설되어 관련자들 다수가 체포되었다. 주모자 중 하나인 윤세용의 공초(조서)에서 이승만 이름이 등장했다. 이승만이 '박영효 지지자들이 획책한 고종폐위 및 혁신정부 수립운동에 가담한 죄'를 지은 정치범으로 체포된 까닭이다.

중추원 발언 이후 외국인 거주 지역에 피신해 있던 이승만은 눈치 없게도 미국인 의사 셔먼의 왕진에 통역으로 따라 나섰다 덜컹 체포되었다. 1899년 1월 9일이었다. 고종의 역린을 건드린 결과였다.

이승만 체포에 직접적 빌미를 제공한 셔먼은 같은 의사 출신인 당시 미국공사 알렌에게 도움을 요청했다. 갑신정변 당시 민영익을 살려내 고종의 각별한 예우를 받던 알렌의 노력으로 석방이 무르익을 즈음, 이승만은 권총을 들고 탈옥하다 다시 잡혀 결국 종신형을 선고받고 말았다. 1899년 7월 11일이었다. 6개월 후엔 특사를 받아 징역 10년으로 감형되었다.

이승만이 체포에서부터 판결까지 그리고 감형에서부터 석방까지 전체 5년 7개월을 옥중에서 지내는 동안 감옥 바깥에서는 온갖 인사들이 이승만의 구명을 위해 애를 썼다. 알렌의 지속적인 관심은 말할 것도 없고, 박씨 부인은 덕수궁 인화문 앞에서 상소를 올리기도 했고, 부친 이경선은 아펜젤러, 존스 등 선교사들을 찾아다니며 구명운동을 펼쳤다.

이승만 스스로도 당시 개혁적인 세도가 한규설과 편지를 주고받으며 도움을 요청했다. 그러나 관료로서의 한규설은 부침이 심해 이승만이 원하는 석방을 실현시킬만한 지속적 권력을 유지하지 못했다. 그러나 마침내 1904년 2월 러일전쟁이 발발하고 민영환·한규설 등 이승만과 가까운 인물들이 정부 요직에 진출하면서 전망이 밝아졌다.

이원긍·이상재·유성준·김정식·홍재기·안국선·이승인 등 이승만의 옥중 정치범 동지 대부분이 1904년 2월 말 특사로 풀려났다. 그러나 이승만은 제외되었다. 이승만은 왜 아니었는가? 석방의 결정적인 계기는 그렇다면 어디에서 왔는가? 유영익 교수가 2002년 출판한 책《젊은 날의 이승만》에 나오는 설명이 설득력이 있다(pp. 23-24).

러일전쟁이 일본의 승리로 방향을 잡자 대한제국에서는 일본공사 하야시의 영향력이 커지고 있었다. 유영익은 "이승만의 석방을 실현시키기 위해서는 고종은 물론 하야시 공사를 설득할 수 있는 인물이 나타나 주선하지 않으면 안 되었다"고 설명한다. 이어서 그는 두 사람이 이 문제를 푸는 데 결정적 역할을 했다고 지적한다. 하나는 이지용이고, 다른 하나는 알렌이다.

이지용의 역할은 그가 이승만 부친에게 쓴 지금도 남아있는 7통의 편지에 기록되어 있다고 유영익은 지적한다(24쪽). 러일전쟁 발발 직후 법부대신(법무부 장관) 및 외부대신(외무부 장관) 서리를 겸직했던 실세 이지용은 편지에서 1904년 7월 새로 부임한 법부대신 박제순과 법부 사리국장(회계국장) 김사준에게 선처를 부탁했음을 밝혔다.

특이한 점은 후임자에게 선처를 부탁했을 정도로 관심을 가진 이지용이 현직 법부대신일 때조차 이승만의 석방을 관철시키지는 못했다는 사실이다. 일본공사와 가까웠던 이재용의 관심에도 불구하고, 이승만은 그만큼 고종의 기피인물이었다는 사실도 확인해주는 대목이다.

다른 한편 미국공사 알렌 또한 1904년 7월 중순 일본공사 하야시에게 이승만의 신변 보호를 요청하는 동시에, 대한제국 외부(외무부)에도 이승만의 석방을 요청하는 외교문건을 다시 발송했다. 이지용과 알렌이 동시에

양 방향에서 일본공사와 한국정부 요로에 미친 압력이 결실을 맺었다. 마침내 이승만은 1904년 8월 9일 석방되었다.

출옥 후 당분간 휴식을 취하던 이승만은 1904년 10월 15일 전덕기, 주상호, 박용만, 정순만 등 청년 동지들이 설립한 '상동청년학원' 초대 교장으로 추대되어 기독교 교육운동에 투신했다. 그러다 갑자기 민영환·한규설의 비밀 부탁을 받고 미국행 배를 탔다. 1904년 11월 4일이었다. 알 수 없는 미래로의 끝없는 항해가 시작되었다.

1902년 신축한 벽돌건물
상동교회 모습

1904년 11월 미국으로 떠나기 직전 아버지 경선공을 모시고 찍은 가족사진. 오른쪽 끝이 박씨 부인이고, 그 다음이 이승만이다. 이승만 옆 앞쪽 모자 쓴 아이가 박씨 부인이 낳은 이승만의 아들 봉수(태산)이고, 그 옆에 이승만의 아버지 이경선이 앉아 있다. 왼쪽 끝 여인은 이승만의 맏누이이며, 봉수의 뒤에 서 있는 남자아이는 맏누이의 아들 우종구다.

젊은 날의 이승만

한성감옥생활(1899~1904)과 옥중잡기 연구

부: 국역「옥중잡기」

유 영 익 저

2002

연세대학교 출판부

이승만의 '투옥경위'와 '출옥경위'
를 상세히 설명한 유영익 교수의
책《젊은 날의 이승만》표지(연세
대 출판부, 2002)

15
이승만이 '상동청년학원' 교장 취임 3주 후
급히 미국으로 떠난 까닭

"[1904년 8월 9일] 출옥 후 당분간 휴식을 취하던 이승만은 1904년 10월 15일 전덕기, 주상호(주시경), 박용만, 정순만 등 청년 동지들이 설립한 '상동청년학원' 초대 교장으로 추대되어 기독교 교육운동에 투신했다. 그러다 갑자기 민영환·한규설의 비밀 부탁을 받고 미국행 배를 탔다. 1904년 11월 4일이었다. 알 수 없는 미래로의 끝없는 항해가 시작되었다."

앞의 글 '1904년 8월 9일 이승만, 5년 7개월 복역한 감옥 문을 나오다' 마지막 문장이다. 5년 7개월 감옥살이를 마치고 당대 최고의 청년 동지들과 의기투합해 기독교 교육운동 투신을 결심했던 이승만은 왜 3주 후 미국으로 가게 되었나? 이 대목을 설명하는데 조금씩 이견이 있어, 이번 기회에 정리해 본다.

우선 '상동청년학원'은 어떤 곳인가? 이승만은 《신학월보》 1904년 11월호에 기고한 '상동청년회에 학교를 설치함'이란 글에서 이 학교의 특징으로 1) 상동교회 '앱워스' 청년회가 주축이 되어 만들었고, 2) 스크랜튼

목사가 떠난 후 전덕기가 중심이 되어 우리나라 사람끼리 하는 일이며, 3)
재주만 가르치지 않고 '전인교육'을 목표로 한다고 설명했다(이정식, 2005:
231-245).

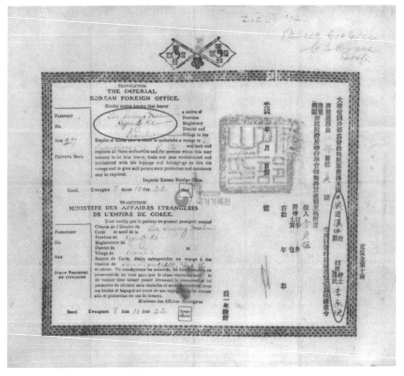

이승만이 1904년 미국으로 갈 때 사용한 여권(집조, 執照). 오른쪽 아래 타원 속에 '경기(京畿)도 한성
(漢城)부 이승만(李承晩)'이라 쓴 한문 손글씨, 그리고 왼쪽 위 타원 속에 'Lee Seung Mahn, KyungKi,
Seoul'이라 쓴 영문 손글씨가 보인다. 출처: 연세대 이승만연구원(국가기록원 국가지정기록물).

'상동(尙洞)교회'는 1888년 미국 의료선교사 스크랜튼 목사가 남대문에
세운 교회로 감리교 창립자 존 웨슬리(John Wesley)의 영국 고향 마을 엡워
스(Epworth) 지명을 딴 청년회를 운영하고 있었다. 이 청년회는 1899년 해

산된 '독립협회'와 1906년 창립한 비밀결사 '신민회'를 연결하는 반일운동의 중간다리 역할을 한 중요한 단체다.

이 교회는 1898년부터 교회의 속장(屬長) 및 청년회 회장을 역임한 전덕기 전도사를 중심으로 운영되고 있었으며, 배재학당에 이어 서울의 두 번째 벽돌 건물을 1902년 지어 청년 활동의 본거지로 제공했다. 이 교회의 청년회가 '지덕체(智德體)'를 동시에 추구하는 전인교육을 목표로 세운 학교가 '상동청년학교'였다.

이승만을 교장으로 세울 때 청년회 회원의 숫자는 수백 명 수준으로 상당한 인기를 누리고 있었다. 그러나 1905년 을사조약을 거치며 이 교회를 지원하던 감리교단은 일본의 침략을 비판하는 상동청년회 활동을 '정교분리' 원칙에 어긋난 행동이라 문제 삼으며 지원을 끊고 마침내 1906년 해산시켰다.

이 학교의 교장 자리는 감옥에서 갓 나온 이승만으로서 마다할 이유가 없는 자리였다. 그러나 그는 교장 취임 후 3주 만에 미국행 배를 탔다. 그 이유는 무엇일까? 연구자들 사이에서 조금씩 다른 해석이 존재한다. '고종의 밀사'였다는 설, 고위관료 '민영환·한규설의 밀사'였다는 설, 그리고 '미국 유학' 때문이라는 설 등이다.

'고종 밀사'설과 '민영환·한규설 밀사'설은 다음과 같이 서로 뒤엉켜 전개된 일련의 사건을 필요에 따라 선택적으로 강조해 나타난 결과로 보인다. 이 두 설은 이승만 본인의 글을 통해 다음과 같이 연결되어 있음을 확인할 수 있다. 이정식이 2005년 출판한 책 《이승만의 구한말 개혁운동》(배재대학교 출판부)에 한글로 번역된 이승만의 영문 '자서전'이 전하는 대목이다(313쪽).

"어느 날 아침 외출했다 집에 돌아왔을 때 궁중에서 온 시녀 한 사람이 나를 기다리고 있었다… 그는 폐하께서 나를 단독으로 만나보고 싶어 하신다는 것이었다. 그러나 나는 황제의 이름이 나오자마자 그에 대해서 평소에 품고 있던 모든 쓰라린 증오감이 북받쳐 올라와 즉석에서 폐하와 사적 알현을 하고 싶은 의사가 전혀 없다고 단언해 버렸다….

[후에] 알고 본즉 민공(閔公)과 한(韓) 장군이 황제에게 나를 불러다가 황제의 밀사로 미국에 보내 1882년에 체결한 조미수호조약에 약속한 대로 도움을 요청토록 하려는 것이었다. 고종은 그 조치에는 찬동했으나 민공과 한 장군을 믿을 수가 없어 나를 비밀리에 불러다가 금전 얼마와 사신(私信)을 주어 보내려고 했던 것이었다. 나는 황제의 초빙을 거절함으로써 얼마나 좋은 기회를 잃었는지는 모른다. 그러나 나는 그와 접촉하기를 거부한 데 대해서 후회해본 일은 없다."

이승만은 고종을 "4,200년 동안 내려온 군주들 가운데서 가장 허약하고 겁쟁이 임금 중의 한 사람"으로 생각하고 있었다(이정식, 2005: 255). 이런 이유로 고종은 이승만을 개인 사절로 파견하는데 실패했다. 그로부터 1년 후인 1905년 10월 고종은 헐버트(Homer B. Hulbert) 목사에게 친서를 맡겨 미국으로 보냈다(Oliver 1955: 73-75).

'미국 유학'설은 이주영 교수의 책《이승만과 그의 시대》(기파랑, 2011) 36쪽에 등장한다. "개화파 정치인인 민영환과 한규설은 유학을 떠나는 이승만을 통해 미국에 도움을 요청해 볼 생각이었다." 이주영 교수는 이승만이 어차피 미국에 유학을 가게 되어 있었고, 그 인편을 이용해 미국에 도움을 요청하는 서신을 보내자는 민영환과 한규설의 제안에 이승만이 동의한 결과라고 설명하는 셈이다.

이승만의 '미국 유학'에 방점을 찍는 이 설명은 다음 두 가지 사실로 더욱 뒷받침된다. 하나는 이승만이 선교사들로부터 19통이나 되는 추천서를 가방에 넣고 미국으로 떠났다는 사실이고(이정식, 2005: 256), 다른 하나는 그보다 일찍 이승만은 감옥에서 "유학생이 생계를 위해 할 수 있는 일자리들"이란 메모도 남겼다는 사실이다(유영익, 2002: 399).

'유학과 밀사'라는 두 가지 과업 중 이승만에게 무엇이 더 중요한 일이었는지 분명히 판단할 객관적 근거는 없다. 이승만에게는 둘 모두가 중요한 과업이었을 수 있다. 배재학당 시절부터 선교사들의 충고를 가슴에 품은 이승만은 미국 유학을 언젠가는 꼭 해야 할 일이라고 생각하고 있었고, 마침 민영환과 한규설의 구체적인 요청을 받자 그들의 서신을 품고 미국으로 떠났다고 정리하는 것이 합리적이다.

민영환(왼쪽)과 한규설.

그렇다면 이승만으로 하여금 상동청년학교 교장 자리를 그만두게 하고 미국으로 떠나게 한 민영환과 한규설은 대체 어떤 사람들이었는가? 민영환은 이승만의 자서전에 미국으로 떠날 당시 영의정(총리)이라 기술되어 있는 인물이다(이정식, 2005: 313). 한규설은 감옥에 있던 이승만이 1899년 12월 징역 10년으로 감형될 때 법부대신이었고(강준만, 2007: 88), 이승만이 출국하던 당시를 전후해서는 참정대신(부총리)이었다. 이들은 당시 독립협회 등 개화파를 지원하던 관료세력의 대표적 인물들이었다.

이승만보다 14살 위인 민영환(1861~1905)은 1878년 17살에 병과에 급제한 이후 고종의 처가인 민씨 일가의 후광을 입으며 출세의 길을 달렸다. 신식 군대인 별기군을 창설한 그는 1882년 임오군란 후유증으로 사직했으나, 1884년 이조참의로 복귀해 병조판서, 형조판서, 한성부윤(서울시장) 등을 거치며 승승장구했고 1895년 주미전권공사로 임명되었으나 을미사변으로 부임하지 못하고 사직했다.

1896년에는 러시아 그리고 1897년에는 유럽 6개국 특명전권공사로 견문을 넓힌 후 탁지부(재무부)대신 등도 역임했지만, 황국협회로부터 '군주제를 폐지하고 공화제를 옹호한다'는 탄핵을 받아 파직당했다. 1904년 러일전쟁 전후로 의정부(내각) 참정대신(부총리), 내부대신, 학부대신 등으로 복직했으며 의정부 의정대신(총리) 서리로도 일했다. 러일전쟁 이후 일본의 내정간섭에 항의하다 시종무관(侍從武官, 황제직속부대)으로 좌천당한 끝에 '을사오적'을 처벌하라는 상소를 하고 1905년 11월 45세의 나이로 자결했다.

한규설(1856~1930)은 이승만보다 19살 위의 인물로 1884년 26살의 나이로 무과에 급제해 형조판서, 한성판윤, 포도대장 등을 지낸 무관 겸 정치인이다. 1905년 참정대신(부총리)으로 을사조약을 공개적으로 반대했으며, 1910년 경술국치 이후 조선총독부가 남작 작위를 수여했으나 거절했다.

16
이승만·윤병구, 1905년 8월 4일
미 대통령 루스벨트 만나 대한 독립 요청

이승만은 1904년 11월 5일 인천에서 오하이오(Ohio)호에 승선했다. 오하이오호는 목포, 부산, 시모노세키를 경유해 11월 10일 고베에 도착했다. 고베는 샌프란시스코로 가는 여객선이 출발하는 해상교통의 중심지였다. 한 주일 남짓 고베에 체류한 이승만은 11월 18일 시베리아(Siberia)호에 승선해 중간 경유지 요코하마 그리고 호놀룰루를 거쳐 12월 6일 최종 목적지인 샌프란시스코에 도착했다.

무려 한 달에 걸친 항해였다. 이 배에서 이승만은 중간 경유지 호놀룰루에서 11월 29일부터 30일까지 딱 하루 하선(下船)했다. 이 하루 체류한 하와이가 앞으로의 이승만 삶에서 어떤 의미를 갖게 될지 아무도 몰랐다. 하와이는 단기적으로 이승만에게 8개월 후 미국 대통령을 만나 독립을 호소하는 민간 외교의 기회를 제공해 주었을 뿐만 아니라, 장기적으로 이승만이 30년을 머물며 결국 생을 마감하는 제2의 고향이 되기도 했다.

호놀룰루에서의 하루를 이승만은 자서전에서 다음과 같이 기록하고 있다. "윤병구 목사가 감리교 선교부의 감독인 와드맨(Wadman) 박사와 교섭하여 나더러 호놀룰루 근처에 있는 이와(Ewa) 사탕수수 농장에서 그날 저녁 강연을 하도록 하였다. 그날 저녁 나와 윤 목사는 '러일전쟁을 끝맺는 평화회의에서 한국에 관한 청원을 어떻게 할 것인가'에 대한 계획을 짜면서 밤을 새우고, 나는 다음 날 배로 떠났다(이정식, 2005: 314)."

12월 6일 샌프란시스코에 도착한 이승만은 당분간 휴식을 취한 후 16일 미국의 수도 워싱턴으로 향하는 기차여행을 시작했다. 여비가 반값인 남태평양철도회사(Southern Pacific Raliway Company)의 산타페(Santa Fe) 노선 기차를 타고 LA를 거쳐 시카고로 간 다음, 피츠버그와 해리스버그(Harrisburg)에서 또다시 각각 기차를 갈아타고, 마침내 1904년 12월 31일 저녁 워싱턴에 도착했다.

서울서부터 워싱턴까지 장장 두 달에 걸친 여행이 끝났다. 그러나 이승만은 쉴 틈도 없이 워싱톤의 '로간 서클(Logan Circle)'에 있는 주미공사관(Korean Legation)을 방문했다. '연세대 이승만연구원'과 '대한민국 역사박물관'이 2015년 공동으로 출판한 《국역 이승만 일기》는 이승만이 1904년 12월 31일 그리고 다음 날인 1905년 1월 1일 연달아 저녁에 공사관을 방문했다고 증언하고 있다(pp. 20-21).

이승만을 밀사로 보낸 당시 총리 서리 민영환은 이미 외교 서신을 통해 이승만의 워싱턴 방문을 공사관의 홍칠수(철호) 서기관에게 알렸으며, 공사관의 김윤정 서기관도 이승만이 정부와 연결되어 있음을 알고 있었다. 둘은 모두 이승만에게 매우 협조적이었다.

밀사로서의 워싱턴 활동을 이승만은 자서전에서 다음과 같이 기록했다. "나는 민(영환)공과 한(규설) 장군의 편지를 딘스모어 의원에게 전달했다. 그는 전에 미국 공사로 서울에 가 있던 일이 있었는데 그때 민공, 한장군과 친교를 맺은 터였다. 내가 그 편지를 가지고 갔을 때 그는 옛 친구들로부터의 소식을 듣고 퍽 반가워했다. 그리고 그는 중국에 대한 문호개방정책의 주창자인 존 헤이(John Hay) 국무장관을 만날 수 있도록 알선해 주겠노라 약속을 해주었다(이정식, 2005: 327)."

딘스모어(Hugh Dinsmore, 1850~1930)는 1887년부터 1890년까지 3년간 주한 미국공사를 역임한 후, 1893년부터 1905년까지 12년 동안 아칸사(Arkansas)주 하원의원으로 활동한 인물이다. 밀사 이승만은 마침내 1905년 2월 20일 딘스모어 의원과 함께 국무부에서 헤이 장관을 30분간 면담할 수 있었다. 헤이는 이 자리에서 미국이 조선과 1882년 맺은 조약에 따른 의무를 이행하도록 최선을 다하겠노라 약속했다. 그러나 그는 병을 앓다 같은 해 7월 1일 사망했다. 결국 이승만의 밀사 외교는 모두 허사가 되고 말았다.

그러나 이승만은 밀사 역할과 상관없이 그로부터 5개월 후 즉 1905년 8월 4일 미국 대통령 루스벨트(Theodore Roosevelt, 1858~1919)를 면담할 수 있었다. 미국으로 오면서 하루 경유한 하와이에서 윤병구 목사와 밤을 새워 의논한 '러일전쟁을 끝맺는 평화회의에서 한국에 관한 청원을 어떻게 할 것인가'하는 구상이 결실을 맺은 것이다.

루스벨트는 미국의 뉴햄프셔(New Hampshire)주 포츠머스(Portsmouth)에서 자신이 중재해 러·일 강화회의를 연다고 1905년 7월 초 공표했다. 이 발언과 동시에 그는 육군장관 타프트(William H. Taft)를 아시아로 파견해 일본 지도자와 미·일 현안에 관한 사전협의를 하도록 조치했다. 타프트 일행은 일본 방문 길에 7월 12일 호놀룰루에 들렀다.

타프트 방문 소식이 전해지자 하와이 교민들은 '특별회의'를 소집해서 윤병구와 이승만을 강화회의에 파견할 대표로 선정하고 미국 대통령에게 제출할 '청원서'를 채택했다. 이 청원서는 신복룡 교수가 번역해 2019년 집문당에서 출판한 메켄지(McKenzie)의 책 《대한제국의 비극(원저명, The Tragedy of Korea)》 부록3에 수록되어 있다.

청원서에서 윤병구와 이승만은 스스로를 고종의 사신이 아니라 '8천 명' 하와이 교포들의 대표라 자처하면서 자신들은 조국에 있는 '1천2백만' 보통 사람들의 민의도 대변한다고 주장했다. 청원서는 이어서 미국 대통령이 포츠머스 회담을 계기로 1882년 조미조약 정신에 입각해 조선의 독립을 지켜주기 바란다고 호소했다(유영익, 1996, 《이승만의 삶과 꿈》 중앙일보사: 40-44).

이와 함께 윤병구는 루스벨트 대통령이 이승만과 자신을 만나도록 주선하는 '소개장'도 와드맨 감독을 통해 타프트로부터 받아냈다. 윤병구는 '청원서'와 '소개장'을 가지고 하와이를 출발해 1905년 7월 31일 워싱턴에 도착했다. 그와 함께 이승만은 루스벨트 대통령을 만나기 위해 뉴욕 롱아일랜드 오이스터 베이(Oyster Bay)에 소재한 하계 백악관 사가모어(Sagamore) 별장을 찾았다.

타프트의 소개장은 효과가 있었다. 루스벨트를 만난 윤병구와 이승만은 하와이 교포들이 만든 청원서를 들이대며 1882년 조미조약 정신에 따라 조선의 독립을 포츠머스 회의에서 관철시켜 달라 호소했다. 루스벨트는 정식 외교채널을 통해 제출하면 반영해 보겠다고 대답했다. 의기양양해진 두 사람은 당일 밤 기차를 차고 워싱턴의 한국공사관을 찾아가 당장 필요한 조치를 밟자고 서둘렀다.

그러나 대리공사로 승진한 김윤정은 뜻밖에도 본국 정부의 훈령 없이는 요구를 들어줄 수 없다고 차갑게 대답했다. 김윤정의 어이없는 대응에

치를 뗀 이승만은 1905년 8월 9일 민영환 앞으로 보낸 한글 서신에서 실패의 원인을 '관료주의적 복지부동 뒤로 숨은' 김윤정의 배신에서 찾았다(옥성득 교수의 한국 기독교 역사, "1905년 8월 9일 이승만이 민영환 대산에게 보낸 편지, https://koreanchristianity.tistory.com/310?category=827206).

그러나 실패의 원인은 그뿐만이 아니었다. 뼈아픈 국제정치의 현실이 가로놓여 있었다. 호놀룰루 방문을 마친 타프트 장관은 동경으로 가 일본 수상 카츠라(桂太郎)와 양국 현안을 논의한 끝에 소위 '가츠라-타프트 밀약'을 1905년 7월 27일 맺었기 때문이다. 이 비밀협약에서 미국은 필리핀 그리고 일본은 조선에 대한 종주권(suzerainty)을 서로 주고받았다. 열혈 30살 청년 이승만의 민간 외교는 강대국 간의 막후 흥정에 휘둘려 무참히 유산되었다. 1924년 밀약이 공개될 때까지 이승만은 루스벨트의 이중플레이를 전혀 눈치채지 못했다.

이승만의 외교관 정장 모습. 미국 LA에서 1910년 출판된 초판본 《독립정신》 252쪽에 실린 이 사진 밑에는 "미국에서 담판하던 일아(日俄) 강화조약 때에 대한 독립 권리의 손해를 면키 위하여 미국 대통령과 각 정치가를 방문하는 전후 운동하던 외교가 이승만"이란 설명이 붙어 있다.

1904년 12월 31일 저녁 워싱턴에 도착한 이승만은 지체없이 한국공사관(Korean Legation)을 방문했다. 백악관에서 북동쪽으로 1.6킬로미터 떨어진 Logan Circle에 위치한 이 건물은 1889년부터 대한제국의 주미공사관으로 쓰였다. 1905년 11월 을사조약으로 문을 닫았고, 1910년에는 일본에 의해 민간에 팔렸다. 2012년 대한민국 문화재청이 건물을 다시 사들여 2018년부터 한미우호를 기념하는 박물관으로 활용하고 있다.

(출처: 주미대한제국공사관 홈페이지 https://oldkoreanlegation.org/about/welcome/)

윤병구의 정장 모습.

WILL ASK ROOSEVELT TO PROTECT KOREANS

The Odd Mission of Two Envoys of " True-Seeking Hearts."

THEY ARE AT OYSTER BAY

Have a Memorial Not from Their King, but an Awakened People— Point to Our Treaty.

Special to The New York Times.

OYSTER BAY, Aug. 3.—On the eve of the official reception to be tendered the peace envoys of Russia and Japan, two diminutive, unassuming Koreans, bent on one of the oddest diplomatic missions in

1905년 8월 4일 New York Times 1면 기사. "루스벨트를 만나 대한 사람을 보호해 달라 요청할 것"이란 큰 제목과 함께, '진실을 쫓는 두 외교사절의 기이한 미션, 오이스터 베이 도착, 왕이 아닌 계몽된 민중의 청원서 소지, 두 나라의 조약 주목' 등의 소제목도 달고 있다.

1905년 8월 이승만·윤병구가 루즈벨트 대통령에게 올린 청원서

https://koreanchristianity.tistory.com/312?category=827206

1908년 출판된 멕켄지의
[대한의 비극]
F. A. McKenzie, 1908, The
Tragedy of Korea, E. P.
Dutton & Co, New York 1908

부록

부록

1905년 8월 9일 이승만이 민영환 대신에게 보낸 편지

https://koreanchristianity.tistory.com/310?category=827206

李承晩→閔泳煥 (1905. 8. 9)

21. 이승만 → 민영환(閔泳煥)　1905. 8. 9. (16. 37～42)

1234 D St. N. W.

Washington D. C.

Aug. 9ᵗʰ 1905

일전 보닌 거슨 아직 못 갓슬 터이오며 윤(尹. 秉求)이 칠월
삼십일일에 이곳에 이르럿는디 싱(生)은 그 전에 미리 제손(Jaisohn.
徐載弼)의게 가서 자고 밤에 의론호야 엇지호면 됴흘 줄을 디강
질뎡(質定)혼 후 미리 와서 윤을 기다리다가 오후에 정거장에서
다리고 와서 힝장(行裝) 차려 가지고 제손의게 갓치 간즉 몬져

17

WP 1905년 1월 17일 이승만 인터뷰 기사, 일(日) 만행 세계에 고발

1904년 12월 31일 저녁 워싱턴에 도착한 이승만은 바로 당일부터 시작해 1905년 8월 4일 루스벨트 미국 대통령을 면담할 때까지 자신에게 주어진 일에 최선을 다하고 있었다. 그중 하나가 1905년 1월 17일 보도된 워싱턴 포스트 인터뷰 기사다. 그러나 이 사료의 실물과 구체적 내용에 관해서는 지금까지 제대로 알려진 바가 없었다.

이 사료의 존재를 최초로 그리고 유일하게 언급한 이승만 연구자는 이주영 건국대 명예교수다. 인터넷 신문에 이주영 교수가 연재한 '이승만 시대' 8번째 글 '루스벨트 만나고… 민영환 자결에 사흘 울다'에는 다음과 같은 언급이 등장한다. "[헤이 국무장관과의] 면담 날짜를 기다리면서 이승만은 1905년 1월 15일 '워싱턴 포스트'지와 인터뷰를 했다. 그는 일본이 조선 왕국을 침략하고 있음을 폭로했다."(뉴데일리, 2012년 5월 16일)

대충은 맞지만 정확한 정보가 아니다. 우선, 워싱턴 포스트지에 인터뷰 기사가 실린 정확한 날짜는 1905년 1월 17일이다. 다음, 기사의 내용을 확인할 수 있는 기사 실물이나 보다 구체적인 기사 내용이 제시되지 않아

궁금증을 더할 뿐인 정보다.

필자는 이주영 교수의 글을 읽으며 기사의 실물과 내용을 확인하는 작업이 필요하다 판단했다. 워싱턴 포스트지 홈페이지에 들어가 과거 기사를 검색했으나, 아직 전자문서로 전환되지 않은 기간의 기사임을 확인할 수 있었다. 과거 신문을 보관하는 미국 도서관을 직접 방문하는 방법밖에 없는가 하는 생각 끝에, 미국에 있는 젊은 동료 학자가 생각났다.

데이빗 필즈(David Fields)는 필자가 연세대에서 이승만연구원장으로 재직할 때 연구원을 직접 방문해 이승만에 관한 원사료 열람을 허락해 달라 요청한 미국 위스콘신 대학(University of Wisconsin, Madison) 역사학과 박사과정 학생이었다. 이를 계기로 데이빗은 필자가 중심이 되어 대한민국역사박물관과 연세대이승만연구원이 공동으로 2015년 출판한 《이승만일기》(국역, 영문, 영인본)의 공편자 역할도 했다.

자료조사를 마친 데이빗은 미국으로 돌아가 이승만에 관한 박사학위 논문을 마치고, 그 내용을 다듬어 전문적인 연구서적 Foreign Friends: Syngman Rhee, American Exceptionalism, and the Division of Korea(University Press of Kentucky, 2019)을 출판했다. 지금 그는 위스콘신 대학 부설 동아시아연구소(Center for East Asian Studies) 부원장으로 활동하고 있다.

두세 차례 이메일을 주고받은 끝에 데이빗은 기사의 실물 이미지를 필자에게 보냈다. '한미동맹'으로 못할 일이 없음을 다시 한번 확인한 쾌거다. 덕분에 독자들도 최초 공개되는 1905년 1월 17일 워싱턴 포스트 이승만 인터뷰 기사 실물을 눈으로 직접 확인할 수 있게 됐다. 데이빗에 감사한다.

기사의 내용을 살펴보자. 사진이 보여주고 있듯이 분량이 짧지 않은 기사다. 사진에서는 지면 활용의 편의성 때문에 편집을 통해 3단 기사처럼 보이게 했지만, 실제로는 신문 한 면 세로 방향 전체에 걸쳐 길게 쓴 1단 기사다.

기사는 큰 제목을 '일본은 러시아만큼 나빠(Japs Bad As Russians)'라고 달고 있다. 그 아래 붙은 작은 제목은 '현지 신문 편집자(이승만)는 그들이(일본이) 한국을 지배하려 한다고 언급(Native Editor Says They Mean to Dominate Korea)'이다. 다시 그 아래에는 '(일본은 한국의) 독립을 보장할 의도 없음(Never Grant Independence)'이란 소제목을 또 달고 있다.

이승만의 영어 철자를 'Seung Mahn Yee'라 쓰며 시작하는 기사의 리드는 다음과 같다. '진보적 가르침 때문에 고통받고 현재는 워싱턴에 공부하러 온 이승만은 조국의 미래를 우울하게 그리며 미국이 한국의 자유를 지키는 일을 도와야 한다고 말해(Seung Mahn Yee, Now in Washington to Study, Draws Gloomy Picture of His Country's Future—Thinks America Should Help Save Its Liberty—Suffered for Progressive Teachings)'.

기사의 본문은 '일본은 러시아가 한국의 독립을 뺏으려 했던 방법 그대로 반복하고 있으며, 현재 한국과 조약을 맺은 국가의 수도에서 한국 공사관들을 모두 철수시키고 있다. 왜소한 일본인들은 세계를 상대로 은둔의 왕국을 마치 보호하는 것처럼 보이게 하고 있으나, 실제로는 황제를 움직여 백성들을 이간질하거나 혹은 거꾸로 백성들을 움직여 왕을 이간질하고 있다'는 폭로로 시작한다.

이후 기사는 이승만이 한국에서 신문의 편집장을 했으며 감옥에서 6년 동안 고통받은 사실과 독립협회 활동 등으로 그러한 고초를 겪게 되었음을 설명한다. 이어서 알렌 미국 공사의 도움으로 감옥을 나오게 되었으며, 감옥에서 비밀리에 쓴 국가 개혁에 관한 원고가 익명으로 신문에 실리면서 러시아의 침략을 방어하는데 자신이 기여했음도 설명했다.

또한, 기사는 러일전쟁 이후 지금은 일본이 러시아와 같은 모습을 보여 문제라고 설명한다. 현재는 정부 내에 개혁적 목소리를 내는 인물들이 모두 감옥에 갔고, 일본은 러시아보다 더 교묘하게 한국을 지배하는 수순을 밟고 있다고 고발했다. 기사의 끝자락에서 이승만은 미국이 한국의 개혁 세력을 도와서 한국의 독립을 지켜주어야 한다고 호소했다.

[20. 귀국한 이승만, 서울 YMCA '한국인 총무' 겸 '학감'으로 활약] 글에서 필자는 '서울 YMCA 일자리를 맡는 과정에서 이승만이 가장 신경 쓴 문제는 일본 식민지 권력이 자신을 어떻게 평가할 것인가 하는 문제였다'고 설명했다. 워싱턴 포스트 이승만 인터뷰 기사는 필자의 설명이 틀리지 않았음을 뒷받침한다. 이승만이 이 기사를 통해 일본의 만행을 세계에 고발했기 때문이다.

일본 식민지 권력은 당연히 이런 인터뷰를 해서 일본을 비난하는 기사를 만든 이승만을 요(要)주의 인물에 올렸을 터이고, 그러한 우려는 결국 '105인 사건'으로 현실에서 확인이 되었다. 이승만은 '105인 사건'의 실체를 고발하는 책을 하와이에서 《한국교회핍박》이란 제목을 붙여 1913년 출판했다. 이 책에 관한 설명은 나중에 다시 한다.

SECOND PART:
PAGES 11 TO 14.

The Washington Post.

SECOND PART:
PAGES 11 TO 14.

WASHINGTON: TUESDAY. JANUARY 17, 1905.

12

JAPS BAD AS RUSSIANS

Native Editor Says They Mean to Dominate Korea.

NEVER GRANT INDEPENDENCE

Seung Mahn Yee, Now in Washington to Study, Draws Gloomy Picture of His Country's Future—Thinks America Should Help Save Its Liberty—Suffered for Progressive Teachings.

"Japan is using the same methods to subvert the independence of Korea that Russia used, and is at this moment trying to prevail upon her to withdraw her legations from the capitals of the treaty nations. The little Japs represent themselves before the world as defending the Hermit kingdom, but in reality, by playing the Emperor against the people and the people against the Emperor, they are doing the opposite of this."

This was the statement made by Seung Mahn Yee, a native Korean, the editor of a progressive newspaper in Seoul, a prisoner for six years, part of the time with hands and feet in the stocks, in sight of his fellow-prisoners, who were beheaded all around him, finally released through the efforts of the American Minister, and who has just arrived in Washington to study at George Washington University so that he may return to be of more service to his countrymen.

The story of this Korean, who was yesterday interviewed by a Post man, reads like juvenile fiction or a chapter from the Middle Ages. Born in 1875, he was educated according to the old methods of Chinese scholarship, but early studied English in a missionary school and became a Christian. Later, believing that Korea should not only be independent of China, but that the Korean people should awaken from their torpor and think and live, he started a daily paper called Chaygook Shin-moon, meaning the Empire, which contained translations from the English and taught principles of liberty. In this he opposed the conservative government and was therefore thrust into prison without trial.

Wore a Heavy Wooden Collar.

Wore a Heavy Wooden Collar.

"For seven months I wore the 'cangue,' a large wooden collar weighing more than twenty pounds, and during this time, to add to my agony, I sat with my feet in the stocks," he continued. "I saw my companions taken out to be beaten, tortured, hanged, or beheaded. I know all the emotions that go with the heavy thud of the sabers on the execution ground and fully expected a similar fate. More than once the morning papers announced: 'It is reported that S. M. Yee was beheaded in the night.' I walked, too, in the coolie gang with a heavy iron chain fastened over my shoulders, padlocked at the back. All this was because I claimed the right of popular assembly, where we might meet for debate, conference, and mutual improvement."

"I was a member of the Independence Club, the first political society formed in Korea. The sentiment among its members was too strong against the Russians and the result was that the Emperor tried to abolish it. The entire government was rotten to the core and in the hands of the conservative party, which favored Russia. It was about this time that I wrote some editorial notes, and they tried to arrest me, but couldn't do so at first because of some of the ministers. At last the Japanese Minister, through indirect methods, had the club abolished, and I was arrested and thrown into prison. The torture I endured was barbarous. Often my father came to get the headless trunk of my body, only to be surprised to find that I was still alive. Often three of us were in the same stock, and the other two would be led out to die and I would be miraculously saved. 'Well,' I used to say, 'it will be my time next.' During the latter part of my stay hundreds of Korean refugees, who had been brought back to prison through the efforts of the Japanese Minister, were beheaded, many of them before my eyes.

Saved By Minister Allen.

"Finally, on the 9th day of last August, through Dr. Allen, the American Minister, I was brought to trial for the first time, found not guilty, and released.

"During the time that I was in the prison I sent out secretly articles to my paper, which the people knew I had written. I am happy to say that I had many sympathizers, and when I left there November 6, to study for a couple of years here in the United States, I had many well-wishers.

"Now, as to the situation in Korea. Before the Queen was murdered ten years ago by the party of Japanese the Emperor was a progressive man, but since then he has secretly aided the Russians, but has been afraid of the Japs because he has feared a like fate. His personal servants were and still are in the pay of Russia, and that nation has always retarded my country. Any reasonable man in the world must hate Russia.

Progressives Favored War.

Progressives Favored War.

"The progressives were anxious for war because they believed that thereby Russia would be swept out and Japan would be able to reform the government. The war came and the Russian Minister told the Korean people to 'never mind,' because they would drive out the Japs like rats. Japan declared to the progressives that they would be placed in power, but they were deceived, and their chance to educate all the people and to prosper after a while was gone. They became rather hostile to the Japs, therefore. 'Keep calm,' said the Japs, and at the same time they sent thousands of immigrants into Korea to take the richest land. They are doing it now. The progressives have no voice in the government, and if they say aught they are imprisoned. Japan promised much, but the Japs are cunning and crafty, and they mean to dominate Korea and to prevent her independence, seeking now to recall the legations among the treaty nations. The United States, which sent the first minister to Korea, ought to prevent this and save the integrity of my country."

18

이승만 아들 7살 태산,
미국 온 지 10개월 만에 디프테리아로 사망

공식 직책도 없는 30살 청년 이승만이 미국 국무장관 그리고 대통령을 차례로 만나 직접 조국의 독립을 요청한 사실은 성공 여부를 떠나 그 자체만으로도 엄청난 사건이었다. 이런 일들을 헤쳐나가던 시기, 이승만은 스스로 원했던 유학과 관련해서도 큰 성과를 거두었다. '조지 워싱턴' 대학에 편입생으로 입학할 수 있었기 때문이다.

이승만의 학업에 관한 이야기는 다음 기회로 미루고, 여기서는 이즈음 미국으로 넘어온 이승만의 아들 태산(봉수)에 관한 이야기를 한다. 이승만은 16살인 1891년 동갑내기 동네 처자 박씨 부인과 결혼해 1899년 옥중에서 아들 봉수(鳳秀, 태산, 泰山)를 얻었다. 태산은 이승만이 밀사로 또 민간 외교관으로 활약하던 1905년 4월 미국에 와 이듬해인 1906년 2월 병으로 사망했다.

지금까지 태산을 미국으로 데리고 온 사람은 박용만이라 알려져 왔다. 이승만 자신의 영문 자서전에 "나의 아들이 왔다. 박용만 씨가 그를 한국에서부터 데려왔는데 나는 필라델피아의 [어떤 가정에] 그를 맡겨야 했다.

거기서 그는 죽고 말았다, 참으로 슬픈 일이었다"라고 썼기 때문이다(이정식 2005: 329).

또한, 태산이 미국 워싱턴에 도착한 시점은 1905년 6월 전후라 알려져 왔다. 왜냐하면 1904년 11월 5일 미국으로 출발하면서 이승만이 쓰기 시작한 영문일기(Logbook)에 태산의 이름이 처음 등장하는 날짜가 1905년 6월 4일이기 때문이다. 그날의 일기는 다음과 같다 "주일 저녁 하보우(George W. Harbough) 씨가 '태산아'를 데리러 옴(《국역 이승만 일기》 2015: 23)."

그러나 2012년 발굴된 사료인 1905년 6월 4일 워싱턴 타임즈(Washington Times) 기사는 이와는 사뭇 다른 사실을 제시한다(이종숙, "아 태산아"《월간조선》 2012년 5월호). 이 기사는 "한국 소년 돌볼 가정 구함"이란 큰 제목을 달고 이승만과 아들 태산의 사진도 크게 실었다. [아래 사진 참조]. 기사의 중요 대목을 발췌해 정리해 보자.

"이 기사는 어제 우리 신문 칼럼으로 게재할 것을 요청받은 것으로, 이 어린아이의 아버지인 이승만(Sung Mahn Rhee)을 도와 아들이 거주할 곳을 찾아주어 이 소년이 영어 교육의 기초를 배우고 적절한 때가 오면 조국인 머나먼 나라 한국에서 선교사가 되어 기독교인의 의무를 이행할 수 있도록 도와주려고 쓰는 광고다…

이승만과 어린 아들 태산아(Taisanah Rhee)는 두 달 남짓 1234 I Street Northwest에 위치한 기숙사의 작은 홀 방에서 살아왔다. 아버지는 아들을 부양하는 동시에 조지 워싱턴 대학에서 수학하고 있다… 이승만은 12월에 미국에 와 곧바로 학업을 시작했다. 두 달 전 그의 두 친구 이인흥과 이관영이 평양에서 워싱턴으로 오면서 그의 일곱 살 아들 태산을 데리고 왔다…

이승만은 태산이 오는 것을 예상하지 못했다… '최소한 여름 동안만이라도 아이를 자식처럼 돌봐 줄 독실한 개신교 가정이 필요합니다.' 이승만이 타임즈 지에 도움을 요청한 편지에서 한 말이다… 워싱턴에 도착한 이래 이 소년은 프랭클린 학교(Franklin School) 1학년이었다…"

이 기사는 이승만 연구에 몇 가지 쟁점을 던진다(이종숙, 위의 글). 우선, 태산을 데리고 온 사람은 박용만이 아니라 평양에서 온 이인홍과 이관용이라고 말하고 있다. 이승만의 자서전과 일치하지 않는 내용이다. 그러나 필자는 두 기록이 모두 사실일 수 있다고 생각한다. 왜냐하면 박용만과 저두 사람이 서울에서 미국 서부까지 함께 온 후 중간 어디에선가 헤어졌을 수 있기 때문이다.

다음, 태산이 워싱턴에 도착한 시점에 관한 문제다. '이승만 일기'에 태산의 이름이 처음 등장하는 날을 태산의 도착 시점으로 간주하기보다는 기사에 적시되어 있듯이 2개월 전 즉 1905년 4월 전후라 판단하는 것이 옳다. 일기에 아들의 이름을 도착하는 날 반드시 쓰라는 법은 없다.

이 두 문제는 비교적 사소한 쟁점이다. 그러나 저 기사는 이승만 연구에 매우 큰 함의를 가진 대목을 하나 더 지니고 있다. 다름 아닌 "이승만은 태산이 오는 것을 예상하지 못했다"는 문장이다. 이 말은 이승만이 태산을 미국으로 보내라고 서울의 가족들에게 독촉하지 않았다는 뜻이 담긴 말이다.

그렇다면 태산의 미국행은 서울의 가족 중 누군가가 이승만과 소통하지 않고 일방적으로 결정한 결과라 보아야 한다. 서울에 있던 가족은 이승만의 아버지(1837~1912) 그리고 이승만의 부인뿐이다. 이승만의 어머니(1933~1896)는 이미 고인이었다. 그렇다면 아버지인가? 부인인가? 혹은 둘의 합의인가?

1905년 당시 이승만 아버지는 68세였다. 이승만의 부인은 이승만과 동갑이니 30살이었다. 미국에 있는 아들의 장래가 불투명한 상황에서 68세 할아버지의 선택은 무엇이었을까? 서울에 있는 며느리가 손주를 키우며 아들이 귀국하는 것을 기다리게 하는 선택이 당연하다. 할아버지 입장에서 손주를 미국에 보내 유학하는 아들에게 양육의 부담까지 지우게 하는 선택은 상상하기 어렵다.

그렇다면 30살 며느리의 입장은? 일반적 상황이라면 아들을 키우며 남편의 금의환향을 기다리는 선택이 상식적이다. 그렇다면 이승만의 기대에 반한 태산의 미국행은 이루어지지 않았어야 한다. 가족 중 아무도 그럴 생각을 안 했으니 당연한 일이다.

그러나 며느리가 남편과의 관계에 금이 갔거나 한 걸음 더 나아가 다른 남자가 있다면? 이 경우는 아들의 미국행을 적극 추진하는 선택이 오히려 가능성이 높다. 이 마지막 가능성을 뒷받침하는 기록이 존재한다. 1949년 4월 12일 올리버 박사와 대담한 신흥우의 "이승만을 말한다"에서 일부 발췌한 내용을 살펴보자.

"[박씨는] 성격이 급했고 진보적이었다. 사회적 풍습을 벗어나는 것을 괘념치 않았다… 황제에게 남편을 석방해 달라고 상소를 올리기도 했다… 이승만 부인은 퍽 오랫동안 혼자서 언덕 위의 집에서 살고 있었다. 그녀는 하숙을 치기도 했고… 하숙 들었던 어떤 한국인과 실질적인 부부관계를 맺게 되었다(이정식, 2005: 399-400)."

이승만과 박씨 부인의 관계에 대해서는 대립적 견해가 나란히 존재해왔다. 예컨대 인보길은 "부인 박씨는 늙은 시아버지와 어린 아들을 데리고 생활에 쪼들리다가 급기야 태산을 미국 이승만에게 보내 버린다"고 지적한다(뉴데일리. 2014. 11. 21. "필라델피아 교민들의 이승만 사랑").

반면에 《월간중앙》기사는 "아들 태산을 두고 박씨 부인은 보내지 않으려 하고, 미국의 이승만 씨는 보내라 하고 그 실랑이가 굉장하였다고 한다"고 전하고 있다(2010년 4월호; 문일신, 《이승만의 비밀: 박씨 부인은 살아 있었다》 범양출판사, 1960 재인용). 필자는 인보길에 한 표다.

마지막으로, 저 기사는 1905년 6월 4일 '이승만 일기'에 등장하는 '하보우'라는 인물이 누군지를 알게 해 준다. 그는 다름 아닌 바로 당일 아침 워싱턴 타임즈 기사를 보고 태산을 돌볼 생각으로 이승만을 찾은 사람이다. 이어지는 6월 6일 및 6월 19일 일기도 이를 뒷받침한다.

그러나 '태산'은 결국 이듬해 1906년 2월 25일 필라델피아 시립병원에서 디프테리아로 숨을 거두었다. 워싱턴에 온 지 대략 10개월 만이었다. 필라델피아 Broodenberks가 Odd Fellows 공동묘지에 안장되었다가, Lawnview 공동묘지로 이장되었다.

1905년 6월 4일 워싱턴 타임즈(Washington Times) 이승만 부자(父子)의 기사가 보도된 면

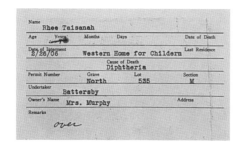

이승만 아들 이태산(Rhee Taisanah) 매장 기록. "Taisanah"라는 영문 이름은 이승만이 아들을 '태산아'라고 부른 발음을 그대로 영문으로 옮긴 때문으로 보인다. 마지막 살던 곳은 Western Home for Children, 사망한 날짜는 기록이 없고, 매장한 날짜는 1906년 2월 26일, 사망원인은 디프테리아로 기록하고 있다(출처: 유영익,《이승만의 삶과 꿈》중앙일보사, 1996: 19).

19

1912년 이승만, 1912년 프린스턴 박사논문
'미국의 영향을 받은 중립' 출판

1904년 12월 31일 저녁 7시 워싱턴 DC에 도착한 이승만이 서두른 일 중의 하나는 유학이었다. 도착한 날 바로 다음 날인 1905년 1월 1일 점심에 이승만은 카버넌트 장로교회(The Presbyterian Church of the Covenent)의 햄린(Lewis T. Hamlin) 목사를 찾아가 세례를 부탁하고 또한 유학에 관한 지도를 받았다(류석춘 외 공편, 《국역 이승만 일기》 2015: 21).

1894년 세워진 연동교회 1대 담임 목사였던 캐나다 장로교 출신의 선교사 게일(James Gale) 박사는 이승만에게 미국에서 가장 먼저 만날 사람으로 햄린을 지목했다. 미국 당대 최고의 목회자였던 햄린은 당시 주미한국 공사관 법률고문을 맡고 있기도 했다. 햄린 박사는 이승만을 조지 워싱턴 대학 총장 니담(Charles W. Needham)에게 소개했다.

니담 총장은 이승만을 1905년 봄 학기에 조지 워싱턴 대학교 문리과 대학 2학년 특별장학생으로 편입시켰다. 배재학당(Pai Chai College) 수학 경력을 인정한 결과였다. 물론 이승만은 선교사들로부터 받은 19통의 추천서도 가지고 있었다. 그러나 이승만 스스로도 기독교 네트워크가 이렇게까지 도움이 될 줄 전혀 예상하지 못했다.

선교사들은 이구동성으로 "이승만이 정치범으로 '7년간' 감옥생활을 할 때 40여 명의 동료 죄수들을 기독교로 개종시킨 사실을 강조하고 그가 장차 한국 기독교계에서 주도적 역할을 할 것을 장담하면서 그에게 2~3년간의 교육 '완성' 기회를 베풀어 줄 것을 부탁"하는 추천서를 썼다(유영익, 《이승만의 삶과 꿈》 중앙일보사, 1996: 46).

이렇게 시작된 이승만의 유학은 학사, 석사, 박사를 5년 6개월 만에 마치는 초고속 과정이었다. 그는 1905년 봄 학기부터 1907년 봄 학기까지 합해서 5학기를 '조지 워싱턴 대학'에서 수학하고 1907년 6월 학사 학위를 받았다. 이어서 그는 1907년 가을 학기부터 '하버드 대학'의 대학원 박사과정에 진학했다. 그러나 하버드에서는 본인이 계획한 2년 내 박사 학위 취득이 어려운 상황임도 파악하게 됐다.

하버드 수학 1년이 지난 1908년 가을 학기부터 이승만은 '프린스턴 대학' 대학원으로 진학해 1910년 봄 학기까지 합해서 4학기를 수학하고 마침내 1910년 7월 박사 학위를 받았다. 이와 함께 이승만은 프린스턴 재학 중이던 1909년 여름 학기를 이용해 하버드 대학에서 '미국사' 한 과목을 추가로 이수한 끝에 1910년 2월 하버드 대학 석사 학위도 받을 수 있었다.

1905년 혈혈단신으로 미국에 유학 온 30살 이승만은 학부 유학을 시작한 지 5년 6개월 만인 1910년 35살에 국제정치학 박사가 되는 놀라운 성취를 이루었다. 이 5년 6개월이라는 시간은 묘하게도 이승만이 감옥에 갇혀있던 5년 7개월이라는 시간과 거의 같은 시간이다. 감옥에서의 독학까지 포함하면 결국 이승만은 만 11년을 꼬박 공부에만 전념한 셈이다. 시간을 더 거슬러 올라가면 유생 이승만이 신학문을 배우려 20살에 배재학당 문을 두드린 지 15년 만에 신학문의 챔피언으로 등극한 셈이다.

1907년 6월 학사 학위를
받은 조지 워싱턴 대학교

1910년 2월 석사 학위를
받은 하버드 대학교

1910년 7월 박사 학위를
받은 프린스턴 대학교

이승만의 학력은 당대 한국인은 물론 당대 미국인 기준으로도 대단한 것이었다. "개화기 미국에 유학했던 한국 지식인은 모두 합쳐 70명 미만이다. 그중 가장 많이 알려진 인물은 유길준, 서재필, 윤치호, 김규식, 신흥우 등이다. 이승만은 이들보다 뒤늦게 미국에서 유학을 시작했지만, 이들보다 더 유명한 대학을 다녔고 또 최초로 국제정치학 분야에서 박사 학위를 땄다(유영익, 1996: 46)." 다른 한편 "미국의 대학원 과정은 1900년 프린스턴 대학이 최초였다. 이승만이 입학하기 불과 8년 전이다(김학은, 《이승만의 정치·경제 사상》 연세대 출판문화원, 2014: 156)."

이승만이 박사를 한 프린스턴 대학은 이승만에게 여러 가지 의미를 가진다. 우선, 이승만은 프린스턴에서 우드로 윌슨(Woodrow Wilson, 1856~1924)이라는 현대사의 거인을 만나 각별한 인연을 맺었다. 지도교수는 아니지만, 총장이었던 윌슨은 이승만을 자주 집으로 초대해 가족들과 식사를 같이 할 정도로 친밀한 관계를 유지했다.

월슨은 이승만에게 학위를 수여한 졸업식을 마지막으로 대학을 떠났다. 현실 정치에 뛰어든 윌슨은 1910년 뉴저지 주지사, 그리고 1912년부터 1920년까지 미국 대통령으로 활약했다. 그가 1918년 주창한 민족자결주의는 3·1운동의 동력이었다. 이 황금 같은 인맥은 마침내 2012년 3월 프린스턴 대학 '우드로 윌슨 스쿨' 건물의 제16 강연장을 '이승만 홀(Syngman Rhee 1910 Lecture Hall)'로 이름 붙일 수 있게 했다.

다음, 이승만이 1910년 제출한 박사 학위 논문 "미국의 영향을 받은 중립(Neutrality As Influenced by the United States)"은 1912년 프린스턴 대학 출판부가 책으로 출판했다. 박사 논문을 대학의 출판부가 바로 출판하는 일은 매우 예외적인 경우다. 학술적 가치를 인정받을 때만 가능한 일이다.

이 대목에서 이승만의 박사논문 내용이 궁금하지 않을 수 없다. 2020년 연세대 이승만연구원이 이승만의 박사논문을 우리말로 번역해 출판한 책에서, 법학자 정인섭 교수는 논문을 해제하며 다음과 같은 요지의 설명을 했다. 전쟁이 났을 때 전쟁의 당사국이 아닌 중립국가가 교전국과 할 수 있는 해상무역의 범위와 수준이 역사적으로 어떻게 변천해 왔는가를 검토한 논문이 바로 이승만의 학위논문이다.

논문에서 이승만은 미국이 건국되기 전까지는 중립국의 전시 무역 권리가 존중받지 못했지만, 유럽의 전쟁과 거리를 둔 강대국 미국이 등장하면서부터 전시 중립국의 무역에 관한 권리가 크게 신장했다고 주장했다. 미국이 세계사에 미친 영향을 매우 긍정적으로 평가하는 논문이다. 정인섭의 해제는 이승만 논문의 주제인 '전시중립'에 관한 법제사적 해석에 초점을 맞추고 있다.

그러나 경제학자 김학은 교수는 시야를 넓혀 이승만의 박사논문을

1910년 출판한 《독립정신》 그리고 1941년 출판한 Japan Inside Out의 문제의식과 연결지으며 정치·경제적 사상의 맥락을 분석한다. 김학은의 2014년 책 《이승만의 정치경제 사상》이 제시하는 설명이다.

김학은은 이승만이 박사논문에서 전개한 주장을 위로는 정약용의 '목민심서' 및 유길준의 '서유견문' 옆으로는 중국의 손문과 일본의 후쿠자와 유키치, 그리고 저 멀리 독일의 칸트와 체코의 마사리크는 물론 영국 스코틀랜드 장로교의 실천신학, 나아가서 미국의 조지 워싱턴과 우드로 윌슨을 넘나들며 분석해 하나의 일관된 틀로 제시한다. 다름 아닌 '약소국이 자유와 평화를 어떻게 지킬 수 있는가'하는 맥락에서 이승만의 저작을 설명했다.

김학은의 결론이다. 이승만의 학위논문은 1) 실학으로부터 출발한 《독립정신》의 '통상' 부분을 학문적으로 발전·심화시켰고, 2) 구미 사상 가운데 '스코틀랜드 계몽주의 실천신학'과 칸트의 '영구평화론'을 계승한 미국의 외교노선을 추적했고, 3) 미국 외교노선에 어울리는 독립 승인의 국제적 조건이 무엇인지를 탐구했으며, 4) 미국의 외교 원리와 일본의 외교 원리가 충돌할 수밖에 없음을 예측했고, 5) 잠들어 있는 '칸트의 미국'을 Japan Inside Out을 통해 흔들어 깨웠다고 설명한다. 놀랍다.

프린스턴 대학원 재학 당시 자신이 생활하던 기숙사 공간 책상 앞의 이승만. 사진 위쪽 'Hodge Hall, Princeton, 1909' 글씨는 이승만 친필이다.
출처: 연세대 이승만연구원

이승만의 박사학위 논문을 우리말로 번역한 책. 정인섭 교수가 역주와 해제를 했다(연세대 출판문화원, 2020).

이승만의 박사학위 논문을 《독립정신》 및 《일본내막기》와 연관지어 분석한 김학은 교수의 책(연세대 출판문화원, 2014).

20
1910년 귀국한 이승만, 서울 YMCA
'한국인 총무' 겸 '학감'으로 활약

1910년 7월 18일 이승만이 박사학위를 받은 날로부터 한 달을 조금 넘긴 8월 29일 대한제국은 마침내 지도에서 사라졌다. 일본에 합병되었기 때문이다. 예상된 일이긴 했지만, 막상 당하고 나면 막막하지 않을 수 없는 일이다. 이승만의 대응은 어떠했는가?

대학원 재학 때부터 이승만은 박사를 마친 후의 진로를 놓고 고민했다. 추천서를 써준 서울의 선교사들은 모두 이승만이 서울로 돌아와야 한다는 의견이었다. 게일(Gale)은 '황성기독교청년회' 즉 '서울 YMCA'에서 일할 것을 권유했고(1908. 3. 12 및 7. 22 편지), 언더우드(Underwood)는 곧 창립될 연희전문의 전신 '연합기독대학(Union Christian College)' 교수로 일할 것을 권고했다(1910. 2. 16 편지).

최종 결심을 위해 이승만은 프린스턴에서 마지막 학기를 보내던 1910년 3월 뉴욕에 있는 'YMCA 국제위원회'를 찾아가 모트(John Mott, 1865~1955, 목덕(穆德): 기독교청년운동에 기여한 공로로 1946년 노벨평화상 수상) 총무와 의논했다. 모트 역시 이승만에게 서울 YMCA에서 일할 것을 추천했다(유영익, 《이승만의 삶과 꿈》 중앙일보사, 1996: 70).

모트의 연락을 받은 서울 YMCA 총무 질레트(Phillip L. Gillet)는 1910년 5월 23일 자로 이승만에게 취업 초청장을 보냈다. 이승만을 서울 YMCA '한국인 총무(Chief Korean Secretary)'로 기용하고 상당한 월급도 주겠다는 제안이었다. 이승만이 이 제안을 수락하는 답장을 보낸 날짜는 박사학위를 받은 바로 다음 날인 1910년 7월 19일이었다.

서울 YMCA 일자리를 맡는 과정에서 이승만이 가장 신경 쓴 문제는 일본 식민지 권력이 자신을 어떻게 평가할 것인가 하는 문제였다. 민영환과 한규설의 밀서를 품고 일본의 대한 침략을 미국이 막도록 요청하고, 마침내는 미국 대통령 루스벨트를 만나 러일전쟁 강화회의에서 미국이 한국의 독립을 보호해주어야 한다고 주장했기 때문이다.

유영익은 이승만이 1910년 4월 13일 언더우드 선교사에게 쓴 편지를 인용하며 이승만의 우려를 다음과 같이 그리고 있다(유영익, 1996: 74). "자신의 일거일동에 대한 일제 당국의 경계와 감시야말로 가장 우려되는… YMCA에 일자리를 잡는 경우 자기의 비타협적 성격 때문에 일본인들과의 마찰이 불가피…"

그럼에도 이승만은 한일합병 조약이 발표된 날로부터 4일이 지난 1910년 9월 3일 뉴욕에서 영국 리버풀로 가는 발틱(S. S. Baltic)호를 타고 귀국의 첫발을 내디뎠다. 런던, 파리, 베를린, 모스크바 등 유럽의 주요 도시를 둘러 본 다음 이승만은 시베리아 횡단 철도를 타고 만주 땅을 거쳐 압록강을 건넜다. 그를 실은 열차는 마침내 1910년 10월 10일 저녁 8시 서울역에 도착했다.

미국으로 떠난 지 5년 11개월 만에 신학문의 챔피언이 되어 귀국한 이승만은 바로 서울 YMCA 일을 시작했다. 당시 상황을 유영익은 다음과 같이 전한다.

"이승만이 돌아온 1910년대 YMCA는 이승만의 옥중 동지들과 외국 유학을 하고 돌아온 개화 지식인들이 한데 모인 10여 년 전 독립협회의 축소판이었다. …미국인 선교사 질레트와 브로크만(Frank M. Brokeman)이 각각 '총무'와 '협동총무'를 맡고 있었고 그 아래에 몇 년 전 이승만의 영향으로 한성감옥에서 기독교에 입교한 이상재, 김정식, 이원긍, 유성준, 안국선 등이 미국과 일본 등지에서 유학하고 돌아온 윤치호, 김규식, 김린 등과 손잡고 … 기독교 청년운동을 이끌어 가고 있었다(유영익, 1996: 80)."

'한국인 총무' 이승만은 '학감'으로 활동하며 학생들의 교육과 청년운동을 총괄적으로 지도했다. 학생들을 상대로 설교하고 또 성경연구를 인도함은 물론 강의와 강연을 통해서 전국적 YMCA 네트워크 구축도 주도했다.

1911년 봄부터 여름까지 이승만은 브로크만과 함께 전국 순회전도에 나섰다. 순회전도의 마지막 일정은 윤치호가 개성에 설립한 한영서원(韓英書院)에서 개최된 '제2회 전국기독학생 하령회(夏令會)' 참석이었다. 이 행사는 한 해 전 모임의 두 배에 달하는 백 명 가까운 인원이 참석한 성황이었다.

이승만은 인기 강사였다. 그의 강연을 들은 학생 중에는 훗날 외무장관이 된 임병직, 공화당 의장이 된 정구영, 과도정부 수반이 된 허정, 그리고 대한상공회의소 회장이 된 이원순 등이 포함되어 있다(유영익, 1996: 82).

바쁜 와중에도 이승만은 미국 유학 시절 다짐했던 기독교 교육을 위한 기초작업인 번역 일에도 매진했다. YMCA 국제위원회 총무 모트가 청년학생들 선교를 위해 저술한 메뉴얼 3권을 1911년 번역해 출판했다.

그러나 이 시기 이승만은 개인적으로 큰 어려움을 헤쳐나가야 했다. 낙산 중턱 창신동에 살고 있던 아버지와 박씨 부인은 이승만의 아들 봉수가 1906년 미국에서 객사하고 나서부터 견원지간으로 다투는 사이가 되었기 때문이다.

가정 내 불화를 견디다 못한 이승만은 1910년 겨울 창신동 집을 뛰쳐나가 종로에 있던 YMCA 건물 3층 다락방에 기거하기 시작했다. 급기야 1912년 1월에는 박씨 부인과 이혼했다(조혜자, "인간 이승만의 새 전기" 《여성중앙》 1983년 4월호, pp. 360-363; 유영익 1996: 78).

이혼의 아픔을 겪은 이승만은 오히려 일에 더욱 몰두하며 아픔을 잊고자 했다. 그러나 그마저도 뜻대로 되지 않았다. 이른바 '105인 사건'이 휘몰아치기 시작했기 때문이다. 105인 사건은 일제가 한국 기독교 세력을 탄압하기 위해 '데라우치(寺內) 총독 암살미수사건'을 날조해 기독교 지도자들을 전국적으로 검거해 결국 105명이 실형을 받은 사건을 일컫는다. YMCA 전국 조직망 건설을 담당하던 이승만이 이를 비켜 갈 방법은 없었다.

'합방' 후 한국의 모든 정치·사회 단체를 강제로 폐쇄시키는데 성공한 총독부였지만 YMCA 만은 그 국제적 유대 때문에 함부로 건드리지 못하고 있었다. 특히 윤치호·이승만 등 국제적으로 명망 있는 인사들의 영향으로 한국 학생들의 YMCA 운동이 활성화되자 총독부는 비상대책을 강구했다. 마침내 윤치호가 이 사건의 주모자로 1912년 2월 4일 체포되었다.

이승만은 다음 차례가 본인임을 직감하고 있었다. 그러나 다행히 이승만은 당시 한국을 방문 중인 모트 총무의 개입으로 체포를 피할 수 있었다. 미국 교계에 이름이 알려진 이승만을 체포하면 국제적으로 상당한 말썽이 빚어질 것이란 모트의 경고가 먹혔기 때문이다(Oliver, 1954: 118).

때마침 감리교회가 4년마다 개최하는 정기총회가 1912년 5월 미국 미니애폴리스에서 개최될 예정이었다. 한국의 감리교 목회자들은 이 기회를 이용해 이승만을 한국 감리교 평신도 대표로 선출하고 이 회의에 파견하는 형식으로 이승만을 도피시킬 수 있었다. 1912년 3월 26일 37살 이승만은 다시 서울을 떠나야만 했다. 서울에 돌아온 지 1년 반도 채 되지 않아서였다.

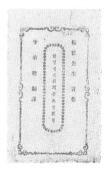

1911년 서울 YMCA(황성기독청년회)가 청년학생선교를 위해 발행한 책자들. YMCA 국제위원회 총무 John Mott(穆德)가 쓴 책들로 이승만이 번역했다. 왼쪽부터 《신입학생인도(Work for New Students)》, 《학생청년회회장(The President of the Student)》, 《학생청년회의종교상회합(Religious Department of the Student Association)》이란 제목을 달고 있다(출처: 연세대 이승만연구원).

1912년 서울 YMCA 간부들 및 학생회 대표들 사진. 맨 뒤 YMCA 총무 질렛(Phillip L Gillet)이고, 그 바로 아래가 이승만이다. 맨 앞 가운데 인물은 회우부(會友部) 간사 김일선이고, 그의 오른쪽이 브로크만(Frank M. Brockman) 협동총무다(출처: 연세대 이승만연구원).

서울 YMCA에서 같이 일하게 된 옥중 동지들과 귀국 직후 찍은 사진.
왼쪽부터 김정식, 안국선, 이상대, 이원긍, 김린, 이승만이다.

1911년 6월 기독학생 하령회가 열렸던 개성의 한영서원(韓英書院).
앞줄 중앙의 어린이 뒤가 이승만이다.

David Fields 박사의 책 Foreign Friends: Syngman Rhee, American Exceptionalism and the Division of Korea 표지(University Press of Kentucky, 2019).

Center for East Asian Studies
Institute for Regional and International Studies

Home   About˅   Students˅   Faculty˅   Collections˅   K-12

HOME / FIELDS, DAVID

David Fields

Associate Director

dpfields@wisc.edu
608.265.6583
Website
davidpfields.com

미국 위스콘신 대학(University of Wisconsin, Madison) 동아시아연구소 (Center for East Asian Studies) 부소장 (Associate Director) David Fields 박사.

21
1912년 감리교 총회 참석 이승만,
윌슨 가족 만난 후 박용만과 하와이로

박사를 마치고 고국 땅에 돌아온 이승만은 YMCA 일을 하던 중 일제가 만든 '105인 사건' 때문에 1912년 3월 다시 미국으로 도피해야 했다. 이승만은 그로부터 1년간 미대륙을 이곳저곳 정처 없이 떠돌다 결국 1913년 2월 하와이에 정착한다. 이승만 나이 37살 때의 이야기다.

고국 땅을 떠나는 이승만의 마음은 심란했다. 1912년 5월 한 달 동안 미국 미니애폴리스에서 4년에 한 번씩 개최되는 감리교 국제총회에 한국 평신도 대표로 참석한다는 명분이 있긴 했지만, 사실은 일본의 체포를 피하기 위한 임시방편일 뿐이었다. 이 회의를 마치면 어디로 가야 할지 그리고 무슨 일을 해야 할지 아무것도 정해진 것이 없는 불안정한 도피였다.

그나마 다행인 것은 일본에 있던 동북아 감리교 총책 해리스(Merriman C. Harris) 감독이 일본 정부와 교섭하여 이승만의 여권을 마련해 준 일이었다. 이 여권 덕택에 이승만은 미국으로 가는 도중 잠시 일본에 들러 동경 YMCA 회원들과 교류하는 기회를 가질 수 있었다. 마침 이승만의 옥중동지 김정식이 재일 한인 YMCA 총무를 맡고 있어 도움이 되었다. 조소앙(조용은) 등 동경의 한인 유학생들은 이승만의 방일을 열렬히 환영했다.

약 2주에 걸친 일본 방문 일정을 마치고 이승만은 해리스 감독과 함께 1912년 4월 10일 일본을 떠나 미국으로 향했다. 회의가 시작되는 5월 1일 직전 미니애폴리스에 도착한 이승만은 5월 29일 회의가 끝날 때까지 자리를 지키며 다음과 같은 주장을 펼쳤다.

"세계의 평화를 위해서는 먼저 약소민족의 해방이 필요하며, 아시아의 평화를 위하여선 먼저 한국의 자주독립이 있어야 한다. 기독과 모든 교회의 정신은 마땅히 이러한 평화 옹호에 있어야 할 것이며 세계의 기독교는 이 일을 위해서 단결해야 한다." 서정주가 1949년 처음 발간하고 1995년 중간한 《우남이승만전》(화산 문화기획: 207)에 등장하는 내용이다.

그러나 이승만의 주장과 상관없이 이 회의는 한국 감리교회를 독립적으로 유지하기보다 중국이나 일본의 감리교회와 통합하는 방안을 중요한 의제 중 하나로 다루었다. 이승만은 한국 감리교회의 독립성을 주장하며 통합에 반대했지만, 일본과 한국을 하나로 묶는 것이 바람직하다는 결론을 막지는 못했다. 이승만은 더욱 우울해졌다(유영익, 1996, 《이승만의 삶과 꿈》 중앙일보사: 96).

회의를 마친 이승만은 당시 뉴저지(New Jersey) 주지사로 진출해 대략 한 달 후인 6월 25일로 예정된 민주당 전당대회에서 대통령 후보 지명을 노리고 있는 모교의 전 총장 우드로 윌슨(Woodrow Wilson: 1856~1924)을 방문하는 일정을 이어갔다. 프린스턴 재학시절 가깝이 지냈던 윌슨의 둘째 딸 제시(Jessie Wilson)의 적극적 협조 덕분에 '시 거트(Sea Girt)'에 있는 주지사 별장을 찾은 이승만은 윌슨은 물론 그의 가족과 반가운 상봉을 할 수 있었다.

이 방문에서 이승만과 윌슨이 무슨 이야기를 주고받았는지 분명히 확인해 주는 객관적 사료는 없다. 다만 앞에서 소개한 서정주의 '이승만 전기'는 이 대목에 관해 다음과 같은 구절을 전하고 있다(서정주, 1949 [1995]: 208-209).

"…[이승만] 한국 해방을 세계에 호소하는 성명서를 만들고자 하니 거기에 꼭 좀 동의 서명을 하여 달라… [윌슨] 미국 대통령 아닌 나 한 개인으로서는 거기에 물론 서명해 드리고도 싶소… 그렇지만 미국의 정치를 위해서는 아직도 내가 당신의 성명에 도장을 찍을 때는 아니요. 그러나 언제 우리가 같이 일할 때는 반드시 올 것이니 그것을 믿으시오. 그렇잖아도 나는 벌써부터 당신의 조국 한국을 포함한 모든 약소민족 국가들의 일을 생각해 오고 있는 중이오."

유영익(1996: 98)은 이와 같은 이승만과 윌슨의 '밀당(밀고 당기기)'이 세 번이나 반복되었음에 주목한다(1912년 6월 19일, 6월 30일, 7월 6일). 이로부터 우리는 다음 세 가지 사실을 확인할 수 있다. 1) 37살 청년 이승만의 집요한 요청을 56살 미국 대통령 후보 윌슨은 매우 정중히 거절했다. 2) 이와 같은 '밀당'을 집으로 방문해서 세 번이나 반복할 정도로 이승만은 윌슨과 친밀했다. 3) 이승만과 '밀당'을 하는 사이에 윌슨은 미국 민주당 대통령 후보 자리를 거머쥐었다. 앞으로 누구도 넘보지 못할 이승만의 정치적 자산은 이렇게 쌓여갔다.

3주 남짓한 기간의 은사 방문을 마친 이승만은 뉴욕주 북쪽 실버 베이(Silver Bay)에 있는 해외선교사 휴양소를 찾아 여름 휴가를 즐겼다. 그후 이승만은 옥중동지 박용만을 만나기 위해 네브라스카(Nebraska) 헤이스팅스

(Hastings)를 찾았다. 박용만은 그곳에서 '한인소년병학교'를 설립해 운영하고 있었다.

1912년 8월 14일 헤이스팅스에 도착한 이승만은 박용만과 5일간에 걸쳐 개인적, 민족적 여러 현안을 의논한 끝에 하와이로 건너가 장기적인 독립운동의 거점을 함께 만들기로 약속했다. 독자들도 알다시피 박용만은 이승만의 아들 태산과 함께 이승만의 옥중 원고 '독립정신'을 미국으로 가져온 장본인이다. 그만큼 두 사람은 가까운 사이였다.

박용만과 헤어진 이승만은 뉴저지주 캄덴(Camden)시 YMCA에 머물면서 신변을 정리하고 1913년 1월 10일 동부를 떠나 시카고 및 LA를 거쳐 1월 18일 샌프란시스코에서 하와이행 여객선 시에라(The Sierra)호에 올랐다. 마침내 1913년 2월 3일 이승만은 하와이 호놀룰루에 도착했다. 두 달 먼저 와 있던 박용만의 주선으로 엄청난 인파의 하와이 교민이 부두에서 이승만을 환영했다.

이승만의 하와이 정착에 관해서는 연구자 사이에 일부 오해가 있다. 많은 연구자가 이승만이 하와이에 간 까닭은 옥중동지 박용만이 하와이에 먼저 정착해 이승만을 초청했기 때문이라 설명한다(정병준, 2005, 《우남 이승만 연구》 역사비평사; 이한우, 1996, 《이승만 90년 거대한 생애》 조선일보사). 그러나 앞서 밝혔듯이 두 사람은 네브래스카 헤이스팅스에서 함께 의논해서 같이 하와이로 갈 것을 결심했다.

그 결과 각자 신변을 정리하고 하와이로 향했다. 공교롭게도 박용만이 이승만보다 두 달 앞서 1912년 12월 초 하와이에 도착했다. 이어서 두 달 후 이승만이 하와이에 도착했다. 하와이에 도착한 날짜만을 보고 많은 연구자가 박용만이 이승만을 하와이로 초청했다고 오해한다. 그러나 두 달 먼저 하와이에 정착한 사람이 또 다른 사람을 본토에서 불러들여 하와이에 정착시키는 일은 당시 사정을 고려할 때 불가능한 일이다.

앞서도 밝혔지만 두 사람은 이미 1912년 8월 같이 하와이로 갈 것을 헤이스팅스에서 약속했다(유영익, 1996: 100). 미국 교민들 사이에 이미 널리 알려진 독립운동가로 인정받고 있던 두 사람이 하와이에 정착할 것을 결심한 이유는 당시 그곳에 한인 교포가 가장 많이 살고 있었기 때문이다. 그러나 호형호제하며 가깝게 지내던 두 절친은 하와이에서 독립운동 방식을 놓고 엄청난 갈등을 겪는다.

이승만을 아낀 우드로 윌슨의 가족들. 앞줄 검은색 옷을 입고 의자에 앉은 두 사람이 윌슨 부부다. 뒷줄 왼쪽 여성이 첫째 딸 Margaret, 가운데 걸터앉은 여성이 셋째 딸 Eleanor, 그리고 오른쪽 흰옷을 입고 서 있는 여성이 둘째 딸 Jessie다. 특히 둘째 딸 제시는 유학 시절부터 이승만에게 매우 호의적이었다.

이승만과 박용만(오른쪽).
옥중 의형제였던 두 사람은 독립운동 노선을 두고 엄청난 갈등을 겪는다.

22

이승만 정착한 1913년 하와이,
미주(美洲) 한인의 66% 6,000명 거주

지난 글에서도 밝혔지만, 이승만·박용만 두 사람이 독립운동의 근거지로 하와이를 선택한 이유는 당시 미주에 살고 있던 한인교포의 절대다수가 하와이에 살고 있었기 때문이다. 유영익에 따르면(1996: 102), 1913년 당시 미주 전체의 한인 교포 숫자는 대략 9천 명이었는데, 그중 6천 명 정도 즉 2/3가 하와이에 살고 있었다.

그러므로 당시 미주에서의 독립운동을 위한 조건에서 하와이를 능가할 곳은 없었다. 1912년 8월 네브래스카 헤이스팅스(Hastings)에서 의논한 끝에 하와이를 선택한 두 사람은 각각 하와이로 향했다. 32살 박용만은 1912년 12월 그리고 38살 이승만은 1913년 2월 하와이에 도착했다. 두 청년이 독립운동의 큰 뜻을 품고 정착하러 온 당시 하와이는 어떤 곳이었는가?

이승만의 정착 15년 전인 1898년 스페인과의 전쟁에서 이긴 미국은 필리핀에 이어 하와이도 미국의 영토 즉 준주(Territory of Hawaii)로 편입시켰다. 하와이는 그로부터 61년이 지난 1959년이 되어서야 비로소 미 연방

정부의 독립된 주로 승인받을 수 있었다. 그 사이 하와이는 일정한 수준의 자치가 허용되었지만, 행정적으로는 캘리포니아주의 관할 아래에 있는 미국 영토였다.

하와이의 존재를 서구세계에 처음 알린 사람은 1778년 하와이에 도착한 영국인 선장 제임스 쿡(James Cook)이었다. 그러나 그 이전에도 하와이는 중국이나 일본 그리고 폴리네시아 여러 지역과 간헐적인 교류를 하고 있었다. 분열된 하와이에 통일 왕조를 처음 세운 사람은 카메하메하 대왕(King Kamehameha the Great)이고, 시기는 1795년이다. '카메하메하'의 '하와이 왕국'은 그로부터 약 100년간 계속됐다. 1894년 '하와이 공화국'이 들어서면서 하와이는 4년 만인 1898년 미국에 병합되었다.

하와이에 사탕수수 재배가 처음 시작되어 플랜테이션 농장으로 발전한 시기는 '하와이 왕국'의 발전 시기와 거의 겹친다. 사탕수수 플랜테이션의 수익성에 눈을 뜬 '하와이 왕국'은 그러나 인구가 줄어드는 어려움을 겪고 있었다. 1831년 12만 5천 명이었던 '하와이 왕국'의 원주민 인구는 약 20년만인 1850년 8만 4천 명으로 급감했다. 쿡 선장 이래 서양과의 교류가 시작되면서 외지인을 따라 들어온 질병을 원주민들이 이겨내지 못한 결과다.

인구감소로 사탕수수 농장 운영에 필요한 노동력이 부족해지자 '하와이 왕국'은 해외로 눈을 돌렸다. 하와이 이민사에 정통한 이덕희 선생은 당시 하와이의 외국인 이주 역사를 《이승만의 하와이 30년》(북앤피플, 2015: 14-15)에서 다음과 같이 정리하고 있다.

1852년 1월 도착한 중국인이 첫 외국인 '이민 계약노동자'였는데 1898년까지 '하와이 왕국'에 도착한 중국인은 3~4만 정도였다. 다음으로 하와이 왕국에 도착한 외국인 노동자는 포르투갈 사람들로 1878년 9월 시작하여 1913년까지 약 2만5천 명이 입국했다. 또한, 1885년부터는 일본인 노동자 입국이 시작되어 1894년까지 2만8천여 명이 들어왔다.

일본인들이 들어오면서 사탕수수 농장 노동자의 약 64%를 일본인이 차지하게 됐다. 2만8천여 명의 일본인이 64%를 차지한 이유는 앞서 도착한 다른 국적의 노동자들이 일정한 기간을 거치고 난 후 농장을 떠났기 때문이다. 사탕수수 농장의 계약 기간은 대부분 3년이었다.

사탕수수 농장 노동자의 절대다수를 차지한 일본인 노동자들은 파업이 잦았다. 당연히 농장주들은 다른 노동력을 찾는 관심을 기울였다. 그러나 미국의 영토로 편입된 하와이는 과거 '하와이 왕국'이 시행하던 방식의 외국인 노동자 확보가 불가능했다. 미국 법이 '계약에 의한 이민 노동'을 불허했기 때문이다.

1898년 스페인과의 전쟁에서 승리한 미국은 카리브해에 있는 푸에르토리코도 자국 영토로 편입시켰다. 이듬해 8월 두 번의 허리케인으로 쑥대밭이 된 푸에르토리코 주민들을 미국은 하와이로 이주시키기 시작했다. 자국민이었기 때문에 이민에 관한 문제가 있을 수 없었다. 1901년이 되면서 이들의 규모는 6천 명에 이르렀다.

그러나 하와이 사탕수수 농장의 노동력 부족은 푸에르토리코 노동자들만으로 해결되지 않았다. 하와이가 이러한 상황을 겪을 즈음인 1902년 3월 주한 미국공사 알렌은 본토에서 휴가를 마치고 하와이를 들러 서울로 돌아가는 중이었다. 농장주들과 만난 자리에서 알렌은 노동력 부족을 호소하는 농장주들에게 한인 이민을 주선해 보겠다는 약속을 했다.

알렌이 다녀간 이후 하와이에서는 '계약 이민 노동' 불허정책이 사실상

무너졌다. 1903년부터는 오키나와 노동자들이 들어오기 시작해서 1920년이 되면 그 숫자가 2만 명에 달했다. 또한, 1906년부터는 필리핀 노동자도 들어오기 시작해서 1946년까지 12만5천 명이 들어왔다. 이승만이 정착할 1913년 당시 하와이는 말 그대로 다문화 사회가 되어 있었다.

한편, 서울로 돌아간 알렌은 고종의 신임을 배경으로 외국으로 나가는 이민자를 위한 여권 발급 기관 유민원(綏民院)을 설치하고, 이민에 관한 업무를 자신의 친구인 데쉴러(David W. Deshler)가 설립한 회사가 맡도록 했다. 1902년 11월 합법적 이민에 관한 모든 절차가 마련되어 신문광고 등을 통한 이민자 모집을 했으나 별 효과가 없었다.

감리교단이 인천에 세운 '내리교회' 목사 존스(Jones)가 나섰다. 존스는 배재학당 교수진으로 한글 보급에 앞장서기도 해서 따르는 신자들이 많았다. "기후 좋은 하와이는 자녀교육의 기회가 좋고, 급료가 높을뿐더러, 집과 의료비를 주며, 교회에 자유롭게 다닐 수 있다"며 이민을 권장했다(이덕희, 2015: 20). 마침내 1902년 12월 22일 제물포항에서는 54가구 121명의 이민단을 보내는 존스 목사의 예배가 열렸다.

설레는 마음으로 배에 오른 이민자들은 목포, 부산, 그리고 일본의 나가사키를 거쳐 1903년 1월 2일 호놀룰루 항구에 도착했다. 출발은 121명이었지만 일본에서 실시한 신체검사에서 19명이 탈락해서, 하와이 호놀룰루 항에 도착한 사람은 102명이었다. 그나마도 16명은 병에 걸려 다시 돌아가야 했다. 실제 하와이 땅을 밟은 이민자는 86명뿐이었다(경인일보, 2013년 8월 15일 12면, "개항 130 인천을 본다, 하와이 이민, 상").

이렇게 시작된 하와이 이민은 1905년 8월 8일 고종이 이민이 금지할 때까지 계속되었다. 하와이에 간 한인 노동이민의 누적 총수는 7천4백여 명으로 확인된다(이덕희, 2015: 22). 다른 국적의 이민자 숫자와 비교하면 상대적으로 작은 숫자이지만, 당시 미국에 온 한인들 기준으로는 절대다수의 큰 숫자이다. 이들은 도착 즉시 하와이 플랜테이션 농장 이곳저곳으로 배치되어 노동자 생활을 시작했다.

존스 목사의 주선이 이민에 큰 역할을 했기 때문에 한인 이민자들 상당수는 기독교 신자들이었고, 특히 감리교인이 많았다. 당시 하와이는 기독교의 두 교파가 주도적 역할을 하고 있었다. 장로교가 미처 진출하지 못한 상황에서 회중교회(Congregational Church 혹은 United Church of Christ)는 중국인 이민자를, 그리고 감리교회(Methodist Church)는 일본인과 한국인 이민자를 담당하고 있었다(이덕희 2015: 25).

하와이가 바로 이런 상황일 때 밀서를 품은 이승만이 미 본토로 가면서 1904년 11월 29일 하룻밤을 하와이에서 보냈었다. 교민들과 뜨거운 교감을 한 이승만은 그로부터 거의 10년이 지난 시점인 1913년 2월 3일 다시 하와이를 찾았다. 이번에는 독립운동을 지속적으로 하기 위한 본거지로 하와이를 전략적으로 선택한 결과였다.

일본 나가사키에서 호놀룰루까지 한인 이민자 102명을 실어 나른 갤릭호.
(출처: 한국이민사박물관)

One of the sugar plantations in Kauai, H. in 1913

이승만이 하와이에 정착한 1913년 한인 이민자들 모습. 가운데 약간 오른쪽 뒷줄에 양복 정장 차림의
이승만이 보인다.
(출처: 경인일보 2013년 8월 22일, 9면).

23

하와이 정착 두 달 만에 '105인 사건' 다룬
'한국교회핍박' 출판

1913년 2월 정착하기 위해 하와이를 찾은 이승만이 가장 먼저 한 일은 책 집필이었다. 박사학위를 마친 자신을 고국 땅에서 떠나게 하고 또 1년 가까이 미 대륙을 떠돌게 만든 '105인 사건'의 내막과 실체를 알려야 한다고 생각했기 때문이다. 도착하자마자 약 두 달간 집중적인 작업 끝에 집필을 마무리한 《한국교회핍박》은 1913년 4월 출판됐다(하와이 신한국보사).

그렇다면 '105인 사건'은 어떤 사건인가? '한국기독교사연구소'가 2010년 6월 5일 개최한 학술세미나에서 한국성서대 이호우 교수는 다음과 같이 설명한다. "105인 사건은 식민통치 직후 일제에 의해 완벽하게 날조되어 일방적으로 재판이 진행된 최대 규모의 한민족 탄압사건이자 한국 교회와 기독인 박해 사건이었다."

총독부는 1910년 12월 데라우치 총독이 압록강 철교 개통식에 참석한 후 서북지방을 순방할 때 그를 암살하려는 음모가 선천에서 드러났다고 날조했다. 신민회 회원과 평안도 지역의 기독교 신자 600여 명이 검거됐다. 일본 경찰은 거짓 자백을 받기 위해 고문도 마다하지 않았다. 600여

명 중 123명을 기소해서 105인이 유죄 판결을 받자 이 사건은 '105인 사건'으로 알려지게 됐다(아이굿뉴스, 2010년 6월 8일, 표성중 기자).

이호우 교수는 "105인 사건을 '신민회'를 억압하려는 사건으로 보는 견해와 '한국 교회에 대한 탄압'으로 보는 견해"가 엇갈리고 있다고 설명한다. 하지만 그는 이 "두 견해가 서로 상반된 것이 아니다"라며 "105인 사건과 한국 교회는 많은 상관관계를 갖고 있다"고 부연했다. 이승만이 105인 사건의 전모를 밝힌 책 제목을 《한국교회핍박》이라 붙인 이유와 같은 설명이다.

그렇다면 '신민회'는 어떤 단체인가? 신민회는 1907년 4월 안창호(安昌浩)가 제안해서 결성된 비밀결사로 양기탁·전덕기·이동휘·이동녕·이갑·유동열이 안창호와 함께 7인의 창건위원으로 시작한 단체다. 이 단체는 구한말에 존재한 다섯 갈래의 애국세력 지도급 인사들을 망라한 전국 규모의 단체였다.

이들은 1) 양기탁으로 대표되는 《대한매일신보》세력, 2) 전덕기로 대표되는 상동교회(尙洞敎會) 세력, 3) 서북지방과 서울 등의 신흥시민 기업인 세력, 4) 이동휘로 대표되는 무관 출신 세력, 5) 안창호로 대표되는 미주에 있던 공립협회(共立協會) 세력이다.

그러므로 '105인 사건'은 서북지역에 집중된 기독교 세력과 그들을 지도하는 애국지사들을 일거에 제거하려는 의도로 꾸며진 사건이다. 이에 더해 이 사건은 선교사들을 배후 세력으로 지목해서 선교사들의 영향력을 감소시키려는 의도도 가지고 있었다. 결국, 105인 사건은 조선의 애국세력 지도자들과 기독교를 뿌리째 뽑으려고 조작된 사건이었다.

이제부터는 이승만이 쓴 《한국교회핍박》을 구체적으로 살펴보자. 인용은 모두 강명구 박사가 역주 및 해제를 붙여 2019년 연세대 출판부가 펴낸 책을 기준으로 제시한다. 책은 다음과 같이 시작한다. "일본은 한국을 합방한 이후로 어떠한 곡절도 겪지 않고 목적한 바를 이루어 왔다. 그런데 이번 윤치호, 양전백 등 123인을 구속하고 재판한 사건으로 비로소 세계 각국에서 논쟁이 일어났으니 일본으로서 크게 불행한 일이다(p. 19)."

이어서 이승만은 "한국 선천 장로교학교(신성중학교) 학생들을 잡아 가두고 윤치호, 양전백 등 모든 유명한 교회 지도자들을 잡아 가두며 말하기를 '이 사람들이 데라우치 통감을 암살하려 한다'고 하였다… '미국 선교사 수십 명이 한국인들과 공모한 증거가 드러났다'고 하였다(p. 33)." "공모자 123인을 자세히 조사해보니 태반이 교회학교 교사와 학생이며 목사, 전도사 등과 윤치호, 양기택, 류동열 등이 모두 기독교인이었다는 것이다(p. 39)."

이승만은 일본에 합병된 한국에서 일하는 선교사들의 미묘한 처지를 책에서 다음과 같이 설명한다. "한국인들은 미국 선교사들이 모두 일본을 도와 일하는 자들이어서, 정치적 발언을 하지 못하게 하고 애국 사상을 발표하지 못하게 하며, 일본의 모든 잔혹한 행위를 조금도 비판하지 못하게 하는 것이라 본다(p. 44)."

이어서 이승만은 "선교사들의 생각에는 지금은 한국 사람들로부터 비난과 반대를 듣겠지만, 그럼에도 불구하고 교회의 기초만 잘 잡아 놓으면 장차 한국인들은 교회를 통해 희망을 얻을 것이요, 교회가 정치적 간여를 하지 않으면 일본이 방해할 꼬투리가 없을 것 같아서 일본의 말을 일부 듣자는 것이다"고 변명해 준다(p. 45).

이러한 상황을 설명하면서 이승만은 "한국 교회 지도자들에게 기독교회 내부에서 독립전쟁을 준비하자고 하든지 배일사상을 요동치게 해서 독립을 회복하자는 등 그런 어리석은 정치적 전략은 추호도 없을 것이다. 그렇지만 자신들도 모르게 일본 정부의 정략과 부딪히는 두 가지 큰 문제가 일어날 수 있다. 곧, 첫째는 외교와 관계된 일이고, 둘째는 내치와 관계되는 일이다(p. 49)." 즉, 이승만은 한국 교회의 존재 자체가 외교 및 내치 두 가지 차원에서 일본에 위협이 된다고 설명한다.

'외교상 관계'를 설명하는 부분에서 이승만은 다음과 같이 말한다. "한국교회 지도자들이나 서양 선교사들, 외국 교회 방문객들은 실상 정치적 간섭을 하려거나 배일사상을 가지고 있는 것이 아님에도 한국에 교회가 있다는 이유 하나 때문에 한국의 정치 상황을 외국에 있으면서도 알게 되는 것이며, 세계의 정의를 한국으로 이어지게 하는 것이다… 일본은 이렇게 외교적 관계가 얽혀있기 때문에, 한국 교회를 싫어하는 것이다(p. 59)."

다음으로 '내치상 관계'를 설명하는 부분에서 이승만은 한국 교회가 일본의 내치 정책에 방해가 되는 이유를 8가지로 들고 있다(pp. 59-94). 교회는 1) 한국인들이 자유롭게 회집할 수 있고, 2) 활동력이 많고, 3) 합심하는 능력이 있고, 4) 국민의 원기를 유지시키고, 5) 청년교육에 힘쓰고, 6) 우상을 섬기지 않고, 7) 선교사들의 도의적 영향력을 확장시키고, 8) 혁명사상 풍조를 동양에 전파하기 때문에 일본이 불편해한다고 설명한다.

이어서 이승만은 '한국기독청년회'라는 소제목이 붙은 부분에서 "한국 정부를 복속시키려 할 때 한국 백성들이 먼저 궐기하여 일어나 '일본의 속국이 되기를 원한다'는 뜻을 세상에 공표하였고, 지금도 청년회를 복속시키려고 하는 자리에 한국인들이 들고일어나서 일본 청년회에 붙여지기를 자청하니 한국인은 참 희한한 인종인 것이다… 북미주의 인디언이나 하와이 원주민들이 제 몸을 자해하여 스스로 멸족했던 것처럼"이라며 통탄한다(pp. 99-100).

마지막으로 '선천학교와 재판 전말'을 정리하면서 이승만은 다음과 같은 책의 최종 결론을 제시한다. "만일 일본이 한국 교회를 아예 없애고자 한다면, 일본 당국자들은 옛날 로마 황제 네로가 실수한 것이나, 한국의 대원군이 동학을 일으킨 것, 청나라 서태후가 의화단을 일으킨 것과 같은 조소(비웃음)를 면치 못할 것이다. 마침내 한국 교회를 더욱 공고히 할 따름이니 이는 기독교회가 하나님의 능력으로 세워진 까닭이다(p. 109)."

105인 사건으로 피의자들이 연행되는 모습.

1913년 4월 하와이 '신한국보사'가 출판한 이승만의 《한국교회핍박》 표지와 서지사항. 표지 글씨는
이승만 친필이다(출처: 연세대 이승만연구원).

이승만의 《한국교회핍박》을 요즘 말로 다시 정리한 책들.
좌: 건국대통령이승만박사기념사업회 산하 건국60년출판위원회가 펴낸 책(2008, 청미디어)
우: 김명구 박사가 역주·해제를 붙인 책(2019, 연세대 출판부)

24

이승만 하와이 한인 위해
언론·출판·교육·교회 '다양한 활동'

1913년 4월 《한국교회핍박》 출판을 마무리한 38살 이승만은 홀가분한 마음으로 하와이 한인사회를 이끌어 갈 여러 가지 방도를 모색했다. 그에 필요한 기초자료를 수집하기 위해 이승만은 1913년 5월부터 7월까지 약 두 달간 하와이 군도의 마우이(Maui) 섬 및 카우아이(Kauai) 섬을 '대한인국민회' 하와이지방총회장 박상하 및 총무 안현경과 함께 둘러보며 한인 이민자들의 생활실태 파악에 나섰다.

하와이에는 이미 이승만 정착 3년 전인 1910년 2월부터 동포들의 '교육과 실업을 장려하여 민족의 실력을 배양할 것'을 목적으로 하는 '대한인국민회' '하와이지방총회'가 조직되어 있었다. '대한인국민회'는 잃어버린 조국을 대신하는 조직체였다. 사진 교환으로 결혼해 하와이로 이민 온 한 신부의 말을 빌리면 '대한인국민회'는 "이민해 들어온 우리 백성의 기관조직"이었다(이덕희, 2015, 《이승만의 하와이 30년》 북앤피플, 38쪽).

이 대목에서 당시 한인들이 이주한 미주 각지의 한인 단체 현황과 동향을 잠시 살펴볼 필요가 있다. 이주한 한인들이 가장 많은 곳은 하와이와 샌프란시스코였다. 하와이는 대규모 노동이민을 배경으로 여러 종류의 소규모 한인 단체가 우후죽순으로 난립하다가 1907년 2월 '한인합성협회(韓人合成協會)'가 출범하면서 상당한 수준의 통합을 이루었다. 한인합성협회는 창립과 함께 기관지 '한인합성신보'도 발행했다.

샌프란시스코는 하와이 한인 이민자들이 미주 본토로 재이주하는 길목이었다. 여기에는 안창호가 중심이 된 '공립협회(共立協會)'가 1905년 9월부터 활동을 시작했다. 창립과 함께 '공립신보'라는 기관지도 발행했다. 이외에도 샌프란시스코에는 '대동보국회(大同保國會)'가 '대동공보'라는 기관지를 발행하며 활동했다. 또한, 멕시코로 이민 간 한인들도 초보적인 수준의 교민단체를 만들고 있었다.

1908년 3월 장인환·전명운 두 사람의 '스티븐슨 저격사건'은 난립하던 미주 한인단체들을 통합하는 계기로 작용했다. 샌프란시스코 '공립협회'와 하와이 '한인합성협회'가 하나로 뭉쳐 1909년 2월 '국민회(國民會)'를 탄생시켰다. 통합을 계기로 '공립신보'는 '신한민보'라는 새 이름을 달았고, '한인합성신보'는 '신한국보'라는 새 이름을 달았다.

그로부터 1년 후인 1910년 2월 '국민회'는 다시 샌프란시스코의 '대동보국회'와 결합해 '대한인국민회(大韓人國民會)'로 이름을 바꾸며 확대 개편되었다. '대동공보' 역시 '신한민보'에 통합되었다. 대한인국민회는 산하 지역조직으로 '하와이지방총회'와 '북미지방총회'를 각각 두었다. 북미지방총회 산하에는 '멕시코지방회'도 두었다. 이어서 '시베리아지방총회' 및 '만주지방총회'가 '대한인국민회' 산하로 들어왔다. 1911년 '대한인국민회' '중앙총회'가 구성되면서 세계 곳곳에 흩어져 있던 한인 단체들은 마침내 하나의 조직으로 통합되었다. 1910년 일제의 한반도 병합은 해외의 교민들을 통합시키는 뜻밖의 효과를 가져왔다.

이승만이 이주한 1913년 하와이는 '대한인국민회' 산하의 '하와이지방총회'가 교민들 입장을 대변하던 시기였고, 사진신부는 이를 두고 '이민해 들어온 우리 백성의 기관조직'이라 생각하고 있었다. 이런 상황에서 교민단체 대표와 함께 하와이 이민자들의 생활을 구석구석 살핀 이승만은 언론 및 출판, 교육, 그리고 교회를 중심으로 교민들의 생활에 파고드는 구체적인 활동에 착수했다.

우선, 이승만은 1913년 9월 순 국문 월간으로 발행하는 《태평양잡지(The Korean Pacific Magazine)》를 창간했다. 당시 하와이 한인사회의 언론과 출판은 두 가지 매체가 담당하고 있었다. 하나는 대한인국민회 하와이 방총회가 발행하는 기관지 '신한국보'이고, 다른 하나는 하와이 감리교회가 발행하는 '포와한인교보'였다(포와는 하와이의 한자어, 布哇).

1913년 여름 '포와한인교보'가 폐간된다는 소식을 접한 이승만은 '태평양잡지'를 창간해 '포와한인교보'의 역할을 이어가며 자신의 생각을 펼치는 매체로 삼았다. '신한국보' 주필로 이승만보다 두 달 먼저 하와이에 들어와 '무장투쟁'을 설파하던 박용만은 1913년 9월부터 신문의 제호를 '국민보'로 바꾸고 자신의 주장을 펼치고 있었다.

박용만과의 관계가 여전히 협조적이긴 했지만, 이승만은 자신의 지론인 '실력양성'을 교민들에게 펼칠 지면이 필요했다. 20대의 언론인 경험이 물론 도움이 되었다. 이승만은 한 달에 100쪽 안팎 분량의 잡지 기사를 거의 혼자 매번 썼다. 200자 원고지 350~400장 분량이었다(손세일, 2015, 《이승만과 김구》 제2권, 조선뉴스프레스, p. 504).

불행히도 '태평양잡지'는 현재 전체 실물이 남아 있지 않다. 실물이 있는 것은 1913년 11월호, 1914년 1월호부터 4월호 그리고 6월호, 1923년 3월호가 전부다. '태평양잡지'는 중간에 가끔 결호가 있기는 했으나, 기본적으로 매달 발행되다가 1930년 12월 13일 자로 20쪽 안팎의 주간지 '태평양주보'로 바뀌었으며 1970년 2월 8일 폐간될 때까지 명맥을 이었다.

다른 한편, 이승만을 하와이로 초청한 하와이 감리교회 감리사 와드맨(John Wadman)은 1906년부터 감리교회가 운영해 온 '한인남학생기숙학교(Korean Boarding School for Boys)' 교장으로 이승만을 1913년 9월 임명했다. 이승만은 교장으로 취임하면서 학교 이름을 '한인중앙학교(Korean Central School)'로 바꾸고 학교의 체제도 여학생들이 다닐 수 있는 '남녀공학'으로 개편했다. 1년 후 1914년엔 여학생들을 위한 기숙사도 마련했다.

그러나 학교를 후원해 온 감리교 여선교회는 '여학생을 가르치지 않는 조건'을 그제서야 내세우기 시작했다. 애초에 학교 이름을 '남학생' 기숙학교라고 이름 붙인 바로 그 이유였다(이덕희, 2015, 《이승만의 하와이 30년》 북앤피플, p. 82). 와드맨 후임으로 온 프라이(William H. Fry) 감리사도 어쩔 도리가 없었다. 결국, 이승만은 1915년 6월 한인중앙학교 교장 자리를 물러났다.

열받은 이승만은 바로 이어 1915년 10월 교민들이 모아 준 기금을 활용해 외부의 지원에 의지하지 않는 독립학교 '한인여학원(Korean Girls' Seminary)'을 세우고 교장에 취임했다. 학생들이 몰려들었다. 1918년 1월이 되면서 '한인중앙학교' 남학생들도 대거 전학을 와서 학교체제는 남녀공학으로 개편됐다. 1918년 9월에는 학교 이름을 '한인기독학원(Korean Christian Institute)'으로 바꾸었다. 엄청난 성공이었다.

하와이에 정착해 한인 감리교회 지도자로 활동하면서 하와이 감리교 선교부의 정신적·물질적 지원을 받아 온 이승만은 학교 때문에 감리교회와 갈등을 겪자 독립적인 교회를 세우는 일에도 뛰어들었다. 1918년 11월 호놀룰루 제일한인감리교회가 이승만을 제적시키자, 이승만을 따르던 회중은 한 달 반만인 12월 23일 한인기독교회(Korean Christian Church)라는 독립교회를 창건했다.

미국 감리교 선교부의 지침을 따르기만 하는 교인들 모습을 보며 '주인의식이 있어야 교회도 부흥할 수 있다'고 설파한 이승만의 승리였다. 1913년 《한국교회핍박》에서 한국 교회도 독립을 준비해야 한다고 주장했던 38살 이승만은, 5년만인 43살이 되면서 하와이에서 한국 교회도 독립할 수 있음을 실제로 보여주었다(이덕희, 2015, 《이승만의 하와이 30년》 p. 142).

이승만이 세운 '한인여학원' 학생들이 광화문을 모형으로 만든 행진용 수레 앞에 서 있는 모습 (1917년 2월). 학생들 뒤로 Korean Girls Seminary라고 쓴 현수막이 보인다.

이승만이 발행한 《태평양잡지》 표지.
제주도 천지연 폭포를 찍은 사진으로,
표지의 글씨는 이승만 친필이다. 이 표
지를 담은 잡지의 발행 연도 혹은 권호
수는 확인되지 않는다.

25

이승만의 '실력양성' vs 박용만의 '무장투쟁', 이승만 완승으로 끝나

앞서거니 뒤서거니 하와이로 들어온 박용만과 이승만을 하와이 교민들은 열렬히 환영했다. 사실 두 사람은 매우 가까운 사이였다. 그러나 각자가 성장하는 과정에서 공부한 배경과 관심의 차이는 하와이 교포사회를 이끌어 갈 방향과 전략을 놓고 극심한 대립을 빚었다. 이승만의 실력양성과 박용만의 무장투쟁 노선갈등은 결국 하와이 교포사회에 엄청난 풍파를 불러왔다.

이 과정을 이해하기 위해서는 우선 박용만이 어떤 사람인지 그리고 이승만과는 어떤 관계를 맺고 있었는지부터 알아야 한다. 박용만(1881~1928)은 이승만보다 6살 아래로 철원 출신이다. 동경 유학을 잠시 다녀온 후 보안회(輔安會)의 일제 황무지 개척권 요구에 항거하는 운동에 가담한 이유로 투옥되어 이승만과 함께 감옥생활을 하다 먼저 출옥했다. 감옥에서 박용만은 이승만과 의형제를 맺었다.

이승만이 1910년 출판한 《독립정신》에는 박용만이 쓴 후서(後序)가 이승만의 서문(序文) 바로 다음에 나온다. 박용만이 이승만을 얼마나 높이 평가하고 또한 동시에 자신을 낮추고 있었는지는 이 후서에서 잘 드러난다 (우남이승만전집발간위원회, 2019, 《독립정신》 연세대 대학출판문화원, pp. 21-22).

"그[이승만]는 하루아침에 이 글을 써서 먼저 옥중에 함께 있던 동지들인 정순만, 신흥우, 이동녕 등 여러분에게 보여주고, 다시 나에게 보내 비평하기를 청하였다. 나는 감히 그 일을 감당하지 못하고, 오직 노숙한 선배 이상재 씨에게 부탁하여 한번 비평을 듣고 다시 교정을 보았다… 어떤 사람이든지 이 글을 읽는 사람은 우선 이 글을 쓴 사람이 먼저 깨달은 자라는 것도 짐작하려니와 그 자신도 또한 응당 독립의 정신이 들고 독립하는 사람이 되어 장차 조선에 유익한 인재가 될 줄로 믿노라."

박용만은 이승만이 감옥을 나와 미국으로 가기까지 잠시 몸담았던 전덕기의 '상동청년학교'에서도 같이 활동했다. '엡워쓰청년회' 서기로 활동하던 박용만은 이승만을 교장으로 추천했다. 이승만이 미국으로 떠난 후 박용만은 이승만의 《독립정신》 친필원고를 가방에 넣고 또한 이승만의 아들 봉수(태산)의 손을 잡고 미국으로 건너갔다. 미국에 도착한 박용만은 봉수(태산)를 이승만이 있는 워싱턴까지 데려다줄 인편을 챙긴 후, 콜로라도(Colorado)주 덴버(Denver)에 가서 늦깎이로 고등학교를 졸업했다.

고등학교를 졸업한 박용만은 1908년 네브래스카 대학(University of Nebraska)에 입학해 1912년 졸업하고 정치학 학사가 되었다. 대학에서 ROTC 과정을 이수하던 박용만은 1909년 헤이스팅스(Hastings)에 '한인소년병학교(The Young Korean Military School)'를 세우고 여름방학을 이용해 30명 안팎의 생도를 교육했다.

1911년 네브래스카 대학을 잠시 휴학한 박용만은 1년간 샌프란시스코 '신한민보' 주필로 활동하며 《국민개병설》 책자도 출판했다. 박용만이 미국 네브래스카에서 활동하는 동안 이승만은 박용만을 세 번이나 방문했다. 1908년 여름 박용만이 주도한 '애국동지대표회' 참석, 1910년 유학을 마치고 귀국할 때, 그리고 1912년 105인 사건 여파로 미국에서 정처 없는 도피생활 중, 이렇게 세 번이다. 마지막 만남에서는 하와이행을 함께 결의했다.

1912년 12월 하와이에 도착한 박용만은 '신한국보(1913년 9월부터 '국민보')' 주필로 활동을 시작했다. 그러나 일제에 대한 군사적 투쟁을 강조한 박용만은 1913년 후반부터 호놀룰루 동북 방향 배후지에 '대조선국민군단(The Korean Military Corporation)'이라는 부대를 창설하고 이어서 부속 '병학교(The Korean Military Academy)' 개교도 서둘렀다. 이민 오기 전 대한제국 군대에서 근무한 경력이 있는 교민 124명을 훈련 대상으로 선발했다.

1914년 8월 문을 연 '병학교' 막사와 군문(軍門) 낙성식 행사에 초대받은 이승만은 '믿음'이라는 주제로 강연을 했다. 야심차게 개교한 박용만의 '산넘어 병학교'는 그러나 1915년 후반을 넘어가면서 쇠퇴하기 시작해 1916년 10월 폐교되고 말았다. 무슨 일이 있었던가? 이 과정의 배후에는 이승만이 승리하고 박용만이 패배한 하와이 교민사회의 주도권 다툼이 있었다.

하와이 교민들은 학교를 세우고 잡지를 발행하는 이승만의 실력양성 노선과 군사학교를 운영해 무장투쟁을 하자는 박용만의 노선 사이를 오가며 각종 성금을 부담하고 있었다. 교민들의 경제적 상황에 비추어 작지 않은 부담이었다. 이런 조건에서 하와이 교민활동을 주도하며 박용만을 후원하던 대한인국민회 집행부 횡령 사건이 1915년 1월 드러났다.

1915년 2월호 《태평양잡지》에서 이승만은 박용만이 주도하는 대한인 국민회를 맹비난하는 논설을 실었다. "국민회에 돈을 주어서 시루에 물 붓 듯이 없애는 것보다 이승만에게 주어서 사업하는 것이 한인 전체에 유익이 될 것이다(오정환, 2022, 《세 번의 혁명과 이승만》 타임라인, p. 160)." 이승만의 주장에 교민들이 대거 동조하기 시작했고, 물리적인 충돌과 소송 끝에 결국 이승만 지지파가 승리했다.

실의에 빠진 박용만을 이승만은 보듬었다. "나는 박용만 국민보 주필이 국민회 공금횡령과 관련이 없다고 믿는다"는 성명을 발표하고, 사표를 낸 국민보 주필로 복직시켰다(오정환, 같은 책, pp 162-163). 그러나 박용만은 이승만의 손길을 뿌리치고 1917년 상해로 떠나 7월 박은식, 신채호, 김규식 등과 '대동단결선언'을 발표하고 임시정부를 수립하기 위한 민족대회를 호소했다. 그러나 결국엔 실패해서 그해 겨울 하와이로 돌아왔다.

1918년 벽두 하와이에서는 다시 이승만이 장악한 국민회에 대한 박용만 계열의 대반격이 시작되었다. 횡령 등의 의혹 제기에 이승만은 박용만을 직접 거론하며 반론을 펼쳐 갈등은 더욱 증폭됐다. 물리적 충돌 끝에 박용만은 '갈리히연합회'라는 독립된 그러나 소수단체를 만들어 국민회를 이탈했다. 샌프란시스코의 대한인국민회 중앙총회 안창호마저 박용만을 비난했다. 이승만의 완승이었다.

하와이에서 이승만과 박용만의 갈등이 이승만의 완승으로 끝나는 배경에는 보다 큰 정치군사적 지형도 작용하고 있었다. "1818년 제정된 미국의 '중립법'은 미국과 평화 관계에 있는 외국 군주의 영토나 지배자를 목표로 그곳에서 수행하려는 어떠한 군사적 원정을 계획하거나 착수하거나 그 수단을 제공하는 자는 유죄이다"라는 법이 있었기 때문이다(오정환, 2022, 같은 책, p. 156).

　박사학위 논문의 주제가 '전시중립'이었던 이승만은 '중립법'의 내용과 미국 내 무장 독립군 창설의 위험성을 누구보다 잘 알고 있었다. 또한, 유럽에서 제1차 세계대전(1914~1918)이 발발하자 일본은 즉각 영국과의 동맹을 근거로 독일에 선전포고를 했다. 그러나 미국은 1차대전 초반에 중립을 표방하고 있었다. 미국의 참전 전까지 하와이에는 일본과 독일 두 나라 군함이 자유롭게 드나들고 있었다(김명섭·박재원, 2021, "제1차 세계대전 전후 하와이 대한인 독립운동: 이승만과 박용만을 중심으로"《국제정치논총》61집 4호).

　이 상황에서 국민회를 이끄는 박용만 계열의 한인들은 일본의 적 독일 군함이 들어오면 환영했고, 일본 군함이 들어오면 적대적 태도를 보였다. 일본 군함 이즈모(出雲)호가 1914년 9월 입항한다는 언론 보도를 보고 박용만의 '병학교' 학생 일부가 폭탄을 이즈모호에 설치하려 한다는 소문마저 돌았다. 무장투쟁 노선의 위험성을 알고 있던 이승만이 이길 수밖에 없는 정치군사적 환경이 전개되고 있었다. 1917년 4월 미국의 참전은 이승만의 완승에 마침표를 찍었다.

1915년 '대조선국민군단'의 하와이 시가행진(출처: 독립기념관). 미국과 우호 관계였던 일본의 항의로 '대조선국민군단'은 1916년 10월 문을 닫아야 했다.

미주에서 항일무장투쟁을 꿈꾼 박용만.

26

1차 세계대전 종전의 산물
'위임통치청원'을 3·1운동 전후 활용한 이승만

1918년 11월 독일이 미·영·불 연합군과 휴전협정에 조인하면서 1차 세계대전은 막을 내렸다. 다음 해인 1919년 1월 파리에서 전후처리를 위한 강화회의 일정이 잡혔다. 전쟁의 책임, 그에 따른 영토조정, 그리고 새로운 평화체제구축 등을 논의하고 결정하는 자리였다. 물론 승전국이 아닌 패전국을 대상으로 한 국제질서의 재편이었지만, 미주의 한인 독립운동 단체들은 이 기회를 놓칠 수 없었다.

당시 미국에 살고 있던 소수민족들은 1차대전 종전을 전후해 두 번의 '소약국동맹회의'를 열면서 자신들의 입장을 새로운 국제질서에 반영시키고자 노력했다. 아이리시(Irish), 체코인(Czechs) 등 미국에 이민 온 유럽의 소수민족들이 전후 유럽에 자신들의 국가를 세우기 위한 노력이었지만, 일본의 식민통치를 겪고 있는 한인들도 관심을 기울이지 않을 수 없는 문제였다.

소약국동맹회의 첫 번째 회의가 1917년 10월 뉴욕에서 열렸다. 대한인국민회 하와이지방총회가 박용만을 이 회의에 파견했다. 두 번째 회의는

1918년 12월 역시 뉴욕에서 열렸다. 이번에는 해외 한인을 총괄하는 대한인국민회 중앙총회장 안창호가 이승만·민찬호·정한경을 대표로 파견했다. 동시에 안창호는 소약국동맹회의가 파리강화회의에 대표를 파견하는 경우, 한인 대표자 1명도 그들과 함께 간다는 결정도 했다.

본토에 있던 민찬호·정한경은 날짜를 맞출 수 있었다. 그러나 안창호의 통보를 받은 하와이의 이승만이 본토로 가기 위해서는 일본 영사관이 발급하는 여권을 받아야 했다. 일본을 인정하지 않던 이승만은 이를 우회하기 위해 미 국무부의 특별허가를 얻었다. 이런 절차 때문에 이승만은 1919년 1월 6일이 되어서야 하와이를 출발할 수 있었다.

이승만의 출발 전 이미 종료된 소약국동맹회의는 '약소민족의 독립청원서를 파리로 보내 출석권을 주면 강화회의에 간다'는 하나 마나 한 결의를 했을 뿐이었다. 더구나 파리 회의를 주도하는 승전국들이 자신의 식민지 대표를 회의에 부를 가능성은 전혀 없었다.

6년 만에 하와이를 떠나 본토로 가는 이승만의 마음은 편치 않았다. 일본이 승전국의 일원이었기 때문이다. 일본과 우호 관계에 있는 미국이 일본의 식민지 대표를 파리강화회의 정식 멤버로 인정해주기는커녕, 파리로 가는 여권조차 발급해주지 않을 것이란 생각이 머릿속을 맴돌았다. 그러나 동시에 프린스턴 대학에서 맺은 미국 대통령 윌슨과의 특별한 관계를 생각하면 낙관적인 기대를 버릴 수도 없었다.

1차대전이 막바지로 치달을 무렵 전후처리를 위한 국제정치 역학은 이미 바삐 돌아가고 있었다. 미국 대통령 윌슨은 1차 세계대전이 끝나기 대략 1년 전인 1918년 1월 미 의회에서 '세계평화를 위한 14개 조항'을 제시했다. 영토적 야심이 없는 해양무역 국가 미국이 식민지 종주국 중심으로 구축된 경제블록을 해체하고 국제통상을 확대하는 새로운 국제질서를 만들자는 제안이었다. 이를 위한 명분으로 '민족자결주의' 원칙이 제시되었다(Erez Manela, 2007, The Wilsonian Moment: Self Determination and the International Origins of Anticolonial Nationalism, Oxford University Press).

식민지배를 당하고 있던 약소민족들은 쌍수를 들고 환영했다. 그러나 1차대전 승리를 내다보고 있던 식민지 종주국들 특히 영국과 프랑스는 전혀 다른 생각을 하고 있었다. 그들은 패전국 식민지를 접수할 속셈을 이미 마쳐 놓은 상태였다. 그럼에도 불구하고 윌슨은 민족자결을 구현하는 구체적 방안까지 제시했다. '국제연맹'에 의한 '한시적 위임통치'였다.

윌슨은 패전국 독일·오스트리아·터키의 영토와 식민지 그리고 1917년 혁명 뒤처리로 전쟁에서 갑자기 빠진 러시아 영토에서 분리할 지역을 '국제연맹'이나 다른 나라들에 맡겨 한시적으로 통치한 후 독립시키자는 방안을 제시했다. 윌슨의 구상은 실현 가능성이 없는 승전국 식민지는 아예 대상에 포함시키지도 않은 것이었다. 그럼에도 윌슨의 구상은 격렬한 반대에 부딪혔다.

승전국 5개국 즉 미국·영국·프랑스·이탈리아·일본이 중심이 된 파리강화회의에서 윌슨의 구상은 결국 일부만 수용되었다. 우선, '국제연맹'이라는 평화유지를 위한 국제기구를 만들기로 합의했다. 다음, 위임통치 대상지역을 몇 가지 유형으로 나누어 분리해서 다루기로 했다.

가령 터키(오스만제국)에서 분리되는 이라크·팔레스타인·요르단은 영국이, 시리아·레바논은 프랑스가 각각 후견국이 되어 위임통치하는 방안이 채택되었다. 한편, 독일의 해외 식민지는 승전국의 식민지로 재분할되었다. 또한, 러시아가 차지하고 있던 지역에는 5개의 독립 국가 즉 핀란드·

에스토니아·라트비아·리투아니아·폴란드가 들어섰다. 이에 따라 등장한 새로운 유럽의 국경을 보여주는 지도가 아래 지도다.

이승만이 본토로 가는 배를 탄 시점은 바로 국제정치의 역학이 이런 방향으로 움직이기 시작하던 때였다. 샌프란시스코, LA, 시카고, 디트로이트, 뉴욕을 거친 이승만은 워싱턴에서 이미 활동을 시작한 민찬호·정한경 및 서재필과 연락이 닿아 마침내 필라델피아에서 넷이 함께 만날 수 있었다. 정한경은 일본의 방해로 여권을 발급받을 수 없음을 한탄했다.

그러나 윌슨의 민족자결주의를 누구보다 잘 이해하고 있던 이승만은 차선책으로 미국 대통령 윌슨을 통해 파리강화회의에 제출할 독립청원서를 준비하자고 제안했다. 당시 건강이 좋지 않던 이승만은 아메리칸 대학에서 박사학위를 받고 노스웨스턴 대학 교수로 재직하던 정한경으로 하여금 초안을 준비하도록 했다. 준비된 초안을 병상에서 다듬은 이승만은 샌프란시스코의 대한인국민회 중앙총회장 안창호의 동의를 얻어 1919년 2월 25일 청원서에 서명하고 3월 3일 미국 대통령 윌슨에게 제출했다.

'장차 한국의 완전한 독립을 보장한다는 조건 하에 당분간 국제연맹의 위임통치를 받도록 해 달라'는 요지의 내용을 담은 위임통치 청원서를 제출받은 윌슨은 그것을 파리강화회의에 회부하지도 않았다. 훗날 신채호 등 이승만 반대파들이 '이완용은 있는 나라를 팔아 먹었지만, 이승만은 있지도 않은 나라를 팔아먹었다'고 공격한 위임통치안은 이렇게 만들어졌고 또한 미국 대통령 윌슨에 의해 무시당했다.

그러나 윌슨이 파리강화회의에서 제안한 방식에 따라 한국을 일본으로부터 분리해 일정한 기간 국제연맹의 위임통치하에 두어 달라는 이 제안은 당시의 국제정세를 고려하면 매우 설득력 있는 제안이었다. 중국 상해에서 신한청년단 대표로 파리에 파견된 김규식도 거의 같은 제안을 한 사실이 이를 뒷받침한다(오영섭, 2012, '대한민국 임시정부 위임통치 청원논쟁' 《한국독립운동사연구》 41집).

그러나 1919년 3·1운동 이후 위임통치 청원에 쏟아진 비난은 오직 이승만에게만 집중되었다. 같은 제안을 한 김규식은 물론, 이승만의 제안을 승인해 준 안창호에 대한 비난은 찾아볼 수 없었다. 왜 이승만만을 도마 위에 올려놓고 난도질을 했는지 앞으로 이어지는 글에서 답을 찾고자한다.

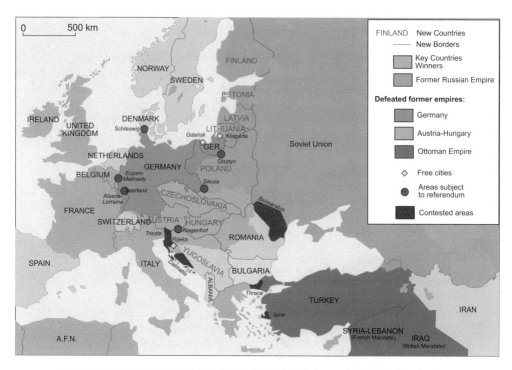

1차대전이 끝나고 파리강화회의를 통해 확정된 유럽의 새 국경 지도(1923). 짙은색 글자 국가들이 새로 독립한 국가들이다. 패전국 '오스트리아-헝가리' 제국의 영토에서 체코 등 독립국들이 생겨났고, 역시 패전국 '오토만' 제국 영토에서 영국과 프랑스가 위임통치하는 국가들이 만들어졌다. 패전국 '독일' 제국은 영토가 대폭 축소되었다. '러시아' 제국은 승전국 측에 속해 있었지만 1917년 볼셰비키 혁명으로 제국이 해체되면서 전쟁을 포기하여 영토가 대폭 축소되었다. 핀란드, 에스토니아, 라트비아, 리투아니아, 폴란드가 축소된 러시아 제국 영토에서 독립했다.

정한경(Henry Chung De Young, 1890~1985). 1904년 14살의 나이로 미국에 건너 가, 네브래스카(Nebraska) 커니 (Kearney)에서 초중고를 마치고, 네브래스카 대학(University of Nebraska)에서 학사 및 석사를 마쳤다. 아메리칸 대학 (American University)에서 박사학위를 받고 1918년부터 노스웨스턴 대학(Northwestern University) 교수로 일했다. 한인 2호 박사 정한경은 한인 1호 박사 이승만을 도우며 외교를 통한 독립운동에 기여했다.

민찬호(1877~1954)는 서울서 태어나 1894년 배재학당에 입학했고 1905년 미국 하와이 감리교회 목회자로 파송되었다. 1909년 하와이와 샌프란시스코 두 지역의 국민회 창립에 헌신하였으며, 1913년 안창호를 도와 흥사단 이사장을 맡았다. 1919년부터 호놀룰루 한인기독학원 학감 및 한인기독교회 담임목사를 역임하면서 이승만을 도와 1921년 대한인동지회 창립에 기여했다. 1938년부터는 한길수를 돕기도 했다.

27

이승만, 외교활동 지원 대중운동
국내에서 도모, 3·1운동 신학설

미국 대통령 윌슨이 제안한 민족자결주의 원칙에 따라 '장차 완전한 독립을 보장하는 조건 하에 한국을 국제연맹의 위임통치 아래에 둠으로써 일본의 지배로부터 해방 시켜달라'고 청원하는 문서에 이승만이 정한경과 함께 서명한 날짜는 1919년 2월 25일, 그리고 그 문서를 윌슨에게 전한 날짜는 3월 3일이다. 그런데 이 두 날짜 사이에 엄청난 사건이 벌어졌다. 다름 아닌 1919년 3월 1일 '대한독립만세'를 외친 3·1운동이다.

3·1운동이 일어난 과정과 이유에 관해서는 지금까지 대략 다음과 같이 알려져 왔다. '3·1운동이 일어나기 약 한 달 전인 2월 8일 동경유학생들이 독립선언을 했고, 그 사실이 국내로 알려지면서 윌슨의 민족자결주의에 고무된 국내외 민족지도자들 특히 천도교·기독교·불교 민족대표 33인이 1월 21일 세상을 떠난 이왕가(李王家) 고종의 장례식 예정일(3월 3일) 직전인 3월 1일 거사한 운동'이라고.

그러나 최근 새로운 해석이 강력히 제기되고 있다. 유영익 교수가 단초를 제시하고, 전광훈 목사 그리고 인보길 뉴데일리 회장 등이 적극 동조하고 있는 '3·1운동 이승만 기획설'이다. 유영익 교수가 1996년 출판한 《이 승만의 삶과 꿈》 134쪽에는 다음과 같은 구절이 등장한다.

"[이승만은 1차대전이 끝나면 강화회의에서] 윌슨을 앞세워 한국 독립 문제를 해결해 보려고 마음먹었다. 그는 자신의 복안을 1918년 10월경 하와이를 방문한 여운홍[여운형의 동생]과 미국인 선교사–평북 선천의 미 동병원 원장–샤록스(Alfred M. Sharrocks, 謝樂秀) 등을 통해 국내의 민족지도 자들, 예컨대 송진우·함태영·양전백 등에게 알림으로써 그들이 적당한 시 기에 자기의 외교활동을 지원하는 대중운동을 국내에서 펼쳐줄 것을 기대 했다."

유영익은 이와 같은 해석을 뒷받침하는 문헌으로 《독립을 향한 집념: 고하 송진우 전기》(동아일보사, 1990) 및 《인촌 김성수: 사상과 일화》(동아일보 사, 1985) 두 책을 제시했다. 동시에 유영익은 '3·1동지회' 부회장 허경신이 1986년 '3·1절 67주년 기념식'에서 한 '축사' 및 하와이로 이민 온 부모의 삶과 꿈을 그린 Margaret K. Pai가 쓴 영문 책 The Dreams of Two Yi-min [이민](1989, University of Hawaii Press)도 함께 제시했다.

이 문헌들을 여기서 모두 살펴볼 수는 없다. 최시중이 편저해 1985 년 동아일보사가 출판한 인촌에 관한 책을 대표적으로 살펴보자. 이 책의 123쪽에는 다음과 같은 내용이 나온다. "1918년 12월 어느 날 워싱턴에 서 재미동포들과 구국운동을 하고 있던 우남 이승만이 밀사를 보내왔다. '윌슨 대통령의 민족자결론의 원칙이 정식으로 제출될 이번 강화회의를 이용하여 한민족의 노예생활을 호소하고 자주권을 회복시켜야 한다. 미국에 있는 동지들도 이 구국운동을 추진시키고 있으니 국내에서도 이에 호응해 주기 바란다.'"

따옴표까지 붙인 이 기록은 전광훈 목사가 퓨리탄 출판사에서 2015년 출판한 《건국 대통령 이승만의 분노》 86쪽에서도 반복된다. 인보길이 뉴데일리에 쓴 "이승만의 밀서가 3·1운동 일으켰다"도 같은 내용을 전한다 (2019 2 24).

가장 최근 '이승만 기획설'을 뒷받침하는 문헌은 올해 출판된 오정환 PD의 《세 번의 혁명과 이승만》(타임라인. 2022)이다. 오정환은 책 179쪽에서 "2·8 독립선언을 주도했던 유학생들 가운데 여러 명이 이승만의 활동에 영향을 받았다고 증언했다"고 설명하면서, 구체적인 증거로 전영택, 김도연, 백관수, 최승만의 회고를 들고 있다. 나아가서 그는 일본 경찰의 정보 보고 기록도 제시한다(180쪽).

"1918년 11월 30일 자 일본 경찰 정보보고는 이승만의 파리 강화회의 참석 비용으로 황해도의 어떤 부자가 3만 원을 보냈다는 소문이 있다고 적었다. 1919년 2월 5일 자 평안남도 경찰 정보보고에도 재외 한인 및 재외 유학생 등이 파리강화회의에 대표를 파견하려고 하는데 그 중심인물이 이승만이라는 말이 돌고 있다고 적었다." 독립운동에서 차지하는 이승만의 위상이 국내에서 어떻게 인식되고 있는지를 잘 보여주는 기록이다.

다른 한편 기독교 역사학자 이상규 교수는 2019년 논문 "삼일운동에서 기독교의 참여와 기여에 대한 고찰"에서 다음과 같은 결론을 제시한다 (http://www.newspower.co.kr/48784). "중국에서의 만세운동 준비를 위한 신한청년단의 조직, 국내의 서울과 평양에서의 독립운동을 위한 조직, 일본에서의 2·8 독립선언 등은 기독교인 중심이었고, 천도교와의 합작이나 민족대표 33인, 혹은 48인의 구성에서도 기독교는 인적 구성에서 50%의 역할을 감당했다. 또 삼일운동의 거사 및 전국적 전개과정에서도 기독교회와 선교학교는 만세운동의 구심적 역할을 감당했다." 당시 국내외 기독교 네트워크 역할에서 이승만을 분리하는 것이 불가능하다는 사실을 인정한다면 이 역시 이승만의 역할을 적극적으로 인식해야 한다는 주장과 다를 바 없다.

3·1운동에서 이승만의 역할을 강조하는 문헌 가운데 가장 오래된 것은 1949년 서정주가 '화산문화기획'에서 출판한 《우남 이승만 전(傳)》이다 (212-213 쪽). "국내와 국외에 뿔뿔이 흩어져 있는 동지들에게 연락하여 월슨의 성명에 대해 주의를 환기시키고, 그가 대전 후 강화회의에서 이 문제를 올리게 될 때, 세계의 약소민족은 모조리 일어설 것이라고 예언한 후, 한국도 지금부터 이에 호응할 준비를 갖추고 있어야 한다고 지시하였다."

서정주는 이어간다. "그는 이 지시를 서면으로도 보내고, 밀사를 통해서도 보내고, 전신으로도 보내어, 뜻있는 모든 동지들의 인식을 새롭게 하였던 것이다… 중국과 일본에 있는 동지들에게 '민족 총궐기의 기회가 왔으니 속히 대비하라'는 지시를 보내는 한편, 파리강화회의에 한국 대표를 정식으로 파견하기 위하여 미국 정부에 교섭을 시작하였다"

윌슨이 1차 세계대전을 마무리하기 위해 제시한 민족자결주의가 3·1운동에 미친 영향을 부정하는 사람은 아무도 없다. 국제정치 흐름을 꿰뚫어 보던 이승만이 그 기회를 그냥 지나칠 까닭도 없다. 그러나 패전국을 상대로 민족자결을 하는 것보다, 승전국을 상대로 민족자결을 하는 것이 천배만배 어려운 일임을 이해하는 사람은 많지 않았다.

그래서 이승만은 한편으로는 국제정치 역학을 이용하면서, 다른 한편으로는 국내에서 밑으로부터의 독립운동이 필요함을 역설했다. 두 요구가 맞물려야 승전국을 상대로 한 민족자결의 가능성이 높다고 판단했기 때문이다. 1949년 서정주가 쓴 전기에서부터 2022년 오정환이 쓴 책까지 모두 이를 뒷받침한다.

이승만은 아래로부터의 독립 요구가 1919년 3월 3일 위임통치를 청원하기 전 혹은 후 특정한 시점에 반드시 일어나야 한다고 주장한 적이 없다. 다만 그는 아래로부터의 독립 요구가 필요함을 동포들에게 줄기차게 호소했을 뿐이다. 그와 같은 생각 때문에 파리행 여권발급이 어려워진 사실을 확인한 직후인 2월 13일 이승만은 미주판 3·1운동이라 할 수 있는 필라델피아 한인대회 개최를 서재필에게 서둘러 제안했다(류석춘 외 공편, 2015, 《국역 이승만일기》, p. 90).

그런 이승만을 두고 신채호는 이승만을 이완용보다 더한 매국노라 비난했다. 3·1운동이 발발한 지 이틀밖에 지나지 않아 '있지도 않은 나라를 팔아먹는' 위임통치 청원을 했다는 이유다. 그러나 이승만은 삼일운동이 벌어진 사실을 9일이나 지난 3월 10일에야 알았다. 하와이에서 이승만에게 완패한 박용만이 1917년 상해로 떠나 신채호 등과 어울리며 '대동단결선언'을 했으나 결국은 실패하면서 생긴 후유증일 뿐이다. 가히 '우리민족끼리' 주사파 원조가 되고도 남을만한 일이다.

파리강화회의에 이승만과 대동소이한 위임통치를 청원한 신한청년당 대표단과 현지인들. 앞줄 오른쪽 끝이 김규식, 왼쪽 끝이 여운형의 동생 여운홍, 뒷줄 왼쪽에서 둘째가 이관용, 셋째가 조소앙이다.
출처: 웨슬리안타임즈(https://www.kmcdaily.com/news/articleView.html?idxno=1653)

종교	이름	당시 직분	선고형량
기독교(16명)	길선주	평양 장대현교회 목사	무죄(증거부족)
	김병조	정주교회 목사	징역 6개월(집행유예 3년)
	김창준	서울중앙감리교회 전도사	징역 2년 6개월
	박동완	정동감리교회 전도사	징역 2년
	박희도	서울창의문감리교회 전도사	징역 2년
	신석구	서울 수표감리교회 목사	징역 2년
	신홍식	평양 남산현감리교회 목사	징역 2년
	양전백	선천북교회 목사	징역 2년
	오화영	서울 종교감리교회 목사	징역 2년 6개월
	유여대	의주동교회 목사	징역 2년
	이갑성	세브란스구내교회 집사	징역 2년 6개월
	이명룡	정주덕흥교회 장로	징역 2년
	이승훈	선천오산교회 장로	징역 3년
	이필주	정동감리교회 목사	징역 2년
	정춘수	원산 상리감리교회 목사	징역 1년 6개월
	최성모	해주 남본정감리교회 목사	징역 2년
천도교(15명)	권동진 권병덕 김완규 나용환 나인협 박준승 손병희 오세창 양한묵 이종훈 이종일 임예환 최 린 홍기조 홍병기		
불교(2명)	백용성 한용운		

3·1운동 민족대표 33인의 명단과 종교구성(출처: 기독신문 2019 5 3).

28
이승만·서재필, 미주 3·1운동인
'필라델피아 한인대회' 주도

3·1운동이 벌어진 사실은 상당한 시차를 두고 미국의 이승만에게 알려졌다. 상해에 있던 현순의 전보가 샌프란시스코의 안창호에게 도착한 것은 3월 9일이었다. 안창호는 다음 날 서재필에게 전보를 쳤다. 3월 10일 이승만은 일기에 "한국이 독립을 선언했다고 안창호가 보낸 전보를 서재필이 가지고 옴"이라 적었다(《국역 이승만 일기》 p. 91).

이승만은 고무되었다. 비록 파리 강화회의에 갈 수는 없었지만, 그렇다고 이 기회를 그냥 지나칠 수 없었다. 서재필에게 제안해 추진하고 있던 한인대회 개최를 서둘렀다. 1919년 2월 13일 《이승만 일기》에는 다음과 같은 기록이 남아 있다. "필라델피아에서 한인대회를 개최하고 독립기념관까지 퍼레이드를 하자고 제안함. 서재필과 내가 서명한 회람을 돌림. 1차 한인대회(The First Korean Congress)에 관한 보고서 참조."

1차 한인대회(The First Korean Congress)는 1919년 4월 14일부터 16일까지 3일간 미주에 있는 한인 대표 150여 명이 필라델피아에 모여 한국의 독립을 선언하고 독립할 국가의 기본 틀과 방향을 제시한 대회다. 이 회의는 미국이 영국으로부터 독립하는 과정에서 독립을 선언하고 미국 헌법 제정의 산파 역할을 한 대륙회의(The Continental Congress)가 필라델피아에서 개최된 사실에 착안해, 한국도 미국의 건국과정과 유사한 방식으로 새로운 국가건설에 착수했음을 대내외적으로 알리는 행사였다.

50대 중반의 서재필이 의장을 맡았다. 40대 중반의 이승만, 이대위, 민찬호, 윤병구 등이 중심적 역할을 했다. 이에 더해 김노디(21), 유일한(24), 조병욱(25), 임병직(26), 정한경(29) 등 20대 청년·학생들도 대거 참여했다. 3일간의 일정을 소화하며 회의에서 채택한 각종 결의안과 메시지는 모두 5종류였다. 각기 대상을 달리했지만, 내용은 서로 보완적이었다.

1) [3월 17일 출범한 노령] 임시정부에 보내는 격려문(message): 미주 교포들은 민주주의 원칙을 신봉하는 기독교 인사들로 구성된 임시정부를 지지.

2) 미국에 보내는 호소문(Appeal to America): 1882년 조미조약을 인용하며 미국이 적극적으로 한국의 독립을 위해 나설 것을 요청하고 미국과 한국은 자유, 민주주의, 기독교라는 가치를 공유함을 강조.

3) '한국인의 목표와 열망'이라는 결의문(resolution) 채택: 새 나라는 미국 민주주의를 본받아 피통치자의 동의에 기초해야 하고, 정부는 입법부와 행정부로 구성되어 상호 견제하고, 대통령은 국가를 대표하여 조약을 맺으며, 신앙의 자유를 비롯하여 인간의 기본권이 보장되는 나라가 되어야 함.

4) 일본의 지성인에게 보내는 서한문(message): 일본이 유럽식 군국주의를 포기하고 한국에서 철수하면, 한국은 동북아의 우호적 완충국이 되어

아시아의 평화에 기여하게 됨을 설명.

5) 미국 대통령과 파리강화회의에 보내는 청원서(petition) 채택: 임시정부를 2천만 우리 민족의 의지를 대변하는 정부로 인정해 줄 것을 요청하는 동시에 우리의 꿈은 기독교 민주주의 국가를 건설하는 것이라 천명.

필라델피아 한인대회는 세계인과 함께하는 모임이었다. 한국의 독립을 지지하는 미국의 기독교 각 교파 지도자들이 대거 합류했다(박명수, '필라델피아 한인대회의 의미' 국민일보, 2022 4 14). 성공회 사제 톰킨스(Floyd W Tomkins: 필라델피아 홀리 트리니티 교회 담임목사), 장로교 목사 매카트니(Clarences E. McCartney: 프린스턴 신학교 출신 정통 장로교인), 천주교 신부 딘(James J. Dean: 빌라노바 대학 총장이자 수학과 교수) 등이 대표적 인물이다.

소수민족을 대표하는 사람들도 동참했다. 오랫동안 독립된 나라를 갖기를 원했던 유대인 신문기자 베네딕트(George Benedict)는 이 대회 성공의 숨은 공로자로서, 유대인 회중교회 지도자(Rabbi) 버코비츠(Henry Berkowitz)의 참여를 이끌었다. 오벌린 대학 교수 밀러(Herbert A. Miller: 하버드 대학 사회학 박사, 1918년 필라델피아에서 체코의 독립을 위한 엇비슷한 행사를 마사리크와 함께 주도)도 힘을 보탰다. 또한 볼세비키와 싸운 러시아 선교사 출신 샤트(Alfred J. G. Schadt) 교수도 참여해 공산주의의 위협에 대해 경고했다.

대회의 마지막 순서는 회의장(The Little Theater)에서부터 독립기념관(Independence Hall)까지 6블록에 걸친 행진이었다. 행진을 마친 일행은 독립기념관에 들어가 대륙회의 모습을 재현한 장소에서 관계자의 양해를 얻어 워싱턴이 영국을 상대로 미국의 독립선언서에 서명한 자리에 이승만을 앉도록 했다. 그 자리에서 이승만은 일본을 상대로 한 3·1 독립선언서를 낭독하고, 기념촬영을 했다.

미국 언론의 반응은 폭발적이었다. 미국에서 재현된 3·1운동인 필라델피아 한인대회는 AP 통신을 통해 전 세계로 송출됐다. 미국 언론에만 최소 수백 개의 기사가 실렸다(Fields, 2019: 61). 3·1운동에 대한 일본 당국의 가혹한 탄압이 선교사들을 통해 미국에 알려지면서 한국에 대한 동정적 여론이 생겨나기 시작하던 시점이었다. 이 상황에서 필라델피아 한인대회는 한국인들이 독립해서 자치할 능력을 가지고 있음을 만천하에 보여준 사건이었다. 기가 막힌 타이밍이었다.

우호적인 여론이 비등하면서 한국 독립을 위한 국제 네트워크가 만들어졌다. 미국 사회에 한국의 독립을 지속적으로 호소할 조직으로 서재필이 제안한 'Korean Independence League(한국독립연맹)' 구상은 한인대회에 참여한 톰킨스를 비롯한 외국인들의 적극적인 호응에 힘입어 이름을 'League of Friends of Korea(한국친우회)'라 바꾸고 필라델피아에 본거지를 마련했다. 장로교 및 감리교 교회와 기업인들이 중심이 되었다.

회장에 취임한 톰킨스의 노력으로 지회가 워싱턴, 뉴욕, 시카고 등에 생기더니 급기야는 미국 전역으로 지회가 확대됐다. 1921년이 되어서는 연회비 3불을 내고 Korea Review라는 한국친우회 잡지를 구독하는 회원이 2만 5천 명이나 되었다(Fields, 2019: 68-69).

필라델피아 한인대회를 거치며 미주의 한인들 사이에는 독립의 기운이 하늘을 찔렀다. 우호적인 미국 언론의 보도는 외국인들의 동참과 후원으로 이어졌다. 미국인 친구들의 도움으로 이승만 서재필 정한경 등은 미국 곳곳에 초청받아 연설하고 또 한국의 독립에 관한 서적을 출판했다. 그리고 이는 다시 언론에 보도되면서 여론을 주도했다. 교회와 학교 등이 주된

무대였다.

　3·1운동은 해외에서 독립의 꿈을 키우는 임시정부를 우후죽순으로 만들어 냈다. 3월 17일 노령의 '대한국민의회'를 시작으로, 4월 11일 상해의 '대한민국 임시정부', 4월 23일 '한성정부'가 잇따랐다. 이승만과 서재필이 주도한 필라델피아 한인대회는 바로 이 흐름의 한가운데에 있었던 뜻깊은 대회였다. 그로부터 대략 100년이 조금 지난 2022년 4월 이 대회를 소재로 한 다큐멘터리 뮤지컬 '1919 필라델피아' 공연이 흥행에 성공한 사실 또한 뜻깊은 일이다.

Vanguard of the Parade to Independence Hall

'Korean Independence League(한국독립연맹)'라는 단체 이름을 적은 현수막을 들고 독립기념관을 향해 시가행진하는 필라델피아 한인대회 참가자들의 선두 모습. 이 용어는 톰킨스의 제안에 따라 'League of Friends of Korea(한국친우회)'로 바뀌었다.

필라델피아 한인대회를 마치고 미국 독립기념관을 방문해 '대륙회의'를 재현한 공간에서 워싱턴이 앉았던 자리에 좌정한 이승만. 이승만 뒤의 서 있는 사람 가운데 오른쪽에서 첫 번째가 윤병구, 두 번째가 정한경, 세 번째가 김노디다.

29
이승만, 1919년 9월 11일
'통합 상해 임시정부' 대통령으로 선출

1차대전의 종결을 둘러싼 국제질서의 재편은 1919년 3·1운동을 전후로 해내외 독립운동을 활성화시켰다. 승전국 대표 미국 대통령 월슨이 제안한 '민족자결'에 고무된 독립운동 세력은 세계 각처에 우후죽순으로 임시정부를 만들었다. 모두 8개였다(국사편찬위원회 한국사데이타베이스 한민족독립운동사 대한민국임시정부). 그중 다음 3개가 중심이었다.

3월 21일 블라디보스토크의 '대한국민의회'가 가장 먼저 '노령(露領)' 임시정부를 선포했다. 대통령 손병희, 부통령 박영효, 국무총리 이승만, 내무 안창호, 군무 이동휘 등을 추대했다. 4월 11일 선포한 '상해(上海)' 임시정부는 국회 격인 임시의정원에서 국무총리 이승만, 외무 김규식, 내무 안창호, 군무 이동휘 등을 선출했다. 4월 23일 서울의 '한성' 임시정부는 13도 대표가 비밀리에 인천에 모여 집정관 총재 이승만, 국무총리 이동휘, 외무 박용만, 내무 이동녕 등을 선출했다.

이승만은 3개 임시정부에서 가장 높게 평가받는 인물이었다. 노령에서는 서열 3위였지만, 상해와 한성에서는 각각 서열 1위였다. 다른 누구도 3

개의 임시정부에서 이승만과 같은 위상을 얻지 못했다. 미국에 있던 이승만은 각각의 임시정부에서 자신이 차지한 위상을 일정한 시차를 두고 각각 전달받았다. 전체적인 상황을 파악한 이승만은 주어진 조건을 적극적으로 활용하기 시작했다.

먼저 워싱턴에 집정관 총재 사무실을 내고 스스로를 '대한공화국(Republic of Korea)' '대통령(President)'이라 부르며 활동을 시작했다. 자신의 본거지 하와이에 연락해서 태평양잡지사로 하여금 《대한독립혈전기》라는 책을 발간하게 하고, 그 첫머리에 '대한민주국 대통령 이승만' 사진과 '대통령 선언서'를 싣도록 했다(유영익, 1996, p. 146). 다른 한편 그는 상해 임시의정원 의장 이동녕과 연락해 국채를 발행할 수 있는 인가를 받은 후, 신한민보를 통해 자신이 상해 임시정부의 우두머리임을 보도하도록 했다(오정환, 2022, p. 192).

다른 한편 이승만은 6월 14일 미·영·불(佛)·이(伊) 등 열강 정부와 파리강화회의 의장에게 문서를 보내 한국에 '완벽한 민주정부'가 탄생했고 자신이 '대통령'으로 선출된 사실을 통고했다. 일본 천황 앞으로도 6월 18일 같은 사실을 알리며 일본이 한반도에서 철수할 것을 촉구했다. 7월 17에는 워싱턴에 새 사무실을 내고 '대한공화국' '공사관(legation)' 간판을 걸었다(《국역 이승만 일기》 p.94). 8월 25일 이승만은 이 기관의 이름을 임시정부 산하의 구미위원부(Korean Commission to America and Europe)라 바꾸고 외교 및 선전 활동은 물론 국채발행 등 독립자금을 거두는 창구로도 활용했다. 책임자로 김규식을 임명했다

미국에서 이승만의 독보적 활동이 전개될 당시, 상해는 세 임시정부를 통합하는 문제로 시끄러웠다. 독립을 향한 열정으로 곳곳에 임시정부를

만들긴 했지만 분열된 상태로는 효과적인 독립운동을 이끌어 갈 수 없음을 모두가 알고 있었다. 1919년 4월 미국에서 건너가 5월 상해에 도착한 안창호가 통합을 위한 노력을 기울였지만 여러 가지 걸림돌과 마주쳤다.

첫째는 다름 아닌 3·1운동 직전 이승만이 윌슨에게 제출했던 '위임통치 청원' 문제였다. '이완용은 있는 나라를 팔아먹었는데 이승만은 있지도 않은 나라를 팔아먹었다'는 황당한 비난이 이어졌다. 그러나 사실은 안창호도 동의해 준 일이었다. 더구나 이 문제로 가장 난리를 친 신채호는 김규식을 통해 거의 같은 청원을 파리강화회의에 제출한 바 있었다. 그러므로 위임통치 문제는 하와이에서 이승만에 완패한 박용만의 '뒤끝 작렬'일 뿐이었다. 총대를 멘 신채호는 박용만의 대리인이었다.

둘째는 이승만이 '대통령(President)'이란 직함을 사용하는 문제였다. 내각제를 채택한 4월의 상해 임시정부 수반은 '국무총리(Prime Minister)'였는데, 이승만이 미국에서 대통령이란 명칭을 계속 사용하고 있는 문제를 어쩔 것이냐 하는 쟁점이었다. 다행히 임시정부 헌법을 개정해 대통령제와 내각제를 혼용하는 방식으로 문제를 풀자는 의견이 채택되었다.

셋째는 내각 구성 문제였다. 격론 끝에 '상해' 및 '노령' 임시정부가 13도 대표가 실제로 모여 인선을 한 국내의 '한성' 임시정부 내각 안을 수용하자는 방안이 채택되었다. 정부수반의 명칭도 개정한 임시정부 헌법에 따라 '집정관 총재'에서 '대통령'으로 바꾸기로 합의하면서 통합은 급물살을 탔다.

마침내 1919년 9월 11일 '통합 대한민국 임시정부'가 상해에서 출범했다. 대통령 이승만, 국무총리 이동휘, 내무총장 이동녕, 외무총장 박용만, 군무총장 노백린 등으로 내각이 구성됐다. 민족주의 세력과 공산주의 세력이 동거하는 불안한 통합이었다. 박용만과 신채호는 끝내 참여를 거부했다. 한성정부 승인에 반대한 노령의 문창범도 이탈했다.

그럼에도 불구하고 9월 출범한 상해 임시정부는 독립운동 역사에서 매우 큰 위상을 갖는다. 주권재민을 강조한 3·1정신을 계승하였으며, 노령(이동휘)·한성(이승만)·상해(안창호) 세 임시정부를 통합해 국내외 독립운동을 지도하는 최고의 단체로 등극했기 때문이다. 이승만은 바로 이 단체의 최고지도자 대통령으로 선출됐다. 날개를 단 셈이었다.

그러나 이승만은 바로 상해로 가지 않았다. 자신을 대통령으로 선출한 상해 임시정부의 위상을 미국에서 홍보하면서 독립운동에 필요한 재정문제를 해결하기 위한 노력을 집중적으로 기울였다. 1919년 10월부터 2020년 6월까지 이승만은 미국 전역을 순회하면서 강연하고 모금했다. 필라델피아 한인대회 직후 만든 '한국친우회' 지회를 미국 전역에 설치하기 위해 학교와 교회는 물론 상공인들 모임인 로터리 클럽 등을 주 무대로 삼았다. 언론의 주목도 큰 도움이 됐다.

그러나 갈등과 부작용 또한 없지 않았다. 독립운동의 자금을 확보하는 구미위원부 활동이 기존 안창호의 대한인국민회 애국금 모금과 충돌했기 때문이다. 갈등 끝에 임시정부는 이승만의 손을 들어 주었다. 1920년 3월 임시정부는 국민회의 애국금 모집을 폐지하고, 구미위원부의 독립공채 모금만을 승인했다. 돈을 받는 창구는 바뀌었지만, 돈을 내는 미국 동포의 부담이 크게 바뀌지 않은 것이 주효했다. 이승만이 돈을 관리하는 책임자로 구미위원회 책임자 김규식을 임명한 것도 앞날을 내다본 판단이었다. 상해의 경우가 타산지석이었다.

이즈음 상해에서는 독립운동 자금 때문에 엄청난 풍파가 일었다. 한인

사회당을 이끌던 통합 임시정부 국무총리 이동휘가 레닌의 휘하에 있는 국제공산당의 독립지원 자금을 두 번이나 횡령했다는 구설수에 휘말렸기 때문이다. 1차는 독립운동하는 공산진영 내부의 상하이파(한인사회당)와 이르쿠츠크파(전로한인공산당) 간에 벌어진 400만 루블 쟁탈전 후유증이었다. 2차는 대한민국 임시정부를 지원한 40만 루블을 가져오는 심부름을 한 한영권과 김립이 돈을 횡령한 후유증이었다. 이 사건으로 이동휘는 결국 1921년 1월 국무총리직을 사퇴하지 않을 수 없었다.

1920년 6월 이승만은 구미위원부 활동을 마무리하고 상해로 부임하기 위한 방안을 모색하기 위해 하와이로 돌아가는 일정을 준비하고 있었다. 일본은 이승만에게 30만 불의 현상금을 걸고 있었고(이원순, 1989, 《세기를 넘어서: 海史 李元淳 自傳》 신태양사, p. 164), 미국은 이승만에게 여권발급을 거부하고 있었다. 이 무렵 이승만에게 찬물을 끼얹는 사건이 하나 발생했다. 다름 아닌 2002년 12월 민족문제연구소가 유튜브에 올린 영상 '두 얼굴의 이승만'에 등장하는 '이승만의 Mann Act 위반 사건'이다. 그러나 그것은 완전한 음모였다. 다음 글에서 자세히 설명한다.

1920년 대한민국임시정부 대통령 시절의 이승만.

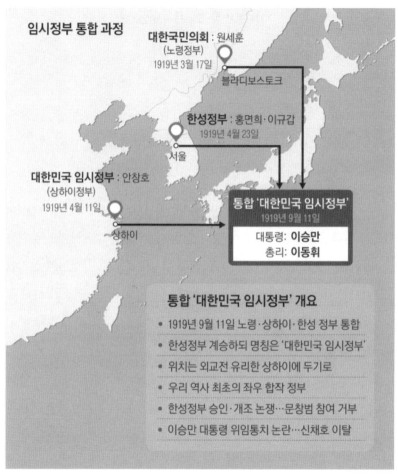

임시정부 통합 과정

대한국민의회 : 원세훈
(노령정부)
1919년 3월 17일
블라디보스토크

한성정부 : 홍면희·이규갑
1919년 4월 23일
서울

대한민국 임시정부 : 안창호
(상하이정부)
1919년 4월 11일
상하이

통합 '대한민국 임시정부'
1919년 9월 11일
대통령: 이승만
총리: 이동휘

통합 '대한민국 임시정부' 개요

- 1919년 9월 11일 노령·상하이·한성 정부 통합
- 한성정부 계승하되 명칭은 '대한민국 임시정부'
- 위치는 외교전 유리한 상하이에 두기로
- 우리 역사 최초의 좌우 합작 정부
- 한성정부 승인·개조 논쟁⋯문창범 참여 거부
- 이승만 대통령 위임통치 논란⋯신채호 이탈

임시정부 통합과정(출처: 서울신문 "대한민국 임시정부 100년" 2019. 1. 4)

30
2012년 12월 민족문제연구소 '백년전쟁' 영상, 이승만을 왜곡·날조

미국 동부를 주 무대로 활동하던 이승만은 1919년 9월 11일 통합 '대한민국 임시정부 대통령'으로 선출되었다는 소식을 듣고도 상해로 부임하는 일정을 미루고 있었다. 임시정부 산하 기구로 스스로 워싱턴에 설치한 '구미위원부(The Korean Commission to America and Europe)'가 외교와 선전 활동은 물론 독립공채 발행 등 재정적인 업무를 안정적으로 수행할 수 있도록 챙겨야 했기 때문이다.

안정적 수입 없는 임시정부가 독립운동을 하는 것이 얼마나 어려운 일인가를 이승만은 누구보다 잘 알고 있었다. 미주에 있는 교민들을 상대로 안창호의 '대한인국민회'가 관행적으로 거두고 있던 '애국금' 모금을 이승만은 상해의 임시정부와 협의해 '구미위원부'가 '독립공채'를 판매하는 것으로 대체하도록 결정했다. 1920년 3월이었다. 물론 구미위원부 활동이 독립운동의 자금 문제에만 국한될 수는 없는 일이었다.

구미위원부의 외교적 선전 노력이 성과를 낸 대표적 사례는 한국의 '독립촉구 결의안'이 미국 상원에 상정된 일이다. 아일랜드와 함께 상정된 독립촉구 결의안에 대해 미 상원은 1920년 3월 17일 서로 다른 결정을 했다. 아일랜드 안은 38:36 통과, 한국 안은 34:46 부결이었다(김학은, 2017, 《이승만과 데 발레라》 연세대 출판문화원, p. 190, 551). 그러나 이승만은 실망하지 않았다. 독립을 얻기 위한 기나긴 외교활동의 첫 경험일 뿐이라 생각했다.

구미위원부 활동이 궤도에 오른 것을 확인한 이승만은 상해로 가는 일정을 준비하기 시작했다. '이승만 일기'에서 확인할 수 있는 당시 일정을 살펴보자. 이승만은 1920년 6월 7일 필라델피아를 찾아 서재필을 방문하고, 6월 14일 오벌린 대학 재학 중인 김노디, 김신실, 주영순 등을 클리블랜드에서 상봉한 다음, 6월 16일 기차로 시카고를 출발해 샌프란시스코에 도착해서, 6월 22일 하와이로 가는 마노아(Manoa)호를 탔다. 하와이에 도착한 이승만은 상해로 가는 준비에 착수했다.

바로 이 시점에서 발생한 사건이 이승만의 '만 액트(Mann Act) 위반 혐의'다. 2012년 12월 10일 민족문제연구소가 유튜브에 공개한 53분 남짓한 분량의 영상 '두 얼굴의 이승만(백년전쟁 Part 1)'은 이승만이 이 법률에 따라 조사받고 기소되었으나 배심원들을 회유해 풀려났다고 비난했다. 지금도 유튜브에서 확인할 수 있는 이 영상은 2024년 3월 현재 2백7십만이 넘는 조회를 기록하고 있다.

당시 연세대 이승만연구원 원장으로 재직하던 필자는 즉시 사실확인에 착수했다. 미국 위스콘신 대학 사학과 대학원에서 이승만에 관한 박사논문을 준비하던 David Fields 도움으로 샌프란시스코에 있는 미국 국가기록보존소(National Archives and Records Administration: NARA)의 기록인용장(Record Citation Sheet)을 구할 수 있었다.

기록그룹(Record Group) 85-이민·귀화업무(85-Immigration and

Neutralization Service), 관할사무소(Agency Office) 샌프란시스코 지역사무소(San Francisco District Office), 기록 시리즈(Record Series) 1884-1944 이민도착조사 사건파일(Immigration Arrival Investigation Case Files, 1884-1944), 도착자료 카탈로그(Archival Research Catalog: ARC) 분류번호(Identifier) #296445, 파일(File) 19470/9-7 이승만(Syngman Rhee) 자료다. 총 20쪽 분량이다.

이 자료의 내용과 민족문제연구소 영상을 교차 확인하면서 필자는 엄청난 분노를 겪었다. 좌익들이 편파적으로 현대사를 왜곡하는 사실을 전혀 모르는 바는 아니었지만, 이토록 교묘하고 집요하게 속이는 방법을 동원할지는 미처 몰랐다. 이승만에 대한 평가를 긍정 혹은 부정하는 수준의 문제가 아니었다. 처음부터 끝까지 악의적인 왜곡과 날조로 뒤덮여 있었다.

문서의 내용을 자세히 살펴보기 전 우선 '만 액트(Mann Act)'는 무엇을 처벌하는 법인지 알아야 한다. 이 법은 불륜관계인 남녀가 주(州) 경계를 넘으면 처벌하는 법으로 당시 청교도적인 미국 사회 분위기를 반영한 법이었다.

민족문제연구소 영상엔 이승만 임시정부 대통령이 1920년 6월 "자신을 숭배하는 스물두 살짜리 여대생 김노디와 여행을 하다가, 덜컥 미국 수사관들에게 잡혔다"는 대목이 나온다. 마치 이승만이 여대생과 부적절한 관계를 맺어 사법당국에 체포된 것처럼 묘사하고 있다. 이를 뒷받침하는 범죄인 모습 사진도 곁들였다. 이승만이 기소를 당했다며 '기소 결정'이란 자막도 보여준다.

그러나 NARA 문서는 당시 이승만이 함께 독립운동을 하던 김노디와 같은 열차를 타고 시카고에서 캘리포니아까지 이동한 사실을 두고, 구타펠(M. L. Guthaphel)이란 여성이 시카고 이민 당국에 밀고를 해서, 샌프란시스코에 있는 이민국을 통해 하와이 이민 당국에서 조사를 받은 사실이 있음을 확인해 준다. 동시에 조사결과는 '우연히' 같은 열차를 탄 것으로 확인되어 '무혐의' 처리되었음도 분명히 기록하고 있다.

NARA 기록물 중 1920년 8월 27일 하와이 호놀룰루 이민 당국 조사담당관 리차드 할시(Richard Halsey)가 샌프란시스코의 앤젤 아일랜드(Angel Island)에 있는 이민국장 앞으로 보내는 문서는 다음과 같은 문장으로 끝이 난다. "혐의를 적용할 수 있는 어떤 믿을 만한 근거도 찾을 수 없다." 이와 같은 결론을 뒷받침하는 조사 내용은 8월 25일 문서에 포함된 '조서'에서 드러난다.

"김노디: 제가 여기로(하와이로) 돌아오는 길에 박사님을 시카고에서 우연히 만났습니다. 캘리포니아행 기차를 우연히 같이 탔지만, 박사님은 새크라멘토(Secramento)에서 내렸고 저는 남자 형제를 만나러 캘리포니아 윌로우스(Willows)로 갔습니다.

수사관: 이승만 박사와 같은 침대칸에 탔습니까?

김노디: 저도 위층 침상 그분도 위층 침상을 사용했지만, 칸은 서로 달랐습니다. 박사님의 아래층 침상을 썼던 여자의 이름과 주소가 저한테 있습니다. H. M. Gaudet 여사이고, 주소는 워싱턴 DC N.W. 1226-11번지입니다."

이 우연한 사건을 민족문제연구소는 이승만을 악마화하는 소재로 삼아 영상에서 왜곡과 날조를 서슴지 않았다. 다행히 인터넷 신문 뉴데일리가 2013년 3월 16일 통렬한 반격 글 두 편을 실었다. 김효선 건국이념보급회 사무총장이 쓴 "깡통진보, '백년전쟁' 이렇게 조작" 및 박성현 주필이 쓴 "'백년전쟁'의 흉측한 뽀샵 모략질에 숨은 비밀"이다. 같은 날 조선일보 역시 "류석춘 교수가 제기한 좌파 영상물 '백년전쟁'의 문제점"도 실었다. 이에 더해 지금도 볼 수 있는 반박 영상 "생명의 길: 인격살인은 국사가 아니다"도 제작되어 2013년 4월 26일부터 유튜브에 공개됐다.

이 문제와 관련해 마지막으로 확인해야 할 대목이 하나 남아 있다. NARA에서 구한 문서 중 시카고 이민국 해리 랜디스(Harry Landis) 조사관이 샌프란시스코 이민국장 앞으로 보낸 1920년 8월 2일 문서에서 밀고자로 '신분을 최대한 감추어 달라'고 언급한 '구타펠'은 도대체 어떤 사람인지 궁금하지 않을 수 없기 때문이다.

홍선표 교수가 2012년 《한국독립운동사연구》(43집)에 발표한 논문 "한국독립운동을 도운 미국인"에 비교적 상세한 설명이 등장한다. 구타펠(M. L. Gutapfel)은 "필라델피아 출신으로 1903년 미국 감리회 선교사로 내한하여 서울과 경기도에서 선교 활동을 하다 1912년 미국으로 돌아가 서재필이 설립한 필라델피아 '한국통신부' 활동을 지원하면서 1919년 10월부터 1920년 4월까지 '한국친우회' 시카고 지회에서 서기로 일한 사람"이다(p. 183, p. 197~8).

다른 한편, 연세대 이승만연구원이 2009년 펴낸 The Syngman Rhee Correspondence in English, 1904~1948, Vol. 5에는 구타펠이 서재필 그리고 송헌주와 주고받은 편지가 6통 수 수록되어 있다(p. 43, 53, 72, 86,

87, 90). 이 편지들은 모두 1920년 3월부터 5월까지 구타펠이 일을 그만두면서 밀린 월급을 정산하는 문제에 관한 편지들이다.

필자의 결론은 이렇다. 시카고 '한국친우회'에 근무하던 구타펠은 무슨 이유인지 모르지만 그즈음 일을 그만두게 되었다. 직장을 잃은 지 한 달 만에 구타펠은 이승만과 김노디를 모함하는 밀고를 시카고 이민 당국에 했다. 젊고 똑똑한 한인 여성 김노디가 등장해 이승만을 돕는 사실이 노회한 한국통 미국인 여선교사 구타펠에게는 몹시도 못마땅한 일이었던 모양이다.

1920년 3월 1일 워싱턴 포틀랜드 호텔에서 찍은 임시정부 '구미위원부' 직원 일동의 3·1절 1주년 기념사진. 점선 안의 앉은 사람이 이승만(45살), 선 사람이 김노디(22살)이다. 이승만의 왼쪽은 송헌주, 오른쪽은 김규식이고, 김노디 왼쪽은 임병직이다(출처: 연세대 이승만연구원). 민족문제연구소의 영상 '백년전쟁, 두 얼굴의 이승만'은 이 사진에서 김노디를 오려내서 아래와 같은 범죄인 사진으로 둔갑시켰다. 사진 아래쪽 사건번호 역시 조작이다.

1930년 1월 하와이 팔로로 힐(Palolo Hill) 자택 앞에서 '대한부인구제회(Korea Women's Relief Society)' 연차총회에 참석한 대표단과 함께 포즈를 취한 이승만 (55세) 사진(출처: 연세대 이승만연구원). 민족문제연구소의 영상 '백년전쟁, 두 얼굴의 이승만'은 이 사진에서 이승만을 오려내서 다음과 같은 범죄인 사진으로 둔갑시켰다. 사진 아래쪽 사건번호 역시 조작이다.

민족문제연구소 영상 '백년전쟁, 두 얼굴의 이승만'에 등장하는 왜곡 장면들.

'특A급 독립운동가'이자 '대한민국 건국 대통령'인 이승만을 'A급 민족반역자'로 만든 이미지.

플레이보이도 아니고 기소당한 사실도 없는 이승만을 왜곡한 이미지.

독립운동의 선후배이자 동지인 이승만과 김노디 관계를 '불륜'으로 몰고 가는 이미지.

민족문제연구소의 '백년전쟁' 영상 둘

논란의 동영상 '백년전쟁'의 역사왜곡과 문제 장면들

반역자
BETRAYER

민족문제연구소가 제작한 '백년전쟁' 영상물에서 이승만 전 대통령의 얼굴 앞에 '반역

자(betrayer)'란 자막을 넣은 장면(위)과 미국 측이 '스네이크 박'이라는 별명으로 불렀다며 박정희 전 대통령의 얼굴과 뱀 머리를 나란히 배치한 장면

SNAKE PARK
스네이크 박

'백년전쟁' 동영상 캡처

민족문제연구소의 '백년전쟁' 영상은 두 편으로 구성되어 있다. 하나는 이승만을 왜곡하는 '두 얼굴의 이승만'(왼쪽)이고, 다른 하나는 박정희를 왜곡하는 '프레이저 보고서'(오른쪽)다. 대한민국을 건국하고 발전시킨 두 대통령을 끊임없이 왜곡하고 폄하하는 민족문제연구소의 존재 이유는 도대체 무엇인가?

31

상해 임시정부 대통령 이승만,
6개월 만에 갈등과 반목으로 좌절

1920년 6월 29일 오전 8시 호놀룰루 부두에 도착한 '임시정부 대통령 이승만'을 하와이 교민들은 성대히 환영했다. 그러나 상해로 가야 하는 이승만의 마음은 편치 않았다. 일본이 독립을 선포한 대한민국 임시정부 대통령 이승만을 그냥 둘리 없었기 때문이다. 더구나 미국은 이승만에게 여권도 발급해주지 않는 상황이었다.

미국과의 우호적 관계를 배경으로 일본이 이승만에게 어떤 일을 벌일지 아무도 예측할 수 없었다. 당연히 일본 정부는 이승만에게 엄청난 현상금을 걸었다. 이런 상황에서 미국 본토 서해안에서 상해로 가는 배편을 이승만은 절대 이용할 수 없었다. 본토에서 출발하는 배편은 모두 일본을 경유하고 있었기 때문이다. 그러나 호놀룰루에서는 상해 직항 배편이 있었다. 이승만이 하와이에 온 이유다. 이승만은 주변의 도움을 받으며 밀항을 준비했다.

상해에 있는 이승만 지지자들 예컨대 안현경과 장붕(長鵬) 등은 이승만이 상해로 오는 경우 부딪힐 문제를 미리 알려주고 있었다. 가장 큰 문제는 돈이었다. 상해 임시정부 요원들은 모두 숟가락을 빨며 부자 나라 미국 교포의 독립성금을 걷은 대통령 이승만이 엄청난 자금을 가지고 상해로 올 것이라 기대하고 있었다. 국무총리 이동휘가 레닌으로부터 받은 거액의 독립자금이 대부분 공산주의 활동자금으로 넘어가면서 임시정부는 쥐꼬리만큼도 받지 못한 상황이 이승만을 더욱 압박했다.

그럼에도 불구하고 이승만은 상해로 출발했다. 장의사 사업으로 돈을 번 이승만의 친구 보스윅(W. Borthwick)의 도움이 결정적이었다. 1920년 11월 16일 고향 땅에 묻히기를 원하는 중국인 시신을 담은 관을 창고에 가득 실은 웨스트 히카(West Hika)호가 호놀룰루 항구를 떠났다. 보스윅의 부탁을 받은 선원 하나가 이승만과 임병직 두 사람을 관이 가득한 배 선창에 숨겨 주었다. 다음 날 배가 영해로 진출하고 나서야 이승만과 임병직은 갑판으로 나올 수 있었다. 이들을 뒤늦게 발견한 선장은 다행히 두 사람의 밀항을 눈감아 주었다.

1920년 12월 5일 상해에 도착한 이승만과 임병직은 선장의 도움으로 무사히 하선해 몸을 숨기고 지지자 장붕과 연락을 취했다. 몇 군데 호텔을 전전한 이승만은 프랑스 조계지 내의 미국인 선교사 크로푸트(J. W. Crofoot) 목사의 집을 거처로 삼아 1920년 12월 12일부터 1921년 5월 28일 상해를 떠날 때까지 계속 신세를 졌다. 이승만은 12월 13일 역시 프랑스 조계지 내에 있는 임시정부 청사를 방문해 각료와 직원을 처음으로 접견했다. 12월 28일 상해 교민단의 환영회 참석이 공개활동의 시작이었다.

'통합 대한민국 임시정부'가 1919년 9월 11일 출범하면서 상해는 독립운동의 중심에 서서 효과적인 활동을 전개할 지도부가 될 것이란 기대를 모았다. 그러나 그것은 겉으로만 보이는 착시효과일 뿐이었다. 내부에서는 엄청난 갈등과 반목이 도사리고 있었다. 서북지방 출신과 기호지방 출신의 지역 반목은 뿌리가 깊었다. 무장투쟁과 외교투쟁의 노선대립도 심각했다. 공산·사회주의 계열과 민족주의 계열의 이념 갈등도 시한폭탄이었다. 그리고 이러한 모든 갈등의 밑바닥에는 독립이라는 가시밭길을 가는 명분과 그로서는 일상생활이 불가능하다는 현실이 가로놓여 있었다. 망명정부의 근본적 한계였다.

상해에 간 대통령 이승만은 이런 갈등의 한복판에 스스로를 내던진 셈이었다. 이승만 대통령이 처음으로 주재한 1921년 1월 5일 국무회의부터 문제가 심각했다. 이동휘가 또다시 이승만의 '위임통치 청원'을 문제 삼아 회의는 난장판이 되었다. 이어서 개최한 몇 차례 국무회의도 엉망이 되긴 마찬가지였다.

바로 이어진 국무회의에서 이동휘는 대통령이 상해에 없어 국무회의에 참석하지 못하는 경우 국무총리에게 결재권을 주자고 제안했다. 그러나 구체적인 방법론의 차이를 극복하지 못하면서 회의는 결론을 내지 못했다. 또 다음 회의에서 이동휘는 대통령제를 버리고 소비에트식 집단지도체제로 바꾸자는 제안을 했다. 이승만은 단호히 거부했다. 두 사람의 갈등은 급기야 이승만으로 하여금 이동휘에게 모스크바 자금문제까지도 추궁하도록 만들었다. 결국 이동휘는 2021년 1월 26일 국무총리직을 사임하고 상해를 떠났다.

이 사태를 겪으며 안창호는 미국에 있던 이승만을 상해로 오게 한 책임을 지겠다며 사의를 표했다. 지리멸렬한 국무회의에 치인 이승만은 2월 28일 국회 격인 임시의정원을 소집해 '연두교서'를 발표하고 행정쇄신과 예산절약 그리고 외교강화 등의 정책을 발표했다. 그러나 큰 한 방을 기대하는 상해의 분위기와는 전혀 맞지 않는 대응이었다. 정국을 타개하는 데 아무런 도움이 되지 않았다.

4월 18일 국무회의에서 김규식은 이승만에게 독한 발언을 했다. "무슨 정략이 있어야 시국을 정돈할 것 아닙니까. 그렇지 않다면 시일만 낭비할 필요가 없어요." 이승만이 물러나야 한다는 발언이었지만, 동시에 이승만으로서는 절대 받아들일 수 없는 발언이기도 했다. 결국 그 자리에서 김규식도 사임했다.

이승만은 내각을 다시 짜야 했다. 안창호에게 손을 내밀었지만 거절당했다. 법무를 맡은 신규식이 국무총리를 겸임토록 하고, 안창호가 맡던 노동은 재무를 맡은 이시영이 겸임토록 했다. 상해를 떠난 국방 노백린을 해임하고 협성회를 이끈 윤기섭을 임명했다. 김규식이 맡았던 학무에 '고려공산당 이르쿠츠크파' 김만겸을 임명해 '고려공산당 상해파'를 견제하려 했지만 민족주의자들의 반대로 성사되지 못했다. 이승만은 슬슬 회의가 들기 시작했다. 상해에서 이룰 수 있는 것이 아무 것도 없음을 깨달았기 때문이다.

그즈음 미국을 떠나며 김규식의 후임으로 워싱턴 구미위원부 책임을 맡긴 현순마저 이승만을 괴롭히기 시작했다. 상해 임시정부는 구미위원부가 보내주는 재미동포의 독립자금에 절대적으로 의존하고 있었다. 돈을 보내는 책임을 맡은 현순은 그 때문에 점점 스스로를 과대평가하기 시작했다.

급기야 현순은 1921년 3월 9일 대통령 이승만과 의논도 없이 자신이 스스로 주미공사가 되겠다는 일방적인 통보를 상해로 보냈다. 당황한 이승만은 서재필과 의논해 4월 18일 현순을 해임했다. 구미위원부 임시위원장으로 서재필을 임명했다. 상해의 이승만은 골치가 아팠다.

마침내 이승만은 4월 16일 저녁 회식 자리에서 미국으로 돌아갈 뜻을 밝혔다. 이동녕이 발끈했다. '미국으로 가도 이곳 사람들이 당신을 계속 지원할 것이라 생각하지 말라'고 쏘아붙였다(오정환, 2022, 《세 번의 혁명과 이승만》 pp. 224-5). 5월 17일 이승만은 '외교상 긴급과 재정상 절박'을 이유로 상해를 떠나 미국으로 돌아간다는 '고별교서'를 임시의정원으로 보내고 잠적했다.

　1921년 5월 28일 이승만은 콜럼비아(Comumbia)호에 승선해 상해를 떠났다. 필리핀 마닐라에 도착한 이승만은 하선해 기차로 바기오(Baguio)를 둘러보고 하와이로 가는 배 그레나이트 스테이트(Granite State)로 갈아탔다. 1921년 6월 29일 오전 8시 이승만이 탄 배가 호놀룰루 항에 도착하자 하와이 교민들은 변함없이 이승만을 환영했다. 그러나 상해에서의 고난과 시련을 되돌아보는 이승만의 마음은 무거웠다. 1차 세계대전 뒤처리가 만들어 준 민족자결주의에 힘입어 3·1운동을 일으킨 민족의 염원이 결국 이렇게 사그라지는가 하는 생각으로 괴로웠다.

1920년 12월 28일 상해 교민단이 베푼 성대한 환영회 모습. 배경에 태극기가 보이고 그 위에 '대통령 리승만'이라 쓴 현수막이 걸려 있다. 화환을 목에 건 이승만은 중앙에 위치했다. 이승만 왼쪽으로 이동휘, 이시영, 이동녕, 손정도 그리고 이승만 오른쪽으로 안창호, 박은식, 신규식이다. 오른쪽 마지막은 미상.

1921년 1월 1일 임시정부 신년축하 기념사진. 두 번째 줄 중앙의 점선 동그라미 속이 대통령 이승만이다. 이 사진에는 상해 임시정부를 끝까지 지킨 당시 경무국장 김구도 함께 자리하고 있다(첫 번째 줄 왼쪽 동그라미). 민족주의자 김구는 임시정부를 공산주의자로부터 지키는데 중요한 역할을 했다. 이승만이 상해에 체류할 당시 임시정부 요원의 숫자는 대략 70명 내외였다.

1921년 4월 9일, 중국인 옷을 입은 상해의 이승만

32

이승만, 승전 강국 상대 1921년 '워싱턴 군축회의' 독립외교 또 실패

29살 때인 1904년 12월 밀서를 품고 미국으로 가서 45살 때인 1920년 12월 임시정부 대통령직 수행을 위해 상해로 가기까지, 청년 이승만의 삶은 '도전' 그리고 '승리'의 연속이었다. 이 16년 동안 그가 이룩한 업적을 대충이라도 살펴보면 이를 금방 확인할 수 있다.

이승만은 한인 최초로 미국 명문대학에서 박사학위를 받았고, 미국 대통령을 상대로 독립을 호소해 언론의 주목을 받았으며, 일본의 감시를 피해 하와이로 들어가 저술과 교육 그리고 교회 설립으로 명성을 얻었고, 1차대전 종전이라는 세계질서의 재편을 활용해 독립운동의 선봉에 서서 3·1운동으로 분출한 민족의 염원을 담은 '임시정부' 대통령으로 추대되었다.

그러나 1920년 12월부터 1921년 5월까지 6개월간 머문 상해에서의 대통령직 수행은 이승만에게 난생처음으로 '처절한 실패'를 맛보게 했다. 서북파와 기호파의 갈등, 무장투쟁과 외교투쟁의 갈등, 공산주의와 민족주의 갈등은 임시정부를 끝없는 분열로 몰고 갔다. 이 모든 분열의 한복판에 있던 고려공산당 상해파 이동휘는 이승만을 집요하게 흔들었다. 대통령이 임시정부의 물주 역할까지도 해야 한다는 기대 또한 이승만에게는 엄청난 부담이었다.

이승만은 결국 '고별교서'를 남기고 하와이로 돌아갔다. 실패의 원인을 곱씹으며 그는 하늘이 두 쪽 나도 무조건 자신을 지지할 동지들이 필요함을 깨달았다. 임시정부 내부에 있는 이동휘의 고려공산당 상해파, 안창호의 흥사단은 물론이고, 임시정부에 참여하지도 않은 박용만의 대한독립단 등이 끊임없이 자신을 흔들었기 때문이다. 이승만의 조직 '대한인동지회'가 1921년 7월 하와이에서 출발한 이유다.

'동지회'를 발족시키고도 이승만은 자중하고 있었다. 그러나 자신의 뜻과 상관없이 전개되는 국제정치의 현실은 이승만을 다시 독립운동의 무대로 불러들이고 있었다. 윌슨의 뒤를 이어 1921년 3월 미국 대통령에 취임한 하딩(Warren G. Harding)은 1차대전의 원인이 된 건함(建艦) 경쟁의 재발을 방지하기 위해 워싱턴에서 승전국을 상대로 군비를 축소하는 회의를 소집했다. 태평양에서의 해군력 감축이 가장 중요한 의제였다.

일명 '워싱턴 군축회의' 혹은 '태평양회의'라 불린 이 회의는 1921년 11월부터 이듬해인 1922년 2월까지 이어졌다. 이 회의 개최 소식에 가장 먼저 대응이 필요함을 역설한 사람은 서재필이었다. 그는 1921년 7월 상해 임시정부에 편지를 보내 '이 회의에서 한국의 생사도 작정될 터'라 말하며 동포들의 모금 운동이 필요함을 역설했다. 국민회 기관지 신한민보가 맞장구를 쳤고, 상해 임시정부도 거드는 포고문을 발표했다(오정환, 2022, p. 226).

서재필이 책임을 맡고 있던 구미위원부 모금 활동이 다시 활성화됐다.

미국 본토와 하와이는 물론이고 멕시코 및 쿠바 그리고 식민치하의 국내에서도 후원이 줄을 이었다. 심지어 고려공산당 상해파 '국내부'도 후원에 동참했다.

고무된 서재필은 하와이의 이승만이 이 문제를 책임지고 이끌어야 한다고 주장했다. 하지만 승전국을 상대로 독립을 얻고자 하는 외교적 노력이 결코 만만한 일이 아님을 이승만은 파리강화회의를 통해 너무나 잘 알고 있었다. 그러나 동시에 비록 상해를 떠나기는 했지만, 여전히 임시정부 대통령인 자신이 들끓고 있는 동포의 기대를 저버릴 수 없음도 알고 있었다.

고심 끝에 이승만은 다시 나서기로 결단을 내렸다. 당시 사정을 생생히 전하는 기록이 하나 남아 있다. 미국 유학 경력이 있는 김동성 기자가 1922년 2월 11일 동아일보에 쓴 기사다. 동아일보는 이 기사를 재정리해 최근(2020. 8. 18) 이진 기자 이름으로 특집기사 '동아플래시 100: 냉대받은 이승만, 회의장에 들어가지도 못하고'를 내보냈다. 이진 기자의 재정리를 인용한다.

"1921년 9월 29일 대한민국 임시의정원 제9회 임시의회가 열렸습니다. 임시의정원은 지금의 국회입니다. 이 회의에서 11월 11일 개막하는 화성돈(華盛頓, 워싱턴)회의에 파견할 대한민국 대표단을 임명했죠. 화성돈 회의는 열강 9개국이 참가한 워싱턴 군축회의를 말합니다.

대표단은 단장 이승만, 부단장 서재필, 서기 정한경, 고문 프레드 돌프 (Frederic A, Dolph, 변호사), 특별고문 찰스 토머스(Charles S. Thomas, 1920년 3월 미 상원에 한국 독립촉구 결의안을 제출한 전직 상원의원) 5명으로 구성됐죠. 이 5명은 한마디로 '독립외교운동'의 '드림팀'이라고 할 수 있었습니다….

상해 임시정부는 8월에 포고문을 발표했죠. 워싱턴회의에서 한국문제가 반드시 상정될 테니 모든 한국인은 있는 힘을 다해 도와달라고 호소했죠. 덕분에 활동자금 7만5천 달러를 거둘 수 있었습니다. 현재 가치로 14억 원에 가까운 거금이었죠. 이승만이 모금에 앞장섰습니다. 독립외교론에 공감하는 분위기가 퍼지면서 상해파 고려공산당 국내부까지 1만 원을 냈죠. 지금 1억 원 정도입니다. 그만큼 워싱턴회의에 거는 기대가 컸다고 볼 수 있죠.

김동성은 이승만의 사택도 묘사합니다. 사택이 있는 16번가 [스콧서클]은 워싱턴에서도 제일 화려하고 깨끗한 상류사회 주택단지라고 했죠. 4층짜리 사택의 내부시설은 조선 궁전도 따라가지 못할 정도로 으리으리했고요. 일류 정객이나 각국 위원들이 고문 돌프와 미리 약속을 잡아 이 사택에서 이승만과 만난다고 했죠. 이승만 외교활동의 한 단면입니다. 김동성은 구미위원부의 활동도 취재했지만 부득이 보도하지 못한다고 했죠. 일제 검열 때문이었을 겁니다.

그러나 뛰어난 인재와 든든한 자금으로 독립외교운동에 나섰는데도 성과는 없었습니다. 정작 대표단은 회의장 안으로 들어가지도 못했죠. 냉대도 이만저만한 냉대가 아니었습니다. 한 미국 기자가 '한국대표단은 회의장 주변을 서성거리면서 돌아다니는 것밖에는 할 일이 없었다'고 묘사할 정도였죠. 회의에서는 주요 열강이 일본의 조선 지배를 다시 확인했을 뿐입니다."

워싱턴 군축회의는 일본의 팽창을 제지하는 몇 가지 합의를 했다. 태평양의 해군 군사력을 미, 영, 일 세 나라가 5:5:3 비율로 유지하고, 영일동 맹을 파기하는 대신 미·영·불·일 4개국 조약을 체결했다. 일본은 이 질서를 1931년 만주사변을 일으킬 때까지 유지할 수밖에 없었다.

그러나 한국독립 의제는 테이블에 오르지도 못했다. 파리강화회의 푸 대접, 국제연맹 위임통치 청원 무시에 이어 또다시 외교를 통한 이승만의 독립운동은 승전 강대국들에 의해 완전히 '패싱' 당했다. 서재필은 이를 계기로 독립운동을 그만두고 의사로 돌아갔다. 이승만은 구미위원부 활동을 축소하고 1922년 9월 조용히 하와이로 돌아갔다. 상해 임시정부는 내 각이 무너지는 혼란을 겪으며 결국 (1925년 3월) 이승만을 탄핵하는 길로 들어섰다.

다른 한편 워싱턴 군축회의 폐막 무렵인 1922년 1월 모스크바에서는 '극동민족대회'가 열리고 있었다. 이 회의에 참가한 9개 나라 민족대표 144명 중 한국인이 52명이나 되었다(오정환, 2022, p. 232). 고려공산당 소련 파(이르쿠츠크파)는 물론이고 이동휘의 상해파와 김규식, 여운형, 현순 등 이 승만 반대파가 대거 가담했다.

김규식은 '공산주의 인터내셔널 만세'를 외쳤고, 현순은 '프롤레타리아 의 국제적 단결'을 호소했다. 모두 이승만을 돕던 인물들이었다. 바야흐로 독립운동의 방향이 사회주의 물결에 올라타는 흐름으로 완전히 바뀌고 있었다. 이승만이 "공산당의 당부당(當不當, 옳고 그름)"이란 글을 《태평양잡지》 1923년 3월호에 쓴 이유에는 바로 이런 배경이 자리 잡고 있었다. 좌절한 이승만의 역작이었다.

1921. 11. 11 워싱턴 군축회의 참석을 위해 구미위원부 청사를 외교 정장 차림으로 나서는 이승만과 서재필. 왼쪽의 이승만은 46세, 오른쪽의 서재필은 57세다.

워싱턴 군축회의 참석을 위해 현지에 도착한 이승만과 정한경이 환영 꽃다발을 목에 걸고 있다.
왼쪽의 정한경 30세.

33
'태평양잡지' 1923년 3월호,
이승만의 '공산당의 당부당(當不當)' 게재

'워싱턴 군축회의'라는 또 한 번의 실패를 맛본 임시대통령 이승만은 1922년 9월 조용히 하와이로 돌아왔다. 그리고 그로부터 2년 6개월 후인 1925년 3월 18일 임시의정원은 이승만을 탄핵했다. 그 사이 상해에서는 도대체 무슨 일이 벌어진 것인가? 이승만은 자신을 옥죄어 오는 공격에 아무런 대응도 하지 않았단 말인가? 복잡한 일들을 최대한 압축해 살펴보자.

이승만이 상해를 떠난 1921년 5월 이후에도 임시정부는 공산당 세력과 민족주의 세력 간의 소모적이고 지루한 싸움이 끝없이 이어지고 있었다. 이런 상황에서 민족주의 외교독립 노선이 총력을 기울인 '워싱턴 군축회의'가 1922년 2월 완전한 실패로 끝났다. 민심이 급격히 돌아섰다. 임시정부를 흔들던 '고려공산당 상해파'는 호기를 만났다. 이들은 이승만을 포함한 내각의 총사퇴를 끝없이 요구했다.

이들은 대부분 1922년 1월 23일 레닌이 모스크바에서 개최한 '극동민족(무산자)대회'에 참석한 세력이었다. 레닌의 지도하에 소련공산당은 1919년 3월 '국제공산당(국제공산주의 약칭 '코민테른' 혹은 '제3인터내셔널')'을 창건하고 전 세계에 공산국가를 확산하는 방법으로 피압박 민족의 해방을 강조했다. 이를 실천하는 수단으로 개최한 것이 '극동민족대회'였다. 이 회의 개최가 워싱턴의 실패와 맞물리면서 독립운동의 흐름은 공산주의에 올라타는 방향으로 급격히 바뀌었다.

이들은 '통일전선' 전략을 구사하라는 레닌의 지도를 받아 안창호 세력을 끌어들여 이승만을 축출하는 수순으로 1923년 1월 상해에서 '국민대표회의'를 개최했다. 그러나 이마저도 분열을 피할 수 없었다. 임시정부를 '완전히 새로 만들자'는 이른바 '창조파(고려공산당 이르쿠츠크파+북경 군사통일회의)' 대(對) '고쳐서 다시 쓰자'는 이른바 '개조파(고려공산당 상해파+여운형+안창호)'가 충돌했다. 천하의 레닌마저도 한인 공산주의 운동의 종특인 분열 유전자를 잠재울 순 없었다.

지친 개조파 일부가 만주로 돌아가면서 회의를 비토했다. 창조파는 '얼씨구나' 하며 1923년 6월 2일 소비에트를 모방한 새로운 국가를 만들었다. 그러나 창조파의 독단은 역풍에 휩싸였다. 고려공산당 이르쿠츠크파(소련파)를 제외한 모든 세력이 반대했다. 심지어 북경의 군사통일회의 박용만과 김창숙도 반대했다. 상해 임시정부 민족주의파의 반격도 이어졌다. 임시정부 내무총장 김구는 국민대표회의 해산을 명령했다. 한 마디로 '개판'이었다.

이 이전투구를 바라보며 하와이의 이승만은 자신이 발행하는 《태평양잡지》 1923년 3월호(31호)에 공산주의의 장단점을 논한 글 '공산당의 당부당(當不當, 옳고 그름)'을 발표했다. 이 글만이 아니었다. 태평양잡지 1924년 7월호에는 1920년 1월 6일 동아일보에 기고했다는[1] '사회·공산주의에 대

---

1) 김현태(《이승만 박사의 반공정신과 대한민국의 건국》 2016, 비봉출판사: 54쪽)는 "이 논설이 1920년 1월 6일 일본 총독부가 한국 최초로 발행을 허락한 일간 신문인 동아일보에 기고한 글을 《태평양잡지》

하여'를 재수록했고, 1925년 7월호에서도 다시 한번 '공산주의'라는 글을 발표했다(김현태, 2016, 《이승만 박사의 반공정신과 대한민국 건국》 비봉출판사, 52-54쪽).

세 글 가운데 가장 중요한 글이 '공산당의 당부당'이다. 이 글은 1917 년 레닌의 공산혁명이 러시아에서 성공한 지 6년이 지나면서 유럽을 포함한 전 세계가 공산주의라는 사탕발림에 속고 있을 때, 그리하여 독립운동의 대세마저 공산주의로 돌아서고 있을 때, 공산주의를 객관적으로 그리고 냉정하게 평가한 글이다. 비록 현실 정치에서 잠시 패배했지만, 미래를 내다보는 선각자 이승만의 통찰력이 빛나는 글이다.

공산주의는 이 글에서 이승만이 지적한 문제를 그대로 드러내며 결국 1989년 종말을 맞았다. 이승만의 Japan Inside Out이 6개월 후 일본의 미국 공격을 내다본 글이라면, '공산당의 당부당'은 소련 공산주의의 몰락을 66년 전에 내다본 글이다. 워낙 중요한 글이라 전문을 통째로 싣는다. 영어로 쓰였다면 레닌의 '공산당선언'을 최초로 그리고 완벽하게 무력화하는 국제적 텍스트가 되고도 남았을 글이다.

1924년 7월호에 전재한 것이다"라고 설명하고 있다. 그러나 동아일보 창간은 1920년 4월 1일이다. 그러므로 김현태의 설명은 앞뒤가 맞지 않는다. 그러나 다른 한편 《태평양잡지》 1924년 7월호 해당 글이 시작되는 12쪽에는 "사회공산주의에 대하여"라는 제목 바로 다음에 '이는 동아일보에 보낸 기서(기고한 글)를 조등(복사)함'이라는 안내가 붙어 있다(아래 《태평양잡지》 1924년 7월호 12-13 쪽 사진 참조). 필자는 동아일보 창간호부터 1925년 12월 31일까지 신문을 모두 확인했으나, 이승만의 '사회공산주의에 대한 기고문'을 발견할 수 없었다. 아마도 이승만의 기고문을 동아일보가 무슨 이유에서인지 알 수 없지만 실어주지 않았던 것으로 보인다. 당시 신문의 기사 구성으로 볼 때 원고의 분량이 신문에 싣기에는 너무 긴 것이 사실이다. 이승만은 자신의 원고가 당연히 동아일보에 실렸을 것으로 생각하여 저와 같은 안내문을 붙였던 것으로 짐작된다.

"공산당 주의가 이 20세기에 나라마다 사회마다 전파되지 않은 곳이 없어, 혹은 공산당이나 사회당이나 무정부당이라는 이름으로 극렬하게 활동하기도 하고, 혹은 자유권이나 평등권의 이름으로 부지 중 전파되기도 하여, 전제 압박하는 나라나 공화·자유하는 백성도 그 풍조의 영향을 받지 않은 자가 없도다.

공산당 주의도 여러 내용이 있어서 그 의사가 다소간 서로 같지 아니하나 보통 공산당을 합하여 논의해보면, 그 주의가 오늘 인류사회에 합당한 것도 있고 합당치 않은 것도 있으므로, 이 두 가지를 비교하여 이 글의 제목을 '당부당(當不當, 옳고 그름)'이라 하였다. 우선 그 합당한 것을 먼저 말하고자 한다.

인민의 평등주의다. 옛적에는 사람을 반상(班常)으로 구별하여 반(班)은 귀(貴)하고 상(常)은 천(賤)하므로 반은 의례히 부(富)하고 상은 의례히 빈(貧)하여 서로 바뀌지 않도록 구분하여 방한(防閑: 못하게 하는 범위)을 정하여 놓고, 영영 이와같이 만들어서, 양반의 피를 타고난 자는 병신·천치라도 윗사람으로 모든 상놈을 다 부리게 하고, 피를 잘못 타고난 자는 영웅·준걸의 재질을 타고났을지라도 하천한 대우를 면치 못하였으며, 또한 노예를 만들어 한번 남에게 종으로 팔린 자는 대대로 남의 종으로 팔려 다니며 우마(牛馬)와 같은 대우를 벗어나지 못하게 하였다.

이와같이 여러 천년을 살아오다가 다행히 프랑스혁명과 미국의 공화(共和)제 이후로 이 사상이 비로소 변하여 반상의 구별을 혁파하고 노예의 매매를 법률로 금하였으니, 이것은 서양문명의 사상이 발전된 결과로서 만세 인류의 무궁한 행복을 가져오게 하였도다.

그러나 근대에 이르러 반상의 구별 대신에 빈부의 구별이 스스로 생겨서 재산 가진 자는 이전 양반 노릇을 여전히 하며 재물 없는 자는 이전 상놈 노릇을 감심(甘心: 달게 여김)하게 되었다. 그런즉 반상의 명칭은 없어졌으나 반상의 등분[차별]은 여전히 있어서 고금에 다를 것이 별로 없도다.

하물며 노예로 말하면 법률로 금하여 사람을 돈으로 매매는 못하게 하였으나, 월급이라 하는 보수 명의로 사람을 사다가 노예같이 부리기는 마찬가지라. 부자는 일 아니하고 가난한 자의 노동으로 먹고살며 인간행락(人間行樂)의 모든 호강 다 하면서, 노동자가 버는 것으로 부자 위에 더 부자가 되려고 월급과 삯전을 점점 깎아서 가난한 자는 호구지계(糊口之計)를 잘 못하고 늙어 죽도록 땀 흘리며 노력하여도 남의 종질로 뼈가 늘어나도록 사역하다가 말 따름이요, 그 후손이 태어나더라도 또 그렇게 살 뿐이니, 이 어찌 노예 생활과 다르다 하겠는가. 그러므로 공산당의 평등주의가 이것을 없이하여 다 균평하게 하자 함이니, 어떻게 이것을 균평히 만들 것인가 하는 문제는 또 다른 문제이거니와, 평등을 만들자는 주의 자체는 옳은 일이니 이는 적당한 것이라 할 수 있다.

공산당 주의 중 부당한 것을 논의하면 다음과 같다.

(1) 재산을 나누어 가지자 함이니, 모든 사람의 재산을 토지 건축 등 모든 부동산까지 합하여 평등하게 나누어 차지하게 하자 함이니 이것은 가난한 사람은 물론 환영하겠지만 토지를 나누어 가진 후 게으른 사람들이

농사를 아니 하든지 일을 아니 하든지 하여 토지를 다 버리게 되면 어찌하겠는가. 부지런한 사람들이 부지런히 일하여 게으른 가난장이를 먹여야 할 것이요, 가난장이는 차차 숫자가 늘어서 장차는 저마다 일 아니 하고 얻어먹으려는 자가 나라에 가득할 것이다.

(2) 자본가를 없이 하자 함이니, 모든 부자의 돈을 합하여 공동으로 나누어 가지고 살게 하면, 부자가 양반 노릇하는 폐단은 막을 수 있겠지만 재정가[기업인]들의 경쟁이 없어지면 상업과 공업이 발달하기 어려우리니, 사람의 지혜가 막히고 모든 기기미묘한 기계와 연장이 다 스스로 폐기되어 지금 이용후생하는 모든 물건이 다 진보되지 못하며, 물질적 개명이 중지될지라. 자본을 폐기하기는 어려우리니 새 법률을 제정하여 노동과 평등한 세력을 가지게 하는 것이 나을 터이다.

(3) 지식계급을 없이하자 함이니, 모든 인민의 보통 상식 정도를 높여서 지금의 학식으로 양반 노릇하는 사람들과 대등하게 되고자 하는 것은 가능하거니와, 지식계급을 없이 하자 함은 불가하다.

(4) 종교단체를 혁파하자 함이라. 자고로 종교단체가 공고히 조직되어 그 안에 인류 계급도 있고, 토지 소유권도 많으며, 그 속에서 인민 압제와 학대를 많이 하였나니, 모든 구교 숭배하던 나라에서는 이 폐해를 다 알지라. 그러나 지금 새 교회의 제도는 이런 폐단이 없고 겸하여 평등 자유의 사상이 본래 열교확장(裂敎擴張) 되는 중에서 발전된 것이라. 교회 조직을 없이 하는 날은 인류덕의(人類德義) 상 손해가 지대할 것이다.

(5) 정부도 없고 군사도 없으며 국가사상도 다 없이 한다 함이라. 이에 대하여는 공산당 속에 서도 이견이 많을뿐더러, 지금 공산당을 주장한다는 러시아만 보아도 정부와 지도자와 군사가 없이는 부지할 수 없는 사정을 자기들도 다 아는 바이다. 다 설명을 요구치 않거니와 설령 세상이 다 공산당이 되며, 동서양 각국이 다 국가를 없이하여 세계적 백성을 이루며, 군사를 없이 하고 총과 창을 녹여서 호미와 보습을 만들지라도, 우리 한인은 일심단결로 국가를 먼저 회복하여 세계에 당당하게 자유국을 만들어 놓고 군사를 길러서 우리 적국의 군함이 부산 항구에 그림자도 보이지 못하게 만든 후에야, 국가주의를 없이할 문제라도 생각하지, 그 전에는 설령 국가주의를 버려서 우리 이천만이 모두 다 밀리네어(백만장자)가 된다 할지라도 우리는 원치 아니할지라.

우리 한족에게 제일 급하고 제일 긴하고 제일 큰 것은 광복사업이라. 공산주의가 이 일을 도울 수 있으면 다 공산당 되기를 지체치 않으려니와 만일 이 일에 방해될 것 같으면 우리는 결코 찬성할 수 없노라."

1923년 3월 《태평양잡지》(31호) 표지. 표지의 한문 글씨는 이승만 친필(출처: 김현태, 2016, 《이승만 박사의 반공정신과 대한민국 건국》 비봉출판사, p. 272).

공산당의 당부당

미쥬남가쥬대학　한치진 (긔셔)

날에게 넘나 팡모치 못ᄒ니 이에셔 더 위홈홈이 쓰
잇스며 그 티히가 엇더ᄒᆫ가 동포쳥년들이어 반쟝을
덥자고타도 어셔 꿈부잘ᄒ야 간나마의 죵이 만히생
김율 바다고 이만—

공산당 쥬의가 이 二十셰긔에 나라마다 소회마
다 안이젼파된곳이 업서 공산당이라 샤회당이
타 부졍부당이라 ᄒᆞᄂᆞ 명목으로 극렬ᄒ게 활동ᄒ기
도ᄒ며 혹은 쥬유권 평둥쥔의 명의로 부디 즁젼엄ᄒ
기도 ᄒᆞ야 젼졔압박ᄒᆞᄂᆞ 나라에나 공화쥬유ᄒᆞᄂᆞ 티
셩이나 그 풍죠의 츅간을 밧지안은쟈—업도다
공산당ᄒᆞ도 여러부분이 잇서 그 의소가다소간
셔로 갓지안이ᄒ나 보홍 공산당을 합ᄒ야 외돈ᄒᆞ면

인민의 평둥쥬의라 넷젹에는 사ᄅᆞᆷ울 반상으로구
별ᄒᆞ야 반은 귀ᄒ고 상은 친홈으로 반은 외례히 귀
ᄒ고 부ᄒᆞ며 상은 의례히 쳔ᄒᆞ며 빈ᄒᆞ야 셔로 번둉
치못ᄒ게 동분으로 방한을 영ᄒ여 놋코 영영이ᄭ갓
치 만둘어셔 양반의 피룰 라고ᄂᆞᆫ쟈ᄂᆞ 병신친치라도
옷사름으로 모든 상놈을 다 부리게 마련이오 피둘
잘못라고난쟈ᄂᆞᆫ 영웅쥰걸의 져질을 랏슬지라도하쳔
호디우룰 면치못ᄒ엿스며 쏘호 노예룰 마련ᄒᆞᆷ야ᄒᆞ
빈 남의게 죵으로 팔니쟈ᄂᆞᆫ 디디도 놈의 즁으로 필
너다니며 우마와 갓혼 디우룰 비셔나지못ᄒ게 마련
이라 이와갓치 여러구넘율 살아오다가 다힘ᄒᆞ 범국
혁명과 미구기 꿈화둘 세운 이후도 이 소상이 비도
소 번ᄒᆞ야 반상의 구넘율 이거시 셔양문명의 민ᄆᆞᆯᄆᆞᆯ
돌도 김ᄒᆞ엿스니 이거시 셔양문명의 소상반졀된 길
파라 만세인류의 무궁ᄒ 힘복을 세치기 ᄒᆞ엿도다

그러나 근디에 이르러 보젼디 반상의 구별디신

십삼 그 쥬의가 오날 인둑 소회에 합당ᄒ것도 합
당치안운것도 잇승으로 이 두가지룰 비교ᄒ야 이글
의 졔목윤 당부당이라 ᄒ엿ᄂᆞ니 그 합당ᄒᆞᆺ것가지
롤 몬져ᄯᅥ풀어 말ᄒᆞᆷ진디

《태평양잡지》 1923년 3월호(31호) 16쪽 '공산당의 당부당' 텍스트 이미지.

공산주의가 부당한 5가지 이유

1. 재산을 나누어 가지자 - 게으른 가난뱅이가 늘어난다.
2. 자본가를 없애자 - 지혜와 상공업 발달이 정지된다.
3. 지식계급을 없애자 - 모든 이들이 우매해진다.
4. 종교를 혁파하자 - 덕과 의가 타락한다.
5. 정부와 군사와 국가사상을 다 없애고 소련만 믿으면 결국 배반당한다.

이승만이 지적한 '공산당의 부당함'을 정리한 인포그래픽 이미지(출처: 인터넷)

34
1925년부터 1932년까지,
이승만 인생 최악의 시기를 건너다

1925년부터 1932년까지 이승만은 인생 최대의 수난기를 보내고 있었다. 고려공산당 상해파가 장악한 임시정부가 1925년 3월 이승만을 탄핵하고, 그로부터 7년 후인 1932년 11월 김구의 한국독립당이 장악한 임시정부가 다시 이승만을 '국제연맹 총회 대한민국 임시정부 특명전권 수석 대표'로 임명하기까지 이승만은 길고 긴 고난의 터널을 지났다. 나이로 치면 50부터 57까지다. 무엇이 그를 힘들게 만들었는가?

상해에서 자신을 비토하는 상황이 무르익어가는 모습을 보면서, 그는 하와이의 주도권은 물론 미주 독립운동에서의 위상을 지키기 위해 1924년 11월 '하와이한인대표회'를 개최했다. 공산주의자들이 자신을 축출하는 수순으로 개최한 1922년 1월 레닌의 모스크바 극동민족대회, 그리고 이를 이어받은 1923년 1월 상해의 '국민대표회의'에 대항하기 위한 비슷한 방식의 회합이었다.

이승만은 하와이 복귀 직후인 1921년 7월부터 가동하기 시작한 자신의 조직 '대한인동지회'를 본격적으로 활성화시켜, 통일전선 전략을 구사하며 자신을 공격하는 공산주의자들로부터 스스로를 방어하고자 했다. 미주 전체를 대상으로 24개 지역조직을 갖춘 대한인동지회는 물론이고 한인기독학원, 한인기독교회, 태평양잡지사, 대한부인구제회, 하와이대한인교민단(교민총단) 등 이승만이 설립을 주도한 모든 단체들이 총동원됐다.

'하와이한인대표회'에 참여한 단체 가운데 성격이 다른 단체는 딱 하나 '교민총단' 뿐이었다. 교민총단은 "이승만이 상해에서 임시대통령으로 재임하던 1921년 3월 상해 임정의 내무부령 제4호 '임시교민단제'에 의하여 종래의 '하와이국민회'를 개명·개편한 것으로, 1925년부터 구미위원부 산하 단체로 위상을 바꾼" 단체다(유영익, 2019, 《이승만의 생애와 건국 비전》 청미디어, p. 144). 다시 말해 이 단체는 원래 안창호 조직이었는데, 이승만이 접수한 단체였다.

'하와이한인대표회'를 거치며 이승만은 대한인동지회 '총재'가 됐다. 즉 장악력을 높였다. 한편 '동지회'는 이 모임을 통해 상해 임시정부와 달리 '비폭력주의'를 표방하면서 동포들의 '경제력향상'에 주력하는 활동을 하기로 결의했다. 그 결과 1925년 12월 이승만은 동지식산회사(同志殖産會士, The Dongji Investment Company: Limited)를 설립했다. 1주에 100불짜리 주식 300주를 모은 자본금 3만 불로 시작한 주식회사다.

이 돈으로 이승만은 하와이 군도의 남쪽 끝에 있는 가장 큰 섬(Big Island, 하와이 섬)의 작은 도시 힐로(Hilo)의 배후지 땅을 구입하고 '동지촌'이라는 농장을 개척하기 위해 한인 노동자 약 30명을 유치했다. 농사를 짓고, 숯을 굽고, 목재를 가공하는 사업을 추진했다. 미군에 납품할 요량이었으나, 불량으로 모두 실패했다. 이에 더해 1929년 시작된 미국의 대공황은 이승만의 사업에 결정타를 날렸다. 부채를 양산한 동지식산회사는 마침내

1931년 4월 폐업하지 않을 수 없었다. 이민 1세대 노후자금을 투자한 사람들 돈이 모두 사라진 셈이었다. 투자하지 않은 사람들도 이승만에 대한 믿음이 전과 같지 않게 되었다. 치명적이었다.

이 상황은 1930년 1월 개최된 하와이 교민총단 선거에서 이승만이 지지하는 후보의 낙선으로 이어졌다. 1915년 이후 처음 있는 일이었다. 이승만이 공을 들여 접수한 안창호 조직은 결국 다시 안창호에게 돌아갔다. 타협을 모르는 이승만은 이 패배를 돌파하는 방법으로 교민사회의 분열을 해소해야 한다며 자신의 적극적 반대파와 통합을 모색했다.

이승만에게 가장 적대적이던 박용만 계열의 '대조선독립단'이 가장 먼저 동의했다. 이 단체의 지도자 박용만이 중국에서 의열단 김원봉의 부하 이해평에게 1928년 10월 17일 피살되었기 때문이다(이원순, 1989,《세기를 넘어서》신태양사, pp. 176-8). 존폐위기에 놓인 독립단이 이승만에게 호의를 보이자, 교민총단도 통합에 동의했다. 마침내 1930년 7월 '동지회 미주 하와이 대표회(동지미포대회 同志美布大會)'를 개최해서 통합을 선포하는 일정이 만들어졌다.

당시 상황을 오정환(2022: 248-9)은 다음과 같이 묘사한다. "이승만은 신이 났다. 행사 준비를 위해 미국 본토에서 동지회 간부들을 여럿 불러왔다. 그의 최측근이었던 '김현구'는 이미 몇 달 전 하와이에 와 있었다. 김현구는 워싱턴 구미위원부에서 수년간 일하며 이승만의 신임을 얻은 사람이었다. 이승만은 그에게 하와이 교민총단 서기 겸 국민보 주필, 동지회 지방회장, 태평양잡지 편집인 등 여러 중책을 맡겼다. 김현구는 '지도자에게 복종하는 정신을 함양하자'고 연설할 정도로 충성을 다짐했다. 이승만은 동지회 시카고지부 대표 '김원용', LA 지부 대표 '최영기'도 불러왔다.

그리고 새로 부임한 한인기독교회 목사 '이용직'까지 네 사람에게 미포대회 진행을 맡겼다." 미포대회는 성황을 이루며 대성공을 거뒀다.

그러나 성공과 동시에 위기가 들이닥쳤다. 미포대회를 진행하며 이승만을 돕던 네 사람이 거의 동시에 모두 이승만을 배신했기 때문이다. 이용직은 독립교회인 한인기독교회를 이승만의 뜻에 반해 하와이 성공회 감독교회로 넘기며 건물을 신축하고자 했다. 교민총단의 손덕인 단장 또한 청년회 활동의 주도권을 놓고 이승만의 동지회와 갈등했다. 이 난국을 타개하기 위해 이승만은 국민보에 자신을 돕는 글을 써 달라고 측근인 김현구에게 부탁했다. 그러나 김현구가 실은 글은 이승만의 '독재'를 비판하는 글이었다. 본토에서 이승만을 돕기 위해 넘어온 김원용과 최영기마저 김현구 편을 들며 이승만은 순식간에 사면초가로 몰렸다.

이승만 열혈지지자인 동지회의 이원순, 김노디, 정태하 등이 나섰다. 이들은 1931년 1월 교민총단에 진입해 건물을 점령하고 김현구를 파면했다. 선거를 새로 해서 교민총단의 지도부를 교체했다. 밀려난 교민총단 구 지도부는 동지회를 상대로 법정 싸움을 시작했다. 한인기독교회 내분도 결국 법정으로 갔다. 1931년 내내 지속된 두 건의 법정투쟁에서 하와이 법원은 모두 동지회 패배를 확정했다.

동지회원 숫자가 줄어들면서 하와이는 '이승만의 동지회'와 '안창호의 국민회'로 다시 양분되었다. 하와이를 통일한 지도자 이승만의 신화는 무참히 깨지고 말았다. 이 모든 일은 결국 동지식산회사가 실패하면서 비롯된 일이었다. 물론, 보다 더 근본적으로는 상해의 공산주의자들이 이승만을 몰아내는 과정에서부터 비롯된 일이기도 했다. 실망한 이승만은 1931년 11월 21일 하와이를 떠나 미 본토로 갔다. 상해 임시정부와 관계를 복원하고 1933년 1월 제네바 국제연맹 회의 전권대사로 파견되어 모스크바까지 여행하면서도 이승만은 하와이로 돌아오지 않았다.

당시 하와이에서 이승만을 배신한 4인방 가운데 두 사람은 두고두고 이승만을 괴롭히는 글을 남겼다. 김현구는 "The Writings of Henry Cu Kim: Autobiography with Commentaries on Syngman Rhee, Pak Yong-Man, and Chong Sun-man"라는 제목이 붙은 영어 글을 남겼다. 김현구가 남긴 육필원고를 서대숙 교수가 편집해서 1987년 하와이대학이 출판했다. 이름이 각기 '만'으로 끝나는 세 인물 즉 '이승만, 박용만, 정순만'에 관한 코멘트를 단 자서전 성격의 글이라, 국내에서는 '3만전'이라고도 불린다.

김원용이 남긴 글은 《재미한인50년사》라는 책이다. 1959년 김원용이 필사본으로 출판한 책을 2004년 손보기가 편집해서 혜안 출판사가 펴냈다. 두 책 모두 1930년 전후 이승만의 측근에서 적으로 돌변한 자신의 모습을 정당화하는 책이다. 그만큼 이승만에게는 불리한 책들이다. 이승만을 헐뜯는 오늘날의 문헌은 모두 이 두 책을 원조로 삼고 있다. '뒤끝작열' 인 책들이라 하지 않을 수 없다.

김성률의 동지식산회사 주식(1928, Richard Kim 소장).
출처: 미주 한인을 위한 사이트 홈페이지(https://mehansa.com/p280/32784)

The Writings
of Henry Cu Kim:

Autobiography with Commentaries
on Syngman Rhee, Pak Yong-man, and
Chŏng Sun-man

Edited and Translated, with an Introduction, by
Dae-Sook Suh

Paper No. 13
University of Hawaii Press
Center for Korean Studies
University of Hawaii

History of the Korean People in American

재미한인 50년사

김원용 지음 · 손보기 엮음

이승만을 두고두고 괴롭히는 두 권의 책(책 설명 본문 참조).

35
이승만 연구의 보물단지, 1985년 이상수가 저술한 '송철 회고록'

이번 글에서는 이승만에 대한 비난을 바로잡는 자료로 매우 중요하지만, 지금까지 별 주목을 받지 못한 '회고록' 하나를 소개하고자 한다. 다름 아닌 이상수 교수가 1985년 미국 출판사 'Keys Ad. & Printing Co.'에서 한글로 출판한 《송철 회고록》이다. 이 책은 앞으로 해야 할 이승만 재평가 작업이 반드시 참고해야 할 중요한 내용을 많이 담고 있다. 교차 검증을 통해 이 책에 제시된 이승만의 진실이 그리고 애초부터 이승만을 폄훼했던 집단의 거짓과 위선이 확인되어 이승만 복권의 가속페달이 힘차게 돌기를 바란다.

우선, 책의 주인공 송철 그리고 책을 쓴 이상수는 어떤 사람인지 알아보자. 송철(1894~1986)은 1994년 건국훈장 애국장을 받은 독립운동가로 미주 독립운동과 한인사회 발전에 크게 기여한 인물이다. 금산 출신인 송철은 1917년 미국에 건너가 1921년부터 이승만이 설립한 '대한인동지회'에 적극 참여해 배신하지 않고 끝까지 이승만을 도운 사람이다. '대한인동지회'와 엄청난 갈등을 겪었던 '대한인국민회' 기념재단 홈페이지조차 2024

년 현재 그를 "평생 이승만 박사의 독립운동을 적극 후원한 송철"이라 소개하고 있는 사실은 의미심장하다.

미주 독립운동 초기 이승만을 돕다가 나중에 배신한 사람들은 무수히 많다. 이들 중 가장 대표적인 사람을 꼽으라면 단연 김현구와 김원용이다. 이 두 사람은 두고두고 이승만을 괴롭히는 저작까지도 각자 남겼다. 이 글 34회분 "1925년부터 1932년까지, 이승만 인생 최악의 시기를 건너다"에서 필자는 이들의 책에 관한 이야기를 자세히 담았다. 그러나 《송철 회고록》은 '뒤끝 작렬'인 이 두 권의 책과 완전히 반대되는 내용을 담고 있어 주목할 만하다.

책의 저자 이상수 교수는 1937년생 경북 경산 출신으로 책을 출판할 당시 48세였다. 2024년 현재 살아 있다면 87세다. 계명대 사학과, 연세대 대학원 사학과, 칼빈신학교를 차례로 졸업한 그는 미국으로 넘어가 신학 박사 학위를 받은 후 다시 정치사상사 박사과정을 이수한 다음 귀국해 국민대 조교수를 역임했다. 그 후 다시 미국으로 건너간 그는 책 출판 당시인 1985년까지 명맥을 유지한 '대한인동지회' 총무로 활동하며 책을 썼다.

'저자의 말'에서 이상수는 "송철 선생님은 본인이 세상을 떠나기 전에 리승만 박사를 모시고 독립운동을 하였던 동지회의 지난 일들을 사실 그대로 남기고 싶다고 간곡히 부탁하였다… 송철 선생은 미주 독립운동의 범 독립운동 단체인 연합회의 재무, 동지회 만년 재무, 한인회 회장 및 이사장, 미주 한국인 학교 창설자, 미주 반공연맹 회장 등 명실공히 미주 한인사의 산 증인이다"라고 밝혔다(3쪽).

책에는 또한 프란체스카 여사의 '추천사'도 실려 있다. "송철 씨는 고(故) 리승만 박사와는 끊을래야 끊을 수 없는 특별한 관계를 가지신 분이다. 리승만 박사가 워싱톤 구미위원부에서 독립운동을 하고 있을 때 송철 씨는 동지회의 총회장과 만년 재무를 맡아 보면서 독립운동 자금을 지원하는 데 심혈을 기울여 왔다"고 증언했다(5쪽).

이 회고록은 이승만과 안창호가 겪은 갈등에서 지금까지 알려지지 않은 내용을 담고 있어 매우 흥미롭다. 최근 펜앤마이크 김용삼 기자가 이 책 내용을 인용하며 이승만과 갈등했던 안창호를 '횡령범 그리고 지역감정에 앞장선 인물'로 묘사하는 칼럼 "독립투사 안창호의 또 다른 얼굴"을 대구 매일신문에 신자 엄청난 소동이 벌어지기도 했다(오마이뉴스, 이영일 기자, "안창호가 암살대 조직했다? 뉴라이트 글 실었다 삭제한 신문" 2024년 1월 31일).

《송철 회고록》은 전체 470쪽 분량이다. 이중 미주 한인을 위한 사이트 '미한사'는 홈페이지에 2024년 2월 25일 현재 책 287쪽까지 텍스트를 연재해 누구나 접근하도록 공개하고 있다. 2019년 12월부터 2020년 12월까지 40회에 걸친 연재물이다(https://mehansa.com/p282). 또한 '이승만학당' 소식지 '이승만포스트'도 2023년 10월, 11월, 12월 3회에 걸쳐 책 내용을 연재해 공개하고 있다. 2024년부터 새로 개편한 '뉴스레터'에 연재를 계속할 계획이다.

여기서는 《송철 회고록》의 가장 뜨거운 주제 두 가지에 관한 텍스트 일부만 소개한다. 먼저, 안창호의 공금횡령 부분에 관한 내용이다.

"[안창호의] 공립협회가 세워진 그 이듬해인 1906년 4월 18일 상항(桑港, 샌프란시스코)에서는 대지진이 일어나서… 공립협회 회관의 소실을 비롯해서 재미 상항 동포들에게 피해를 많이 입힌 일이 있었다. 우리 한국 왕실에서는 이재민 구호금으로 일금 3천 원을 일본 영사관을 통하여 보냈다. 여기서는 미국 이민국의 뜨루(Drew)에게 전하였다. 뜨루는 이 당시에 한인단체로는 공립협회가 유일무이한 정치성을 띤 단체이었으므로 도산 선생에게 이 거금을 전달했다. 도산 선생은 이 돈을 공개해서 동포들에게 나누지 않고 혼자서 가로채었다(68쪽).

상항 한인 감리교회… 문경호 전도사는 한국 왕실에서 재해민 구호금 이 왔다는 말을 늦게서야 전해 듣고는 일본 영사관에 갔다… 일본 영사관 과 미국 이민국에서는 공렵협회의 안창호에게 어찌해서 그 돈을 한인사회 에 골고루 나누지 아니하였느냐에 대해서 엄중히 문책을 하였다. 여기에 앙심을 품었던 도산은 공립협회로 문경호 전도사를 불렀다. 도산은 문 전 도사가 공립협회에 들어서자 좌우에 여러 사람들이 있는 앞에서 그의 설 명조차 들음 없이 '왜놈 돈이 그렇게나 탐나고 좋더냐'면서 뺨을 수없이 후려갈겼다. 흠씬 얻어맞은 문 전도사는 피가 범벅이 된 채 그 자리를 물 러서지 않으면 안 되었다(68-69쪽)."

다음, 1908년 3월의 스티븐슨 사건과 관련해 오해받고 있는 이승만의 행적에 관한 기술도 살펴본다.

"대동보국회의 총회장 문양목 씨는 창립회원인 장인환 의사가 친일파 스티븐슨을 암살하여 살인죄로 기소되었을 때 구명운동에 누구보다 앞장 을 서야 했었다(220쪽)… 리승만 박사는 대동보국회 총회장 문양목 씨의 혈 서로 보낸 편지를 읽고서 하버드 대학의 공부를 잠깐 중단하고 상항으로 속히 내도(來到)했다. 먼저 리 박사는 유명한 변호사들을 물색했다. 그랬더 니 카컬린, 파웰, 베렙 등이 우리 민족의 비운을 동정하고 그리고 장인환 의사의 애국충정에 동정하여 무료 변론을 자청하고 나왔다(221쪽)…

이승만 박사는 일본의 악랄한 행동에 대해 자기의 모든 지혜와 지식, 그리고 노력을 다 바쳐 승소를 위해 뛰었다. 장인환 의사가 재판석상에서 답변을 요령 있게 하도록 했고 또한 그 답변을 자기의 통역으로 열변을 하였다(222쪽)… 리승만 박사는 무료 변론을 자청한 변호사들에게 한국의 역사와 현재 참상을 설명하고 이것을 세계인의 공명정대한 양심과 여론에 호소하도록 하였다 (222쪽)…

아직도 재판이 계속되고 있을 무렵 리승만 박사는 다음 9월 학기 공부를 위해서 상항에서 하버드 대학으로 향해 떠나야 했다. 그러기 위해서 리박사는 자기가 상항에 없어도 조금도 장인환 의사 재판에 나쁜 영향이 미치지 않도록 모든 준비를 해두었다… 통역은 나성(羅城, LA) 남가주대학교(U of Southern California)에서 공부하고 있는 신흥우 씨에게 부탁을 했다. 신흥우 씨는 일찍이 구한말에 리승만 박사와 옥중 동지로 안면이 있었던 고로 아주 친숙한 사이였다(224쪽)."

이 글이 믿어지지 않으면 박종인 기자가 조선닷컴 인터넷판에 실은 "황현필의 25가지 과오, 2번째: 이승만은 장인환과 전명운의 변호를 거부했다"는 기사도 참고하시라.

이상수 박사가 1985년 출판한《송철 회고록》표지. 이승만 대통령이 한미 정상회담을 마치고 1954년 7월 LA를 방문했을 때 사진을 표지로 썼다. 대통령을 가운데 두고 뒤 편에 좌우로 보이는 인물이 송철 그리고 그의 부인 로즈 이(Rose Lee)다. 책 출판은 Keys Ad. & Printing에서 했다.

대동보국회 회장 문양목 등 간부 5명이 1907년 이승만에게
지도자가 되어 달라고 보낸 혈서 편지의 첫 장 모습이다(출처:
연세대학교 이승만연구원).

36

1933년 제네바 국제연맹 회의 활동,
이승만 독립외교의 금자탑

만주국(滿洲國)은 1932년부터 1945년까지 일본이 후원해 만주에 만들어진 국가다. 1905년 러일전쟁에서 승리한 일본은 남만주에 철도를 건설하고, 이를 보호한다는 명목으로 만주에 관동군(關東軍)을 주둔시키며 세력 확장을 도모했다. 만주의 토착군벌 장작림(張作霖)은 일본의 후원을 받으며 중국 국민당 정부 장개석(蔣介石)의 북벌(北伐)에 대항했으나, 이용가치가 더 이상 없다고 여긴 일본에 의해 폭살 당하고 만다.

이로 인해 장작림의 아들 장학량(張學良)은 중국 국민당과 손잡고 일본에 저항했다. 이에 자극받은 일본 군부는 아예 만주를 식민지화하여 자원과 물자를 보급하는 병참기지로 만들고자 했다. 관동군 중심으로 만주침략 계획을 수립한 일본은 1931년 9월 봉천(奉天) 외곽의 유조호(柳條湖)에서 관동군 관할인 만주철도를 스스로 파괴하고, 이를 중국의 소행이라고 트집 잡아 군사행동을 개시했다.

관동군의 전격적인 군사작전으로 만주 전역을 장악한 일본은 1932년 3월 1일 꼭두각시 국가인 만주국을 세웠다. 1912년 신해혁명으로 폐위(廢

位)된 청의 마지막 황제 부의(溥儀, 푸이)를 만주국의 형식적 지도자로 내세우고, 수도를 신경(新京·長春)으로 하여 요녕(遼寧)·길림(吉林)·흑룡강(黑龍江)·열하(熱河) 4성(省) 주민 약 3천만 명을 통제하는 위성국가를 세웠다. 이 시점에 만주로 이주한 한인(韓人)의 규모는 이미 100만 명을 넘어서고 있었다.

중국은 국제사회에 일본의 만주침략이 부당하다고 호소했다. 이에 따라 국제연맹(League of Nations)은 영국인 리튼(Lytton)을 단장으로 미국·독일·이탈리아·프랑스·영국 대표 각 1인이 참여하는 6인 위원회를 구성해 현지 조사를 실시했다. 이 조사단이 1932년 10월 만주 문제에 관한 최종 보고서 "중국 정부의 항의(Appeal by the Chinese Government, 일명 Lytton Report)"를 국제연맹 이사회에 제출했다.

1933년 2월 24일 제네바에서 열린 국제연맹 본회의는 이 보고서를 기초로 일본군의 만주 철병(撤兵)과 만주에 대한 중국의 주권(主權)을 확인하는 결의안을 채택했다. 일본은 이에 반발해 같은 해 3월 27일 국제연맹을 탈퇴했다. 이후 일본은 본격적으로 전시(戰時)체제로 전환하여 1937년 중일(中日)전쟁 그리고 1941년 태평양전쟁을 차례로 일으켰다.

이승만은 이 국제연맹 회의를 활용해 한국의 독립이 필요함을 국제적으로 알리기 위해 1933년 1월 5일부터 제네바로 넘어가 '대한민국 임시정부 제네바 국제연맹 회의 전권대사' 자격으로 적극적인 활동을 전개했다. 그는 한국의 독립이 만주 평화의 핵심이라는 주장을 담은 "만주의 한인들(The Koreans in Manchuria)"이라는 영문(英文) 소책자를 만들었다. 출판은 대한민국 임시정부 파리주재 외교특파원 서영해가 운영하는 고려출판사(Agence Korea)가 맡았다.

전체가 35쪽 분량인 이 소책자는 표지 상단에 '이승만 박사가 논평을 붙인 리튼 보고서 발췌(Extracts from the Lytton Report with Comments by Dr. Syngman Rhee)'라는 부제(副題)를 달고 있다. 이승만은 이 소책자 머리말에서 출판 이유를 다음과 같이 밝혔다. "이 소책자의 목적은 중국과 일본 간의 갈등에 대한 의사결정을 하기 위해 국제연맹 회의에 참가한 각국 대표, 언론, 그리고 억압받는 사람들을 위해 정의의 편에 서고자 하는 모든 사람과 단체들이 극동의 문제에 대해 올바른 해결책을 마련하는 데 중요한 쟁점이라고 '리튼보고서'가 지적하고 있는 '한인문제'에 주의를 기울이도록 함이다."

이승만은 국제연맹 사무국이 이 소책자를 각국 대표들에게 배포토록 하는 한편, 관련된 언론 인터뷰를 적극 수행해 국제사회의 관심을 끄는 데 성공했다. 제네바를 여행 중이던 평범한 오스트리아 여성 '프란체스카'도 신문을 보고 이승만의 활동을 알게 되어 결국 지지하게 되었다. 이승만의 활동이 평범한 사람들에게도 이런 영향을 미쳤으니, 전문가들 사이에서는 더 말할 필요도 없다.

이승만은 이 소책자에서 한국과 만주 문제는 분리가 불가능하다는 설명으로 시작해, 만주에 이주한 한인의 규모, 이들의 이주 사유, '만보산 사건'으로 대표되는 한인과 일본인 및 중국인과의 갈등, 갈등의 배경이 되는 국적 문제, 그리고 이 모든 일의 근본적 배경으로 자리하고 있는 만주에 대한 일본의 이해관계를 설명하고, 또한 이 때문에 일본이 일으킨 여러 비인도적 만행과 군사적 첩보활동까지도 낱낱이 까발렸다.

이승만이 일본의 만주지배에 관해 제기하는 문제는 《국역 이승만 일기》(2015)에서도 생생하게 확인된다. 1933년 1월 13일 일기는 주 제네바 미국 영사 길버트와 대화한 내용을 기록했다. "1910년 강대국들은 일본의 세계 정복 계획을 알지 못했다. 단지 한국을 희생하면 일본이 이에 만족하고 만주에서 개방정책을 펼칠 것이라고만 믿었다. 그러나 언젠가는 전 세계가 속았다는 것을 알게 될 날이 오리라는 것을 (나는) 알고 있다. 이제 지구상의 모든 나라가 한국은 일본의 침략 야욕의 첫 번째 단계이고, 만주가 다음 단계이며, 이것이 결코 끝이 아니라는 사실을 분명하게 알게 될 것이다."

1933년 2월 4일 일기는 국제연맹 노르웨이 대표 랭 박사와 대화한 내용을 담고 있다. "일본은 만주국이 일본에 의해서가 아니라 일부 한인들을 포함해 서류에 서명한 사람들에 의해 세워졌다고 주장하면서, 국제연맹 내에서는 물론 전 세계에 '리튼보고서'가 틀렸다는 인상을 심어주기 위해 온갖 수단을 다 동원하고 있다. 나는 이러한 일본의 서류를 반박할 증거를 가지고 있다. 이를 국제연맹에 제출하려고 하는데 뉴스의 가치를 지니게 될 준 공문 자격으로 제출하기를 원한다. 사무국이 이 책자를 회원국에게 배포하게 하려면 중국보다는 다른 나라가 나서는 것이 효과적일 것이다."

1932년 만주국 건국 이전의 만주는 이승만이 "The Koreans in Manchuria"에서 지적한 것처럼 중·일 및 러·일의 갈등과 그 틈을 이용한 한인들의 무장 독립운동이 전개되던 공간이었다. 만주의 무장독립운동은 특히 3·1운동 직후인 1920년 청산리 및 봉오동 전투에서 성과를 냈다. 그러나 그때부터 일본의 집중적인 공격에 노출된 한인 독립군은 1921년 '자유시 참변'을 겪으며 급속히 위축되었다. 자유시 참변은 만주를 둘러싼 국제정세의 변화에 무지한 한인 독립군이 무참히 희생된 비극적 사건이다.

모스크바에서 러시아 혁명이 1917년 성공하고 4년이 지난 1921년에도 극동에서는 여전히 제정러시아 군대인 백군(白軍)과 공산혁명군인 적군

㈜赤軍)이 싸우고 있었다. 당시 일본은 러시아 제국 백군 편을 들며 적군과 싸웠다. 일본을 상대로 싸우던 한인 독립군은 그래서 러시아 적군 편을 들고 있었다. 그러나 혁명이 극동에서도 적군의 승리로 마무리되자, 일본은 러시아 적군과 우호적인 관계를 모색했다. 러시아의 철병요구를 들어주는 조건으로 일본은 한인 독립군 해산을 요구했다.

일본과 더 이상 적대적일 필요가 없던 적군은 일본의 요구에 따라 한인 독립군을 무장 해제했다. 그리고 저항하면 처형했다. 적군이 지배하는 러시아 자유시로 후퇴해 일본과 싸울 준비를 하던 독립군은 국제정세에 무지해 이유도 모른 채 무장해제를 당했다. 상당수는 동지라고 믿었던 적군에 의해 무참한 죽음을 맞았다.

당시 중국은 국공내전으로 만주에 신경 쓸 여력이 전혀 없었다. 만주가 이렇게 일본 땅으로 변해 간 역사적 사실을 지적하며, 이승만은 일본의 침략이 만주에서 그치지 않을 것이라 국제사회에 경고하고 있었다. 제네바 외교활동은 국제정세의 변화에 정통한 이승만 독립운동의 금자탑이다.

1933년 스위스 제네바의 국제연맹 본부 앞에 선 58세 이승만. 국제연맹이 만주사변에 대해 논의하는 기회에 조선의 독립을 호소해 일본이 국제연맹을 탈퇴하는 데 중요한 역할을 했다.

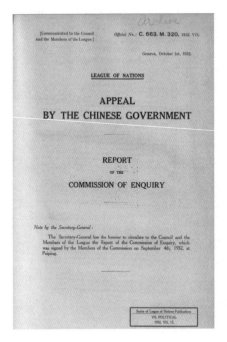

1933년 2월 국제연맹 본회의가 중국의 손을 들어 주게 만든 'Lytton Report' 표지(1932). '중국 정부의 항의'라는 제목을 달고 있다.

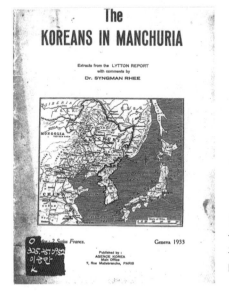

'Lytton Report' 내용을 발췌하고 이승만의 해설과 의견을 덧붙여 국제연맹 회의에 참석한 관계자들에게 배포한 소책자 The Koreans in Manchuria(만주의 한인들) 표지(1933).

37

1933년 제네바, 59세 이승만·34세 프란체스카
결혼으로 이끌어

1933년 제네바는 이승만의 삶에서 매우 중요한 의미를 갖는다. 상해 임시정부 대통령이라는 독립운동의 최고봉 자리에서 1925년 탄핵으로 파면된지 8년 만에 다시 독립운동의 구심점으로 복귀하는 계기를 만들었기 때문이다. 이와 동시에 1933년 제네바는 1912년 27세의 나이로 박씨 부인과 이혼한 후 31년을 홀로 지낸 58세 홀아비 이승만이 새로운 삶의 동반자를 만난 곳이기도 하다.

이승만이 33세의 오스트리아 여성 프란체스카 도녀(Francesca Donner, 1900~1992)를 처음 만난 것은 1933년 2월 20일 자신이 숙소로 사용하던 제네바의 호텔 드 루시(Hotel de Russie, 러시아 호텔) 식당이었다. 국제연맹 본회의에서 '리튼 보고서(Lytton Report)' 채택 여부를 둘러싼 논의가 진행되면서 일본의 민주 침략에 대한 국제사회의 비난이 고조되던 때였다. '일본의 만주침략을 막으려면 한국을 독립시켜야 한다'고 주장하던 이승만은 바쁜 일정을 마치고 저녁 식사를 위해 식당으로 들어섰다.

식당은 국제회의 때문에 초만원이었다. 자리를 잡지 못한 단골손님 이승만을 위해 지배인은 오스트리아인 모녀가 차지하고 있는 자리에 합석을 주선했다. 김치 비슷한 시큼한 배추절임(Sauerkraut)과 소시지 하나 그리고 감자 두 개를 주문해 맛있게 식사하는 이승만을 보며 측은한 생각이 든 딸이 말을 걸었다. "어느 나라에서 오셨나요?" '코리아'라는 대답을 들은 딸은 우연히 한국에 관한 책을 읽으며 알게 된 '금강산' 그리고 '양반' 등의 단어를 들먹여 이승만의 관심을 끌었다(리 푸랜세스카 1988 《대통령의 건강》 보건 신문사: 15-16).

본격적인 대화를 시작하려는 이승만에게 지배인은 스위스 베른의 신문 기자가 찾아 왔다는 메모를 전했다. 이승만은 "덕분에 즐거운 시간을 보냈다"는 정중한 인사말을 남기고 자리를 떴다. 다음 날 아침 스위스 신문 '라 트리뷴 도리앙(La Tribune D'Orient)'을 펼친 딸은 어제 저녁 식사를 같이한 한국 신사의 인터뷰 기사가 신문 첫 면에 도배가 되어 있는 것을 발견했다.

신문을 스크랩한 딸은 호텔 프런트를 찾아 이승만에게 전해달라며 봉투를 맡겼다. 봉투를 전해 받은 이승만은 고맙다며 차를 대접하겠다고 호응했다. 이렇게 시작된 프란체스카와 이승만의 로맨스는 문화와 나이 차이를 고려한 어머니의 걱정 그리고 이승만의 바쁜 일정에도 불구하고 제네바를 배경으로 3달 남짓 틈틈이 이어졌다. 그 사이 일본은 국제연맹을 탈퇴할 수밖에 없는 상황으로 몰렸다.

1933년 2월 24일 국제연맹 본회의는 일본군의 만주 철군을 요구하는 '리튼 보고서'를 찬성 42표, 반대 1표로 채택했다. 일본 대표(마쓰오카 요스케, 松岡洋右)는 국제연맹 탈퇴를 예고하며 퇴장했다. 대략 한 달 후인 3월 27일 일본 정부는 국제연맹 탈퇴를 공식 선언했다. 그러나 이승만은 이에 만족하지 않았다. 일본의 대륙팽창에 대응하는 방안으로 미국과 중국 그리고 러시아가 독립할 나라 한국과 연대해야 한다는 주장을 펼쳤다. 이른바 4국 항일연대안(抗日連帶案)이다.

중국의 국제연맹 상주대표 호세택(胡世澤)이 호의적 반응을 보였다. 국제연맹 창립에 결정적인 역할을 한 미국은 상원의 반대로 국제연맹 회원국이 아니었지만, 옵저버 자격으로 참여하고 있던 제네바 주재 미국 총영사 길버트(Prentiss B. Gilbert)도 이승만의 제안에 긍정적인 반응을 보였다. 남은 일은 러시아의 협력을 타진하기 위한 모스크바 방문이었다. 러시아 역시 당시에는 국제연맹에 가입하지 않은 비회원국이었다.

러시아 방문을 위한 비자를 받기 위해 동분서주하던 이승만은 5월에 들어서면서 하와이에서 보내주기로 한 경비가 도착하지 않아 경제적으로 쪼들리는 신세가 되었다. 이 어려움을 돌파하는 도움을 이승만은 뜻밖에도 프란체스카로부터 받았다. 1933년 5월 9일 《이승만 일기》는 여행경비로 120불을 독일은행으로부터 빌리는 일에 '드 루시' 호텔에 투숙하고 있던 프란체스카의 편지가 도움이 되었다고 기록했다.

러시아 비자를 받기 위해 7월 7일 오스트리아를 찾은 이승만은 도착하자마자, 어머니의 걱정으로 예정보다 일찍 스위스 여행을 마치고 비엔나로 복귀한 프란체스카에게 편지를 보냈다. 이틀 후 두 사람은 비엔나의 아름다운 에르메스 별장(Hermes Villa)에서 데이트를 즐겼다. 7월 14일 주 오스트리아 러시아 대사로부터 비자를 받은 이승만은 7월 15일 하와이에서 보낸 송금을 찾아 러시아행 기차 시간에 맞추기 위해 비엔나 역에 허겁지겁 도착했다. 이미 역에 나와 이승만의 짐을 기차에 실어 놓고 기다리던 프란체스가는 기차가 사라질 때까지 손을 흔들며 이승만의 장도를 배웅했다.

천신만고 끝에 찾아간 모스크바는 그러나 이승만의 입국 자체를 거부했다. 오스트리아 주재 러시아 대사관이 발급한 외교관 비자는 착오였다는 러시아 외무성 실무자의 변명을 들으며 이승만은 모스크바를 떠나야만 했다. 러시아로부터 만주의 동지나철도(東支那鐵道)를 매입하기 위해 모스크바를 방문 중이던 일본 협상단이 이승만의 밀행을 알고 그를 추방하라고 요구했기 때문이었다(서정주, 1995[1949], 《우남이승만전》 화산: 247).

7월 22일 오스트리아로 돌아온 이승만은 다시 프란체스카를 만났다. 그리고는 7월 25일부터 홀로 스위스를 거쳐 이태리, 프랑스, 모나코 등 지중해 연안을 둘러보고 8월 10일 프랑스 니스에서 대서양을 가로지르는 배를 타고 8월 16일 뉴욕으로 돌아왔다. 이승만과 함께 미국으로 가기를 원했던 프란체스카는 비엔나에 홀로 덩그라니 남았다. 프란체스카의 어머니가 자신과의 교제에 반대하는 사실을 알게 된 이승만은 아마도 혼자만의 시간을 가지며 결혼에 대해 숙고하는 시간이 필요했던 듯하다. 왕손의 후예로 장차 독립할 나라의 지도자를 자임하는 자신이 외국인과 결혼하는 문제 또한 간단한 일이 아님을 모를 그가 아니었다.

이승만은 1934년 정초부터 결혼을 위해 프란체스카를 미국으로 넘어오게 하는 수속을 시작했다. 그러나 미국 국적이 없는 이승만의 초청은 아무런 효과가 없었다. 결국 이승만은 미 국무성 정치고문 혼백(Stanly Hornbeck) 박사의 도움을 받았다. 마침내 프란체스카는 이민 비자를 가지고 1934년 10월 4일 뉴욕에 도착했다. 도착 다음 날 뉴욕 시청에 법적인 혼인신고를 마친 두 사람은 10월 8일 뉴욕의 호텔 몽클레어(Hotel Montclair)에서 조촐하지만 격식을 갖춘 결혼식을 올렸다. 이승만 나이 59, 프란체스카 나이 34였다.

프란체스카는 비엔나 인근 인쩌스도로프(Inzersdorf)에서 청량음료 공장과 철물업체를 경영하던 어버지 루돌프 도너(Rudolph Donner)와 어머니 프란체스카(Francesca)의 세 딸 중 막내로 태어나 가톨릭 유아 세례를 받고 자랐다. 어린 시절 꿈은 의사였으나, 사업을 물려 줄 아들이 없던 아버지는 그녀를 상업전문학교에 보내 회계, 속기, 타자 등을 가르쳐 사업을 물려주고자했다. 스코틀랜드에 유학을 보내 영어통역 국제자격증도 취득하게 했다.

모국어가 독일어 그리고 영어와 불어에 능통하며 속기와 타자에 능했던 그녀는 문필과 언설로 외교독립 운동을 하는 이승만에게 안성맞춤의 내조자였다. 한가지 흠이 있다면 20대 초반 아버지의 권유로 자동차 경주 선수와 한 결혼이 실패로 끝났다는 사실이다. 결혼하자마자 신랑이 내연녀를 갖고 있음을 알게 된 그녀는 바로 이혼했다. 그리고는 이승만을 만날 때까지 남자를 멀리했다. 이승만과 피장파장이었다.

스위스 제네바에서 발행되는 신문 '라 트리뷴 도리앙(La Tribune D'orient)' 1933년 2월 21일 1면 머리 기사. 만주 문제에 대한 이승만의 주장은 물론 이승만의 경력도 상세히 소개했다. 전날 저녁 식당에서 우연히 합석한 프란체스카는 이 신문을 스크랩해 이승만에게 전하면서 두 사람의 인연이 시작됐다.

1934년 10월 8일 뉴욕에서 결혼식을 올린 이승만과 프란체스카는 신혼여행을 마치고 1935년 1월 24일 호놀룰루 항구에 도착해 이 사진을 남겼다. 하와이 교민들은 두 사람을 열렬히 환영했다.

몽클레어 호텔에서의 결혼식

1904년 11월 도미 직전 촬영한 가족사진의 박씨 부인과 이승만. 이승만은 박사 학위를 마치고 서울로 돌아와 YMCA 총무 일을 하던 1912년 아버지와 심각한 갈등을 빚던 박씨 부인과 이혼했다. 이 갈등은 미국에서 7살의 나이에 죽은 이승만의 아들 태산을 미국으로 보내는 결정을 계기로 심화되었다.

1930년 이승만이 임영신(Lousie Yim)과 함께 찍은 사진. 워싱턴에서 이승만이 임영신에게 간접적인 프로포즈를 할 당시 사진으로 추정된다. 사진 속 글씨는 이승만 친필이다(출처: 손충무, 1972, 《한강은 흐른다: 승당 임영신의 생애》 동아출판사).

38

1938년 광화문 본뜬 하와이 한인기독교회, 국가 표지석이 없다

1934년 10월 프란체스카와의 결혼 사실이 알려지자 하와이 교민들 일부는 이승만의 국제결혼에 대한 우려를 표명했다. 이승만을 '총재'로 모신 하와이 동지회(同志會)마저 두 번이나 전보를 쳐서 하와이에 돌아오려면 먼저 혼자 와서 자신들에게 국제결혼을 하게 된 경위를 밝히라고 요구하기도 했다(유영익, 1996: 186).

그러나 이미 결단을 내린 이승만은 신경 쓰지 않았다. 뉴욕에서의 결혼식 이후 신혼여행 삼아 자동차를 손수 운전하며 미 대륙 남부를 횡단한 이승만은 샌프란시스코에서 배편을 이용해 1935년 1월 호놀룰루에 도착했다. 1925년 임시대통령 탄핵부터 김현구·김원용 등 동지들의 배신을 거쳐 1931년 동지촌(同志村) 파산까지 인생 최악의 터널을 하와이에서 겪은 이승만은 1931년 11월 정든 하와이를 떴다.

그런 그가 3년 3개월 만에 서양인 배필을 동반해 하와이로 돌아왔다. 한 손에는 제네바의 성과를, 다른 손에는 사랑을 안고 돌아온 이승만을 하와이 교민은 열렬히 환영했다. 제네바의 외교적 성과가 이승만을 다시 독립운동의 구심점으로 돌려놓았음은 물론이다. 이에 더해 고향과 다름없는 하와이의 교민들은 푸른 눈의 젊은 신부와 사랑에 빠진 이승만을 따뜻이 품어주었다. 국제결혼에 대한 우려는 자취를 감추었고, 이승만의 하와이 삶은 새로운 활기로 가득했다.

이승만은 자신이 세운 '한인기독학원' 교장으로 복귀했다. 프란체스카는 학교 기숙사 사감으로 일하면서 학생들에게 피아노를 가르쳤다. 신혼 살림을 하는 서양 신부는 한국 문화를 열심히 익혔다. 김치도 담그고 한복도 입었다. 한글도 배웠다. 그러나 영어로 소통이 되는 사람들이 주변에 너무 많아 한글 공부는 별 진척이 없었다.

신부가 새로운 환경에 적응해 가는 모습을 바라보며 이승만은 '한인기독교회' 중건(重建)에 몰두했다. 감리교의 부당한 간섭에서 벗어나기 위해 1918년 어느 교파에도 속하지 않은 독립 '한인기독교회'를 세운 이승만이었다. 이승만은 이 교회 건물을 새로 짓기 위해 건축기금위원회를 조직하고 미국인 유지들을 이사로 영입했다. 남녀노소 교민들도 성의껏 모금에 참여했다. 일사천리로 일이 진행되었다.

1936년 부지 매입, 1937년 설계, 그리고 1938년 4월 24일 신축 교회 건물이 들어섰다. 놀랍게도 이 건물은 서울의 광화문을 그대로 본뜬 모습이었다. 광화문은 이승만에게 독립을 상징하는 특별한 의미를 지니고 있었다. 1917년 이승만은 자신이 세운 '한인여학원' 학생들이 광화문을 모형으로 한 수레를 끌며 호놀룰루 시가행진을 하도록 했었다.

마침내 조국의 독립을 그리고 조국을 잊지 않기 위한 이승만의 아이디어가 태평양 한복판 적도의 푸른 하늘 아래 우뚝 섰다. 교회 중건에 기여한 인사들은 물론이고 하와이 교민 모두가 기뻐했다. 2015년 7월 '이승만 서거 50주년'을 기념하는 하와이 교민 행사에 '연세대 이승만연구원 원장' 자격으로 초청받아 이 교회에서 강연한 필자는 처음으로 이 교회 모습을 마주하면서 눈물이 '핑' 도는 경험을 했다. 하와이 언덕을 배경으로 야자수 사이에 우뚝 솟은 광화문 모습의 교회는 그 자체로 감동이었다. 환갑을 훌쩍 넘긴 불굴의 기독교 독립운동가 이승만의 숨결이 가감 없이 느껴졌다.

그러나 감동과 전율에도 불구하고 이 교회 건물에는 이승만을 기리는 대한민국의 감사 표식이 전혀 없었다. 뒷덜미가 당겼다. 세계 10위권 국가로 성장한 대한민국이 건국 대통령이자 통합 임시정부 초대 대통령을 배출한 하와이에 당신 손으로 독립을 위해 직접 세운 교회 그것도 광화문을 본뜬 교회가 국가의 표지석 하나 없이 내팽개쳐진 모습은 정말이지 황망했다.

만주나 중국에 있는 독립운동 유적지와 비교해도 말이 안 되는 일이었다. 상해에 있는 임시정부 자리는 말할 것도 없고, 만주 곳곳에 흩어져 있는 이름 없는 독립 유공자 유적지에서도 쉽사리 발견되는 국가의 표지석이 여기엔 아예 없었다. 자유 대한민국을 세우고 공산 침략으로부터 나라를 지킨 독립투사 이승만을 배출한 하와이에 그가 세운 '광화문 교회'를 그의 조국 대한민국은 외면하고 있었다.

해방 후 북한을 세워 대한민국을 적화하는 시도에 일조한 김원봉과 같은 공산·사회주의 계열 인물마저도 국가가 기념하는 현실을 고려하면 정말이지 어이없는 일이다. 그나마 다행인 것은 교회 뒷마당에 남아 있는 이승만 대통령 동상이었다. '우남관'이라 이름 붙인 작은 기념관이 초라한 모습이긴 해도 교회 부속 건물로 동상 뒤에 존재하는 사실도 조금은 위로가 되었다.

물론 국가의 인정이나 지원에 따른 결과가 아니었다. 그의 업적과 생애를 추모하는 민간단체와 뜻있는 인사들이 노력한 결과였다. '우남관'에는 자원봉사자 두 분이 성심껏 방문객을 상대로 안내를 하고 있었다. 그러나 지금은 그나마 존재하던 '우남관'마저 사라졌다. 새로 들어온 교회의 지도부가 2022년 여름 '우남관'을 폐쇄했다는 소식을 페이스북을 통해 확인할 수 있었다. 정부 당국의 각성이 절실한 대목이다. 지금이라도 우리가 '광화문 광장'을 '이승만 광장'이라 불러야 하는 이유이기도 하다.

　이승만은 결혼해 환도(還島)한 이후 교회와 학교 일에만 몰두했다. 교민 사회의 정치와는 일정한 거리를 두었다. 상해 임시정부와의 관계도 소원해졌다. 김원봉과의 갈등 속에서 김구가 임시정부에서 밀려났다 돌아오는 과정을 거치며 임시정부는 국제연맹 특명전권대사였던 이승만을 외무위원 직에서조차 해임했다. 당시 임정은 일본에 대한 '의열투쟁'에 몰두하고 있었다.

　그러는 사이 1937년 중일전쟁이 벌어졌다. 국제정세가 요동쳤다. 극동에서 일본이 군사적 팽창을 도모하는 사이에 유럽에서는 독일의 재무장과 함께 전쟁의 공포가 다가오고 있었다. 독립의 기회가 어쩌면 이와 같은 국제정세의 변화와 맞물리며 찾아올 수 있다는 기대감이 자라나기 시작했다. 국제정세 변화에 별 관심을 기울이지 않던 임시정부 김구마저도 우파 민족주의 세력을 통합하기 위한 노력을 시도하며 이승만의 도움을 청하는 편지를 보냈다(오정환 2022: 284).

　임시정부에 서운한 감정을 버릴 수 없었던 이승만은 대답하지 않았다. 그러나 하와이 동지회 회원들이 이승만에게 워싱턴 구미위원부 운영을 재개해서 외교독립에 매진할 때가 되었다는 충언을 하자 이승만은 기다렸다는 듯이 반겼다. 결혼해서 하와이에 돌아온 지 4년 만인 1939년 3월 30일 이승만 부부는 함께 워싱턴으로 출발했다. 64세 외교독립의 최고 자산 이승만이 향하는 워싱턴에는 국제정치의 소용돌이가 거세게 휘몰아치고 있었다.

한인기독교회 뒷마당에 서 있는 이승만 동상. 동상 뒤의 작은 건물이 한인기독교회 부설 이승만기념관인 '우남관'이었다. 2022년 8월 현재 '우남관'은 폐쇄되고 말았다.

위: 1938년 4월 완공된 한인기독교회 모습. 1939년 2월 교회건립에 이바지한 '대한부인 구제회(The Korean Women's Relief Society)' 회원들이 교회를 배경으로 찍은 사진이다.
아래: 위 사진과 같은 앵글로 최근 촬영한 오늘날 한인기독교회 모습.

39

1941년 7월 출판 'Japan Inside Out'
일본의 미국 공격 예언

하와이 동지회 지원을 배경으로 1939년 봄 워싱턴에 도착한 이승만은 백악관에서 정북으로 약 4Km 떨어진 Hobart Street에 2층으로 된 작은 집을 구했다. 구미위원부 사무실과 자신의 주거를 동시에 해결할 요량으로 구한 집이다. 위치도 좋았다. 워싱턴의 외교 공관들이 밀집한 로간서클(Logan Circle)이 백악관과 이승만의 집 딱 중간에 있었다.

생활의 안정을 찾은 이승만은 일본 군국주의 침략야욕을 고발하는 책 집필에 전념했다. 1937년 시작된 중일전쟁은 중국 남부로 확대되고 있었다. 그러나 태평양 건너 미국은 일본의 본심을 모른 채 남의 일인 양 태평이었다. 유럽에서는 1939년 9월 독일이 폴란드를 침공했다. 일본이 태평양을 장악하기 위해 결국 미국과 일전을 불사할 것이란 판단이 이승만의 손에 잡히고 있었다.

자신의 판단을 설명하는 책을 쓰느라 이승만은 2년 가까운 시간을 보냈다. 프란체스카는 원고를 3번이나 타이핑하면서 손가락이 짓물렀다. 마침내 1941년 7월 이승만의 영어책 Japan Inside Out: The Challenge of

Today가 세상에 나왔다. 이승만이 느끼고 있던 전쟁의 위협을 미국 아니 전 세계에 알리기 위해 혼신의 힘을 다해 쓴 책이었다. 이승만은 이 책에서 세계 곳곳의 정세 분석을 통해 평화주의자들을 비판하면서 미국은 다가오는 일본 군국주의의 침략에 맞서 싸울 준비를 해야 한다고 역설했다.

책이 출판되자 당시 여론을 주도하던 평화주의자들은 역시나 책을 평가절하했다. 그러나 Asia Magazine 1941년 9월호에 서평을 쓴 펄 벅 (Pearl Buck, 1892~1973, 1931년 The Good Earth [대지] 발표, 1938년 노벨 문학상 수상) 은 '나는 이것이 [이 책이] 진실이 아니라 말할 수 있으면 좋겠으나, 오직 너무 진실인 것이 두렵다'며 극찬했다. 책 출판 반년 만에 벌어진 일본의 1941년 12월 7일 진주만 공습은 이승만을 세계적 예언자로 만들었고, 책은 날개 돋친 듯 팔렸다.

무엇이 이승만을 이토록 확신에 차게 만들었는가? 어떻게 이승만은 군국주의 일본이 미국을 침략할 것이라 확신할 수 있었는가? 이기붕의 아내 박마리아가 이승만 집권기인 1954년 8월 이 책을 번역해 자유당 선전부에서 출판한 책 서문에 답이 있다. 이승만 당신이 직접 쓴 한글판 서문이다. 그대로 인용한다.

"1895년에 처음으로 신세계 형편을 알게 된 이후로 일인(日人)들이 발행한 책 두 권을 구경하였는데, 하나는 《일로전쟁미래기(日露戰爭未來記)》요, 또 하나는 《일미전쟁미래기(日美戰爭未來記)》이다.

이 두 책을 구경한 이후에는 일본의 야심이 어떠한 것인지를 짐작하게 되었으므로 우리나라가 위급하게 된 것을 깨닫게 되어서, 하루바삐 정부를 권고하여 국권 보호에 힘쓰게 하려고 하였으나, 궁궐과 정부에서 해가는 일은 점점 어두움 속으로 들어가므로, 혁명운동을 시작해서 백방으로 모험 분투하다가 끝내 감옥에 투옥되었다.

사경(死境)에 빠졌던 목숨이 다행히 부지(扶支)되어, 1904년에 일로전쟁(日露戰爭)이 벌어져서 정부 유신당(維新黨)이 잠시 권리를 잡게 되면서 내가 7년[만 5년 7개월] 만에 옥문(獄門)을 벗어나오 게 되니, 벌써 나라는 다 일인의 손에 들어가고 왜(倭) 경찰이 내 뒤를 따르게 되니, 민영환·한규설 양인의 공문(公文)을 받아서 몸에 감추고 미국을 향하여 떠날 적에 겨우 하와이로 가는 이민(移民) 배 삼등을 얻어 타고 이민들 틈에 섞여서 가게 되었다.

하와이를 들렀다가 미주(美洲) 상항(桑港: 샌프란시스코)에 가서 내리게 되니, 내가 가는 목적은 미국 정부와 또 미국 국회의원 몇 사람에게 가는 편지를 가지고 워싱턴에 가서 [1882년] 한미조약(韓美條約) 안에 규정되어 있는 '원호(援護)한다'는 조건을 들어서 도움을 원하는 것이 첫째 목적인데, 거기에 따라서 일본이 미국과 싸울 것을 준비하고 있다는 것을 미국인에게 알려주고자 한 것이다.

그때의 9년 전에 읽은 '일로전쟁기'는 벌써 시작되었으니 한 가지는 시행된 것이요, '일미전쟁' 또한 일어날 것은 의심 없는 것으로 미국에 가서 이 사실을 알리려고 한 것인데, 미국에 도움도 되고 따라서 우리나라가 후원을 받을 것을 몽상(夢想)하였던 것이다.

그때 미국의 형편을 보니, 일인이 미국의 신문과 잡지를 다 연락하여 매년 백만 달라 이상을 미국에 선전비로 쓰면서 미국 전체의 눈을 가리고 저희 말만 가져다 보이고 들려주는데, 내가 그 책《일미전쟁미래기》를 말하면 모두 비웃고 일미(日美) 간에 악감(惡感)을 자아내어 한국에 도움이 되게 하려고 (한다는) 지목(指目)을 받고 지냈던 것이다.

1940년 전후에는 일인의 전쟁준비가 거의 끝나서 전쟁이 곧 터질 것 같아, 미국인들은 꿈속같이 모르고 잠들고 있는데 이것을 알려주어야 되겠다는 각오를 가지고 이 책 쓰기를 시작하였는데, 우선 이 책을 써도 발행할 사람이 없어서 문제요, 또 혹 발간을 할지라도 읽을 사람이 없는 것을 고려하지 아니할 수 없어서, 이 책 속에 말한 것은 그때 형편을 따라서 순하게 언사를 만들려고 노력하였던 것이다.

이 책을 쓸 때에는 전쟁이 하루 이틀 내에 터져 나올 줄 알고 총총히 쓰게 되어 그때 현상만 들어서 말하였다. 1941년 12월 8일 일인들이 진주만에 폭탄을 떨어뜨려 미국인 3천 명을 일시에 사망시킨 이후로 전 미국이 일인들의 불의(不義)한 심리를 깨닫게 되어, 전쟁을 하여 많은 인원을 없애고 또한 많은 물질까지 허비한 후 1945년에 이르러 승리를 얻은 것이다.

이 전쟁이 벌어지면서부터 내 글을 읽고 내 말을 들은 미국인들이 그제야 비로소 깨닫게 되어 나를 선비라고까지 말하게 되었는데, 실상은 내가 미국인들이 모르는 것을 알았다고 하겠지만, 동양 사람들은 거반 다 일본이 미국과 전쟁을 획책하고 있었다는 것을 알고 있었던 것인데, 일본의 선전 방책이 교활하고 뛰어났으며, 전쟁이 임박해서는 일인들이 미국에서만 1년에 5백만 달러를 써서 전국적 조직을 만들고, 한편으로는 국내 선전을 극렬히 해서 저희 백성들에게는 모두가 전쟁이 임박했다는 것을 알게 하되 미국인들은 한 사람도 이를 알지 못하게 하였으며, 또 한편으로는 외국에 대한 선전 재료로 국내 선전과 배치되는 말을 만들어 내어서 일본인들은 모두 미국의 친구요 또한 충성스러운 동맹국가라는 것을 선전하여, 혹 어떤 사람이 일본의 내정을 이야기하면 그 말을 거짓으로 돌렸던 까닭으로 미국인들만 이 전쟁이 임박한 것을 모르고 있었지 동양인은 거반 다 이를 짐작하고 있었던 것이다."

요약하면 '일본(Japan)의 속마음(Inside)을 바깥으로 드러낸(Out) 책'이라는 설명이다. 한글 번역본은 지금까지 총 4종이 나왔다. 1) 1954년 박마리아 《일본내막기》(자유당 선전부), 2) 1987년 이종익 《일본군국주의의 실상》(나남), 3) 2007년 대한언론인회 《일본, 그 가면의 실체》 청미디어), 4) 2015년 류광현 《일본의 가면을 벗긴다》(비봉). 당연히 최근에 출판된 책이 읽기도 쉽고 오역도 적다.

1901년 일본에서 출판된 《일로전쟁미래기(日露戰爭未來記)》
(法令館 編輯部 編述).

1920년 일본에서 출판된 소설 《일미전쟁미래기(日米戰爭未
來記)》(樋口麗陽 著).

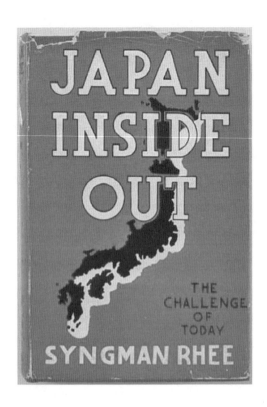

위: 일본의 공격을 예언하며 이승 만이 1941년 7월 뉴욕에서 출판한 Japan Inside Out 표지.
아래: 1941년 12월 7일 진주만 공습 을 알리는 하와이 신문 '호놀룰루 스 타 불레틴' 호외.

40

1940년대 이승만, 워싱턴서
임정승인 외교·대일 무장투쟁 병행

1939년 3월 30일 하와이를 떠난 이승만은 1945년 10월 16일 해방된 조국 땅에 돌아올 때까지 워싱턴에 머물렀다. 대략 6년 반 기간이다. 나이로는 64부터 70까지였다. 휘몰아치고 있는 세계대전의 먹구름을 누구보다 먼저 알아챈 이승만은, 전쟁이 마무리되면 독립의 기회가 찾아올 것도 이미 내다 보고 있었다. 외교독립에 평생을 바친 국제정치 전문가 이승만이 자신의 전략적 자산을 최대한 활용할 수 있는 공간이 바로 워싱턴이었다.

워싱턴의 이승만은 1차대전의 교훈을 잊지 않았다. 1차대전의 전후 처리 방침이었던 윌슨의 민족자결주의가 모든 식민지에 적용되는 일반 원칙이 아니라 패전국 식민지에만 적용되는 제한적 원칙이었음을 사무치게 깨달은 이승만은 이번에 같은 실수를 되풀이할 수 없었다. 전쟁에서 승전국 지위를 얻는 것이 무엇보다 중요했다. 이승만은 이 기간 워싱턴에서 국제사회 특히 미국이 임시정부를 승인하도록 노력했다.

1940년 9월 중경(重慶, 충칭)으로 옮긴 김구의 임시정부도 이승만의 외교독립에 관한 전문성을 인정했다. 전쟁이 임박함에 따라 분열된 독립운동의 방법과 노선을 통합하기 위해 1941년 4월 하와이 호놀룰루에서 개최된 '해외한족대회'에서 김구는 워싱턴에 설치할 주미외교위원부 위원장 즉 주미대사 자리에 이승만이 선출되어야 한다고 판단했다(오정환 2022: 291).

해외한족대회는 좌우, 강온 등 다양한 노선을 표방한 9개 독립운동 단체들이 통합을 위해 모인 행사였다. 이들 단체는 '북미대한인국민회' '하와이대한인국민회' '동지회' '중한민중동맹단' '대조선독립단' '한국독립당하와이지부' '조선의용대미주후원회(조선민족혁명당미주지부 전신)', '대한부인구제회' '대한여자애국단'이었다.

이 행사에서 조선의용대를 이끄는 김원봉은 '중한민중동맹단' 단장 한길수를 주미대사 자리에 추천했다. 그러나 임시정부 주석 김구가 대한인국민회를 움직여 이승만을 그 자리에 내정하고 1941년 6월 4일 공식적으로 임명했다. 당시 김구는 자신이 공을 들이던 '광복군' 설립을 김원봉의 조선의용대가 방해하고 있는 사실에 격분하고 있었다(오정환 2022: 291-2).

김원봉이 민 한길수는 누구인가? 한길수(1900~1976, 韓吉洙, Kilsoo Haan)는 5살에 하와이로 이민와 이승만이 세운 하와이 한인학교를 거쳐 하와이 방위군과 구세군에서 잠시 일한 경력을 가진 인물로 이승만보다 25살 연하였다. 그는 1930년대 들어서면서 하와이에 있는 일본인의 잠재적 위험성을 미국인에게 알리는 일에 앞장선 이후 1935년 김규식과 연이 닿아 중한민중동맹단 미주대표가 되었고 이후 강경한 반일운동을 전개하면서 미일전쟁을 예고하여 일정한 명성을 얻은 사람이다.

임시정부 주미대사 자리에서 밀린 그는 해외한족대회의 결과로 만들어진 '재미한족연합위원회'의 '미국국방공작봉사원(Serviceman to Aid US National Defence)'이란 매우 특이한 직책을 가지고 외교선전 활동을 전개했다(홍선표, 2011 《재미한인의 꿈과 도전》 13장 "이승만과 한길수 간의 갈등과 연합회" 연세대 출판부: 307-325). 그러나 그는 1936년 주 하와이 일본 총영사관에서 잠시 일하면서 미일 양측에서 정보를 빼내 상대방에 건네는 등 이중첩자 노릇을 했고, 동시에 그러한 역할을 통해 얻은 정보를 언론에 흘려 세인의 관심을 끄는 등 허풍쟁이 '관종'이기도 했다(방선주, 2000, "한길수와 이승만" 유영익 편, 《이승만연구》 연세대 출판부: 323-357).

대미 외교선전 활동을 둘러싸고 이승만과 충돌하지 않을 수 없었던 공산주의자 한길수는 1942년 1월 미국방공작봉사원 자리에서 물러났다. 이후 그는 중한민중동맹단 대표 자격으로 대미외교 활동을 펼쳤으나 김원봉의 자장 하에 있던 조선민족혁명당북미총지부만이 역할을 인정해 주었을 뿐, 중경 임시정부 주석 김구를 비롯한 한국독립당 등이 그를 '반임정주의자'라 비판하여 영향력이 줄어들었다(홍선표, 한국민족문화대백과사전). 결국 그는 2차대전 중 일본을 위한 이중첩자 활동을 한 것이 문제가 되어 2005년 서훈이 보류되었다(대한인국민회기념재단 홈페이지).

연세대 이승만연구원이 기증해 행정안전부 국기기록원 국가지정기록물 제3호로 지정된 '이승만대통령기록물'을 해제하면서 오영섭 박사는 주미외교위원부 위원장 즉 주미대사 자격으로 이승만이 미국 정부로부터 임시정부 승인을 얻는데 기울인 외교와 선전 활동을 다음과 같이 네 가지로 요약한다. 시간상으로는 대략 1941년 여름부터 1945년 여름까지 해당하는 일이다.

첫째, 이승만은 미국 정부 요인들에게 지속적으로 편지를 보내 임시정부를 독립정부로 인정해 달라 요청했다. 반응이 없음에도 불구하고 그는 임시정부 외교대표 자격으로 미국 국무부 고위관리, 국무장관, 미국 대통령에게 계속 임시정부 승인 요구 및 촉구 서한을 보냈다. 미국 정부가 임시정부를 승인하지 않으면 태평양전쟁 종료 후 소련이 한반도에 공산국가를 수립할 것이라는 경고도 잊지 않았다.

둘째, 이승만은 자신과 친분이 깊은 미국 사회의 저명인사들을 활용해 '친한단체'를 만들고 이들을 대미 외교선전 활동의 보조 동력으로 삼았다. 1942년 1월 '한미협회' 그리고 같은 해 12월 '기독교인친한회'를 조직한 이승만은 이들 단체가 재미한인 주최의 임시정부 승인 촉구대회에 적극 참가하도록 주선하고 나아가서 이승만을 대신해 백악관, 국무부, 의회에 임시정부 승인 촉구 서신을 보내도록 했다.

셋째, 이승만은 한국 청년들을 연합군에 편입시켜 대일전쟁을 수행하도록 함으로써 한국의 독립권을 얻으려는 참전외교도 펼쳤다. 1941년 가을부터 38명의 한국 청년들이 미국 정보조정국(COI: Coordinator of Information, 1941년 7월 11일부터 활동한 미국의 첩보기관, OSS 전신)과 전략첩보국(OSS: Office of Strategic Services, 2차대전 당시 즉 1942년 6월 13일부터 1945년 9월 20일까지 활동한 미국의 첩보기관, CIA 전신)에서 특수훈련을 받고 미군 소속으로 대일전쟁을 벌이게 했다. 또한 재미한인 청년들로 '한인자유부대'를 창설하여 대일전쟁에 동원하고 광복군 수만 명을 미군에 통합시켜 대일전쟁에 투입하자는 내용의 한국 프로젝트(Korea Project)를 OSS 에 제안했다.

넷째, 이승만은 1945년 4월부터 6월까지 샌프란시스코에서 열린 국제연합 창립회의 한국대표단 단장으로 활동했다. 그는 참관인 자격으로라도 창립총회에 참석하여 한국독립에 대한 연합국의 확실한 보장을 얻으려 했지만 여의치 못했다. 그러자 그는 창립총회 사무국과 각국 대표들에게 진정서를 보내 1882년 조미조약과 1943년 카이로 선언의 기본정신에 따라 임시정부를 즉각 승인할 것을 요청했다. 그러나 창립총회를 주관하고 있던 미국 국무부 내 친소련파 인사들의 반대로 뜻을 이루지 못했다.

　미국은 자치능력을 구비한 국가에 대해서만 독립을 인정해 온 관례에 따라 이승만의 맹렬한 활동에도 불구하고 결국 임시정부를 승인하지 않았다. 또한 미국은 군사작전도 실현 가능성이 희박한 제안이라며 받아들이지 않았다. 대신 1945년 '냅코작전(Napko project)'과 '독수리작전'이라 불린 한반도 침투작전을 준비하면서 한인 청년 70여 명을 비밀리에 모집해 특공대원으로 훈련시켰다. 그러나 아쉽게도 이들은 태평양전쟁이 끝날 무렵에야 훈련을 받기 시작했기 때문에 대일전쟁에 참전할 기회를 갖지 못했다.

한길수 중한민중동맹단 미주대표. 그는 공산
주의자로 김원봉을 추종하고 지원했다. 또한
임시정부의 대표성을 문제 삼아 미국 정부의
임시정부 승인을 집요하게 방해했다.

1942년 2월 27일부터 3월 1일까지 미국 워싱턴DC 에 있는 호텔 라파엣트(Hotel Lafayette)에서 개최된 두 번째 '한인자유대회' 사진. 이승만은 맨 뒷줄 중앙에 서 있다. 같은 줄 왼쪽 끝이 서재필 그리고 오른쪽에서 세 번째가 헐벗(Homer B. Herbert)이다. 앞줄 왼쪽 첫 번째 여성은 중국에서 온 선교사 피치(G. Fitch) 부인이고 한 사람 건너서 프란체스카 여사다. 이 행사는 중국 중경(重慶)의 임시정부를 대표한 주미외교위원부, 재미한족연합회, 그리고 한미협회가 공동으로 주최했다.

41

OSS, '미주 한인청년과 광복군' 활용한
이승만의 무장투쟁 수용

미일전쟁을 내다 본 이승만은 국제사회가 임시정부를 승인하고, 나아가서 2차대전 승전국으로 전쟁을 마무리해야 독립을 보장받을 수 있다고 생각했다. 1차대전을 겪으며 온몸으로 깨달은 교훈이었다. 이를 이루기 위해 이승만은 진주만 공격이 있은 지 3일만인 1941년 12월 10일 임시정부가 대일 선전포고를 하도록 했다.

또한 이승만은 전후처리를 위한 연합국들의 '샌프란시스코 회의'에 임시정부도 참여할 수 있도록 시효 마감 하루 전인 1944년 2월 28일 대독 선전포고도 하도록 했다. 그러나 전쟁의 승리를 주도하고 있던 미국은 이승만의 노력을 외면했다. 무슨 일이 있었던가?

태평양전쟁이 발발하자 1) 미국은 추축국(Axis Powers: 2차대전을 일으킨 나치 독일, 이탈리아 왕국, 일본 제국) 점령하에 있는 나라들의 망명정부나 임시정부는 승인하지 않는다는 원칙을 세웠고, 2) 임시정부는 '한국민을 대표'하는 정부가 아니라 경쟁적인 한인 그룹 중 하나에 불과하며 국내와의 연결 또한 불투명하다고 판단했다(고정휴, 2004, 《이승만과 한국 독립운동》 연세대 출판부: 492).

이와 같은 미국의 판단은 전쟁이 발발한 지 채 3개월도 지나지 않은 시점에 국무부가 작성한 한 문건에서부터 비롯되었다. 전쟁 발발 75일만인 1942년 2월 20일 국무부 내의 한국통 랭던(William R. Langdon, 1891~1963)은 "한국 독립문제의 몇 가지 측면(Some Aspects of the Question of Korean Independence)"이란 18쪽짜리 문건을 작성했다. 태평양전쟁 기간 미국의 대한정책 골격을 만든 중요한 문건이다.

랭던은 터키 출생 직업외교관으로 1933년부터 1936년까지 서울에서 영사를 지냈다. 1936~37년에는 만주의 대련(大連)과 심양(瀋陽)에서 근무했다. 그 후 동경의 미 대사관으로 자리를 옮겼다가, 1941년 6월부터 국무부 극동국에 소속되었다. 랭던은 국무부 내에서 아시아 전문가였고 한국 사정에 정통했다. 해방 후에는 미군정 정치고문으로 서울에 파견되기도 했다(고정휴, 2004: 494).

랭던은 문건에서 1) 전후 상당 기간 한국의 독립 유보와 신탁통치 실시, 2) 임정을 포함한 기존 독립운동 단체들에 대한 불승인 방침, 3) '광복군'과 '조선의용대' 같은 중국 본토의 한인 무장 조직에 대한 군사지원 불가 등 세 가지 원칙을 제시했다. 문건은 국무부에서 호평을 받으며 루스벨트 대통령에게까지 보고되었고, 미국의 대한 정책에 대부분 반영되었다(고정휴, 2004: 498).

랭던 문건의 존재를 알 수 없었던 이승만은 임시정부의 선전포고와 함께 미국을 상대로 '한인부대 창설' 및 '무기대여법(Lend-Lease Act)에 따른 군사원조' 등 무장투쟁에 필요한 조치를 적극 요청했다. 이승만은 '임시정부 광복군'이나 '재미한인'으로 구성된 독립적 한인부대 혹은 게릴라부대를 창설해 정규전과 특수전에 투입시켜 달라고 지속적으로 요구했다(남정옥, 2010, "제2

중앙정보국(CIA, 1947년 7월 설립)의 전신인 정보조정국(COI, 1941년 7월 설립) 및 전략첩보국(OSS, 1942년 6월 설립)이 그러한 제안의 통로였다. 창구는 두 기관의 최고책임자였던 돈오반(William J. Donovan) 아래에서 측근으로 일하던 에손 게일(Esson M. Gale)이었다. 그는 1904년 이승만이 미국에 건너올 때 추천서를 써 준 선교사 제임스 게일(James Gale)의 조카다. 에손 게일을 통해 이승만은 돈오반은 물론 그의 또 다른 측근인 굿 펠로우(Preston M Goodfellow)도 알게 되었다. 당시 미국 정보기관의 최고위층인 이들은 이승만의 판단을 매우 신뢰했다.

이승만의 제안을 받은 OSS는 한국 내부 사정을 잘 알고 또한 한국어는 물론 일본어도 능통해 대일 정보수집 및 적 후방교란 등 첩보활동에 필요한 자질을 갖추고 있는 한국인 첩보대원의 유용성에 주목했다. 임시정부 산하 광복군 그리고 재미한인 청년들을 활용한 여러 가지 군사작전을 OSS가 검토하고 또 추진하게 되었다.

OSS가 올리비아 계획(Olivia Scheme)에 따라 버마 전선으로부터 중국과 한국을 거쳐 일본에 침투시킬 특수부대인 '101지대(Special Unit Detachment 101)'를 창설하고 아이플러(Carl Eifler)의 책임 아래 선발한 장석윤·정운수 등 한국인 20명을 현지에 배치한 시점은 1942년 6월 전후였다. 그러나 중국 정보당국은 이 계획에 반대했다(정병준, 2001, 해제 pp. 4-5, 《NAPKO Project of OSS》해외의 한국독립운동사료 24, 미주편 6, 국가보훈처). 결국 '101지대' 활동 중 일본에 침투하는 최초 계획은 취소되었고, 중국으로 침투하는 계획만이 시행되었다(US Army Special Operations History 홈페이지).

랭던 문건에 따라 미국의 대한 정책은 공식적으로 '임정 불승인' 및 '신탁통치 실시'로 굳어져 갔지만, 다른 한편으로 정보부대를 통한 한인 게릴라부대의 창설과 활용은 101부대의 차질에도 불구하고 더욱 활성화되었다. 1942년 6월 미국 전쟁부는 이승만에게 한인 입대지원자 50명 선발을 요청했다.

장기영(체신장관 역임), 이순용(내무장관 역임), 장석윤(내무장관 역임), 김길준(미군정장관 공보고문 역임), 한표욱(주미공사 역임) 등 60명을 추천한 이승만은 이를 기회로 미주 한인청년들과 임정 산하 광복군을 미군 지휘체계 아래의 '한인자유부대(Free Korean Legion)'로 만들자고 제안해 OSS 동의를 얻었다.

OSS 제안을 검토한 국무부는 '이승만의 주미외교부 그리고 김구의 임시정부를 거치지 않고 소수의 한인들을 직접 모집하여 훈련시키는 비밀작전' 즉 냅코작전(NAPKO Project)과 독수리작전(Eagle Project)을 각각 가동하기로 결정했다. 냅코작전은 '재미한인과 전쟁포로'를 그리고 독수리작전은 '광복군과 일본군 부대에서 탈출한 학도병'을 선발 대상으로 삼았다. 냅코작전에는 19명(정병준 2001: 1), 독수리작전에는 58명의 한국인이 참가했다 (고정휴, 2004: 451~2). 그러나 전쟁이 끝날 무렵에야 훈련이 시작되어 이들은 결국 참전할 수 없었다.

미국 정보당국이 이승만과 각종 군사작전의 밑그림을 그리던 시기인 1942년 6월 13일 이승만은 국무부가 운영하는 '미국의 소리(Voice of America)' 한국어 단파방송에 출연해 해(海) 내외 동포들에게 잊을 수 없는 명연설을 했다. 그는 특유의 떨리는 목소리로 한민족의 단결과 저항을 촉구했다. 이승만의 방송은 몇 주일 동안 반복되었다.

"나는 이승만입니다. 미국 워싱턴에서 해내 해외에 산재한 우리 2천3백만 동포에게 말합니다. … 분투하라. 싸워라. 우리가 피를 흘려야 자손만대의 자유 기초를 회복할 것이니, 싸워라. 나의 사랑하는 2천3백만 동포여."

일본의 거짓 승전보에 속고 있던 한국인들에겐 하늘에서 내려온 구원과 같은 소식이었다. 조선방송협회 경성방송국 직원들이 이 방송을 듣다 발각되어 탄압을 받기도 했다(항일단파방송 사건). 일부에서 이야기하듯 이승만은 결코 무장투쟁 회피론자가 아니었다. 다만 그는 여건이 맞을 때 무장투쟁을 해야 한다는 지혜를 가진 지도자였다. 그러나 이승만이 무장투쟁이 필요한 시점이라고 판단했을 때도 미국은 '랭던 문건'의 한계를 벗어나지 못하고 있었다.

중앙정보국(CIA) 전신인 정보조정국(COI) 및 전략첩보국(OSS)
책임자 돈오반(William Donovan)

THE OSS IN ASIA

OSS operations in the Asia covered a huge geographic area with dramatically different climate and worked in the Asia was unique in that it was separated into Detachments, unlike OSS in Europe.

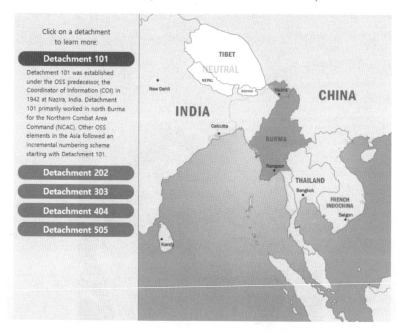

유럽 전선의 OSS와 달리 아시아 전선의 OSS는 5개 지대로 나누어 활동했다. 버마에는 101지대, 중국에는 202지대, 인도 뉴델리에는 행정적 지원을 담당하는 303지대, 태국 등 인도차이나 반도에는 404지대, 인도 캘커타에는 인력 충원을 담당하는 505지대를 두었다.

출처: https://arsof-history.org/articles/v3n4_oss_primer_page_2.html

1942년 6월 13일 송출된 이승만의 '미국의 소리' 단파방송도 이 사진과 같은 방식으로 제작되었을 가능성이 크다. 이 사진은 이승만 대통령이(오른쪽) 6·25 전쟁 중 파괴된 KBS 방송을 복원하기 위해 1951년 8월 말 부산에 설치한 네 번째 '이동라디오방송부대(MRBC: Mobile Radio Broadcasting Company)'에 출연해 방송할 원고를 살펴보는 사진이다. 가운데 인물은 동경에서 파견 나온 UN군 심리전 방송 책임자 Eddie Deerfield 중위이고, 왼쪽은 KBS 기술자 이덕빈(Lee Duk Bin)이다.

출처: https://arsof-history.org/articles/v7n1_proper_ganders_page_3.html

이승만이 굿펠로우(Goodfellow)에게 보낸 친필 영문 편지(1942년 6월 추정). 편지는 아래와 같은 내용을 담고 있다. "굿펠로우 대령 귀하, 김구에게 편지를 써서 한국 광복군을 미군 당국의 지휘 아래 두는 문제를 극비리에 이청천 장군과 의논하고, 동의한다면 즉시 아이플러 소령을 통해 나에게 알려 달라고 했습니다. 다른 사람에게는 일절 이 문제를 의논하지 말라고도 말해 두었습니다. 이승만" (Dear Col. Goodfellow: I wrote to Mr. Kim Ku that he should take up with General Lee Chung Chun in strict confidence the question of placing the Korean army under the command of the U.S. authority and that if they agree he should let me know it at once through Major Eifler. I told him also not to approach any one about it. Cordially yours, Syngman Rhee). 이 편지는 독립기념관이 한미수교 140주년을 기념해 2022년 5월 19일부터 8월 28일까지 개최한 '미국과 함께 한 독립운동' 전시회에서 광복군과 OSS가 합작한 작전을 설명하면서 이승만을 전혀 언급하지 않은 사실이 얼마나 황당한 일인지를 잘 보여준다. 이를 두고 뉴데일리 이산하 기자는 2022년 9월 11일 "역사 밑장빼기, 독립기념관은 타짜인가"라는 기사를 통해 보훈처 산하의 독립기념관 행태를 신랄하게 비판했다.
자료: 《NAPKO Project of OSS》 해외의 한국독립운동사료 24, 미주편 6, 국가보훈처, 2001, 41쪽.

42

엘저 히스, 이승만 마지막 독립운동이
냉전의 전초전임을 상징

1941년 12월 시작된 태평양전쟁은 1945년 8월 일본이 항복하면서 끝났다. 이승만 나이 66부터 70까지 기간이다. 3년 9개월 동안의 전쟁 기간에 이승만만큼 바쁜 사람도 없었을 것이다. 전쟁이 다가옴을 예언한 이승만은 전쟁이 시작되자 일본이 패전해 한국 독립의 기회가 올 것을 내다보며, 한편으론 임시정부 승인을 요구하는 외교선전을 맹렬히 전개했고 다른 한편으론 대일전쟁 참전을 백방으로 모색했다.

그러나 이승만의 노력은 결국 결실을 보지 못했다. 연합국은 끝내 임시정부를 승인하지 않았고, 대일 전(戰) 참전은 한인들 개인 차원에서만 이루어졌다. 그렇다면 이승만은 헛발질만 한 셈인가? 그렇지 않다. 이승만의 노력 그리고 그 과정에서 얻은 경험과 지식 그리고 인맥은 '열전'과 함께 소리 없이 시작된 '냉전'의 전초전이 제공한 엄청난 자산이었다. 전후의 건국은 물론 이어 닥친 6·25 전쟁을 극복하는 원동력이 되었다.

대표적인 예를 들어 보자. 전쟁 당시 미국 외교를 담당한 국무부와 이승만은 치열한 싸움을 했다. 이승만은 전쟁 발발 열흘 후인 1941년 12월

17일 국무부를 방문했다. 국무장관 특보 혼벡(Stanley Hornbeck)의 주선으로 육군정보국 무어(Walles Moore) 대령을 만나 중국에서 투쟁하는 광복군 지원을 요청한 다음 날이었다. 17일 혼백을 대신한 히스(Alger Hiss)와 면담하며 이승만은 해외한족대회 결의안을 전하고 임시정부 승인을 요청했다.

그러나 히스는 '임시정부 승인과 한국독립 문제는 중국, 소련, 영국과 협의를 거쳐 미국의 정책이 확정되어야 대답할 수 있다'는 국무부 극동국의 입장을 반복했을 뿐이다(손세일, 2015, 《이승만과 김구》 제5권, 조선뉴스프레스: 173). 그로부터 2주 후 1942년 1월 2일 이승만은 다시 히스를 찾았다. 히스와 함께 혼백 사무실로 이동한 이승만은 한국 문제를 두고 심층 토론을 했다.

이 자리에서 히스는 다음과 같이 언급했다. '이승만의 제안은 한국 임시정부의 승인을 전제로 한 것이기 때문에 미국이 취할 수 있는 조치는 거의 없고, 현 단계에서 한국정부의 독립을 승인하면 북아시아에 큰 이해관계가 있는 소련을 자극할 가능성이 있다'는 지적이었다(손세일, 2015, 《이승만과 김구》 제5권: 180). 당시 이승만은 히스가 소련의 간첩이라곤 상상도 못했다. 단지 미국의 동맹국 소련의 입장을 중시하는 맹랑한 젊은이라 생각했을 뿐이다.

이승만은 히스의 입장에 괘념치 않고 오히려 국무부를 상대로 '문서투쟁'을 더욱 가열차게 전개했다. 그러나 히스는 미국의 이익을 위해서가 아니라 소련의 이익을 위해서 일하던 간첩이었다(Oliver, 1960, Syngman Rhee: The Man Behind the Myth, Dodd Mead and Company: 175-178; 배진영, 2018, "엘저 히스, 죽는 날까지 매카시즘의 희생자로 행세한 아주 탁월한 스파이" 월간조선 5월호).

당시 미국 행정부에는 소련 간첩이 무려 2백여 명이나 득시글거리고 있었다(손세일, 2015, 제5권: 181). 1933년 출범한 루스벨트 행정부의 사회주의 뉴딜정책이 이들의 침투 배경이었다. 1945년 2월 얄타회담의 막후 실력자였고 같은 해 8월 출범한 국제연합(UN)의 산파 노릇을 한 히스 뿐만이 아니었다. 국제통화기금(IMF) 창립의 산파였던 당시 재무 차관보 화이트 (Harry White) 역시 소련 간첩이었다(조갑제, 2016, "세계사를 바꾼 간첩: IMF 만든 미 재무부 고관 화이트 이야기").

그러나 결의에 찬 이승만은 미 상원 원목인 해리스(Frederick Harris), 변호사 스태거스(John Staggers), 언론인 윌리엄스(Jay Jerome Williams) 세 사람으로 하여금 '한국상황(The Korean Situation)'이란 문건을 작성해 1942년 1월 9일 국무장관 헐 (Cordell Hull)에게 제출토록 했다. 이 문건은 '2천3백만 한국인의 해방은 루스벨트 대통령이 천명한 미국의 전쟁목표이며, 미국이 한국의 독립을 승인하는 것은 회피할 수 없는 도덕적 의무'라는 이승만의 주장을 반영한 문건이었다(손세일, 2015, 제5권: 183).

이와 같은 이승만의 문서·언론 투쟁은 종전까지 한순간도 그치지 않았다. 1945년 2월의 얄타회담에 관한 이승만의 의혹 제기도 마찬가지 맥락에서 벌어진 일이다. 1945년 4월부터 두 달 동안 샌프란시스코에서 개최된 국제연합 준비회의 참가가 사무총장 히스의 주도로 무산되자 이승만은 언론을 통해 3달 전 얄타에서 "스탈린의 요구에 따라 루스벨트와 처칠이 2차대전 종전 후 한반도를 소련의 영향권 안에 두기로 몰래 합의했다"는 이른바 '얄타 밀약설'을 터뜨렸다. 한인사회는 물론 미국의 주류 언론이 발칵 뒤집혔다.

이 밀약이 사실이라면 1943년 11월 카이로 회담에서 루스벨트, 처칠, 장개석이 발표한 '적절한 절차를 밟아(in due course) 한국을 독립시킨다'는 선언은 국제사기극으로 전락할 판이었다. 물론 '적절한 절차가 일정한 기간의 신탁통치를 의미하는 것 아니냐'는 의혹은 계속 제기되고 있었다. 그러나 한반도가 미국이 아닌 소련의 영향권에 들어가는 문제는 전혀 다른 차원의 새로운 문제였다.

이 발언의 근거로 알려진 전향한 공산주의자 구베로(Emile Gouvereau) 제보의 사실 여부는 이승만에게 중요하지 않았다(손세일, 2015, 제5권: 597). 이 문제와 관련해 당시 이승만이 가지고 있던 입장을 적나라하게 보여주는 기록이 남아 있다. 임시정부 대표단의 일원으로 샌프란시스코 회의에 갔던 정한경이 1946년 영어로 출판한 문건 "Syngman Rhee: Prophet and Statesman"에 기록된 대목이다.

"그렇게 엄청난 문제를 제기했다가 아무런 근거가 없는 것으로 밝혀지면 그 결과가 두렵지 않습니까?"라는 정한경의 질문에 이승만은 다음과 같이 대답했다. "증거가 없소. … 내가 바라는 것은 얄타협정에 서명한 국가 수뇌들이 그것을 공식으로 부인하는 것이었소(손세일, 2015, 제5권: 606)."

이승만의 도박은 그로부터 두 달 후인 1945년 7월 미국, 영국, 중국, 소련이 직간접으로 참가한 '포츠담 선언'에서 일본이 항복하면 한국을 독립시킨다는 '카이로 선언'의 이행을 재확인하도록 만들었다. 이승만의 문제 제기는 또한 폴란드를 포함한 동구를 해방한 소련이 위성 정권을 세우는 문제에 대해 '포츠담 선언'이 우려하는 조항을 넣는 성과도 만들었다.

이승만의 활동은 이에 그치지 않았다. 미국은 2차대전의 피침략국 해방을 상징하기 위해 '유린된 나라들'이라는 시리즈로 5센트짜리 우표를 발행했다. 폴란드, 체코, 노르웨이 등 추축국에 의해 점령당한 유럽의 나라들 시리즈가 먼저 발행되고 이어서 일본 지배하의 '아시아 해방'을 상징하는 태극기 우표가 1944년 11월 발행됐다. 한표욱은 이 역시 이승만이 애쓴 결과였다고 증언한다(손세일, 2015, 제5권: 579).

워싱턴 포토맥 강가의 벚꽃 나무에 관한 일화도 유명하다. 전쟁이 나자 미국인들은 미일 우호의 상징인 포토맥 강가의 '일본 벚꽃 나무'를 모두 베어내려고 했다. 이승만은 벚꽃 나무 원산지가 한국 울릉도라는 일본 백과사전 기록을 찾아 '한국 벚꽃 나무'라 바꿔 부르자 제안했다. 논란 끝에 결국 '오리엔탈 벚꽃 나무'라 부르기로 결론이 나며 벚꽃 나무는 모두 살아 남았다(손세일, 2015, 제5권: 365).

미국 우정성이 1944년 11월 발행한 5센트짜리 태극기 우표.

2차대전이 연합국의 승리로 끝나가던 1945년 2월 흑해 연안 크림반도의 휴양도시 얄타에서 루스벨트 (가운데), 처칠(오른쪽), 스탈린(왼쪽) 이 만나 전후 세계질서를 논의했다. 동그라미 속 인물이 루스벨트의 신임을 한 몸에 받던 '엘저 히스'다.

엘저 히스가 간첩 사건에서 위증죄로 기소된 사실을 보도한 1948년 12월 16일 New York Times 기사.

1950년 1월 21일 위증죄로 기소된 법정의 앨저 히스.

KOREAN CHERRY TREE being planted on the campus of American university, Washington, D. C. The tree and five others were donated to the university by the Korean Women's Relief Society of Honolulu. From left to right are: Dr. Paul E. Douglas, president of the university; an unidentified woman; Dr. Syngman Rhee, formerly of Honolulu, and now chairman of the Korean commission in Washington; Miss Bobby Rule, university sophomore coed, and Mrs. Doris Yoon, former University of Hawaii student now working for the Korean commission in Washington.

아메리칸 대학 교정에 '코리안 체리 트리'를 심는 사진이 실린 미국 일간 신문 '아메리칸 이글(The American Eagle)' 1943년 4월 13일 기사. 기사는 호놀룰루 대한인부인구제회 (Korean Women's Relief Society)가 식수하는 벚나무 외에도 5그루를 더 대학에 기증했 다고 쓰고 있다. 사진 속 인물은 왼쪽부터 폴 더글라스(Paul Douglas, 아메리칸 대학 총장), 미상의 여성, 이승만 박사, 보비 룰(Bobby Rule, 아메리칸 대학 2학년 재학생), 도리스 윤 (Doris Yoon, 하와이대 출신으로 현재 워싱턴 한국위원부 근무).

43

이승만 33년 독립운동 끝에
미군정사령관 하지의 도움으로 귀국

1945년 5월 7일 유럽 전선에서 독일이 연합국에 항복했다. 독일의 항복을 내다보던 미국, 영국, 소련은 이미 3달 전인 1945년 2월 얄타에서 전후처리를 위한 회담을 가졌다. 전후 평화체제 구축에 소련의 협조를 기대하던 루스벨트는 처칠의 반대에도 불구하고 스탈린의 요구를 대폭 수용했다. 덕분에 소련은 자신이 싸우던 동구 전선에서 좌우합작을 통한 적화 즉 위성국가를 세우는 일을 차질없이 수행할 수 있게 됐다.

루스벨트는 또한 일본 본토 상륙에 따를 미군의 희생을 줄이기 위해 소련의 태평양전쟁 참전을 요청했다. 사할린 등 극동의 영토와 이권을 보장받은 스탈린은 당시 유효하던 '소일불가침조약'에도 불구하고, 독일 항복후 3개월 이내에 일본과 전쟁을 개시하겠다고 약속했다. 이때 루스벨트와 스탈린은 한반도에서 상당한 기간의 신탁통치가 필요하다는 합의까지도 했다.

독일 항복 후인 1945년 7월 일본의 '무조건 항복'을 요구하기 위한 세

나라 정상회의가 포츠담에서 시작됐다. 얄타회담 후 5개월 만에 다시 열린 회의였지만 분위기는 달라지고 있었다. 우선 미·영·소 세 나라 대표 중 두 나라 대표가 바뀌었다. 미국은 4선에 성공한 루스벨트가 1945년 4월 뇌출혈로 사망함에 따라 부통령이던 트루먼이 대통령직을 승계해 회의에 참석했다. 영국은 2차대전의 영웅 처칠이 선거에 패배하면서 새 수상 애틀리가 회의 중간에 새 대표가 되었다. 스탈린만 그대로였다.

더 결정적인 차이는 미국의 입장이 바뀐 사실이다. 미국은 회담 시작 하루 전 뉴멕시코에서 비밀리에 실시한 원자폭탄 실험에 성공했다. 이제 미국은 오키나와 상륙에서 흘린 피를 일본 본토 상륙에서 반복할 걱정을 덜었다. 트루먼은 오히려 스탈린이 대일전쟁에 참전하지 않기를 은근히 바라는 마음까지도 품게 되었다. 드디어 미 국무부에도 한반도 공산화를 우려하는 이승만과 같은 입장을 가진 세력이 등장하고 있었다.

1945년 6월 말 오키나와를 점령하고 숨을 고르던 미국은 7월 26일 발표한 포츠담 선언을 일본이 끝내 거부하자 원자폭탄 투하를 결정했다. 1945년 8월 6일 히로시마에 원자폭탄이 떨어졌다. 최소 7만여 명이 한순간에 즉사했다. 일본 내각이 항복의 마지막 장애물인 천황제 폐지를 두고 군부와 대립하며 우왕좌왕하는 사이 3일 후인 8월 9일 나가사키에 두 번째 원자폭탄이 떨어졌다. 최소 4만여 명이 또다시 즉사했다.

일본은 두 번의 원폭에도 불구하고 천황제 폐지라는 항복 조건을 놓고 강경파와 온건파가 계속 대립하고 있었다. 이 엉거주춤하는 사이에 스탈린은 얄타회담에서 약속한 3개월 시한을 꽉 채운 8월 9일 새벽 드디어 일본과 전쟁을 시작했다. 나가사키에 두 번째 원자폭탄이 떨어진 오전 11시보다 불과 한나절 빠른 시간이었을 뿐이다. 태평양전쟁의 승리라는 잔치

상에 마지막 숟가락을 얹기 위한 스탈린의 치밀한 선택이었다.

소련의 한반도 진출은 전광석화 같았다. 주력을 버마 전선에 빼앗겨 껍데기만 남은 만주국 관동군을 소련은 별다른 저항 없이 통과하며 전투 첫날인 8월 9일 함경북도까지 진출했다. 12일에는 청진에 다다랐다. 이런 속도면 소련이 한반도 전체를 점령하는 데 필요한 시간은 일주일 정도뿐이었다. 이를 본 미 국무부는 미군이 만주에까지 진출해야 한다는 보고서를 제출하기도 했다. 그러나 전쟁에 지친 미 육군은 아시아 대륙에 발을 들여놓기조차 주저하고 있었다. 더구나 미군은 당시 한반도에서 1,000Km 이상 떨어진 오키나와에 있었다.

상황이 급박해지자 8월 11일 국무부 던 차관보가 육군 작전국에 소련과 군사분계선을 그을 방법을 찾아보라 요구했다. 서울과 인천은 미군 관할이어야 한다는 조건이 붙었다. 본스틸 대령과 러스크 대령은 지도를 놓고 고심한 끝에 북위 38도선을 찾았다. 소련이 거부할 수도 있다는 걱정을 했지만, 의외로 스탈린은 이 제안을 순순히 받아들였다. 개성까지 내려왔던 소련군이 38선 이북으로 철수했다.

스탈린이 얄타에서 합의한 대일전 참전은 일본의 만주국 관동군을 상대로 한 약속이었다. 태평양 전선을 담당하던 미국은 일본 본토와 한반도를 지키고 있던 대본영을 상대하고 있었다(김기조, 1994, 《38선 분할의 역사》 동산출판사). 전쟁이 막바지로 접어들면서 일본은 관동군 관할을 한반도 북쪽까지 남하시켰다. 관동군 전력을 평양을 통해 동남아 전선으로 이동시키기위한 전략이었다 (https://ysfine.com/kowar/war45.html 김영서 교수 홈페이지).

서울과 인천은 여전히 대본영 산하의 '17방면군'이 맡고 있었다. 38도선은 바로 이 두 일본군의 관할 경계와 딱 맞아떨어지는 선택이었다. 스탈린의 또 다른 복심도 작용했다. 미국으로부터 북해도 북부와 리비아 트리폴리 항구를 얻기 위한 전략적 선택이기도 했다. 태평양과 지중해를 거쳐 전 세계를 적화하려는 스탈린의 원대한 꿈이 한반도 전체의 적화를 막는 38도선 설정의 지렛대가 되었다. 일본이 항복하고도 20여 일이 지난 9월 8일 미군은 38선 덕분에 인천에 발을 들일 수 있었다.

일본 천황은 1945년 8월 15일 정오에 '무조건 항복'을 방송으로 선언했다. 미국 워싱턴의 이승만은 이 뉴스를 1945년 8월 14일 밤 11시에 들었다. 이승만은 벌떡 일어나 프란체스카의 손을 붙잡고 소리쳤다. "이봐, 일본이 항복했어. 우린 귀국하는 거야." 그리곤 말을 잇지 못했다. 평생을 기다린 일이 막상 닥치니 말이 나오지 않았다. 잠시 후 임병직 일행이 들이닥치고서야 이승만은 다시 말문이 열렸다. "병직이, 이젠 돌아가자, 돌아가자."

해방을 맞이해 고국 땅으로 돌아가길 원하는 70 나이의 독립투사 이승만의 발목을 잡은 건 또다시 미 국무부였다. 미 국무부는 엘저 히스로 대표되는 친 소련파와 소련을 경계하는 반 소련파가 뒤섞여 있었다. 태평양 전쟁을 승리로 이끈 맥아더의 도움으로 여권을 받은 이승만의 뒷덜미를 미 국무부가 다시 붙들었다. 한반도에 동구 방식의 좌우합작 정부를 세우려 했던 국무부 소련파는, 그런 소련을 경계해야 한다는 이승만의 귀국이 껄끄러웠기 때문이다.

이승만을 구해준 동아줄은 뜻밖에도 서울을 해방한 하지 미 군정장관으로부터 내려왔다. 오키나와에서 한국으로 직행하라는 명령을 받고 9월 8일 인천으로 들어오던 하지는 한반도 사정을 전혀 몰랐다. 그러나 하지는 마침 선교사의 아들로 한국에서 태어나 한국말을 잘하는 해군 중령 윌리암스를 인천에 상륙하면서 우연히 만났다. 현장에서 그는 하지의 특별 보좌관으로 발탁됐다.

하지의 뜻에 따라 윌리암스는 전국을 돌며 민심을 파악했다. 한국인들이 한결같이 '우리 대통령 이승만은 왜 귀국하지 않는가'를 의아해하는 사실을 윌리암스는 하지에게 가감없이 보고했다.

8월 15일 패전을 맞은 일본 총독은 77만에 달하는 한반도 거주 일본인의 안전 귀국을 보장받기 위해 우익 지도자 송진우를 물밑 접촉했다. 송진우는 중경의 임시정부가 귀국해서 할 일이라 외면했다. 차선으로 접촉한 여운형이 협조를 약속했다. 이를 배경으로 여운형은 전국 조직을 갖춘 건국준비위원회(건준)를 안재홍과 띄웠다.

전남 광주의 벽돌공장에 숨어 있던 공산주의자 박헌영도 해방을 맞아 서울로 올라와 활동을 재개했다. 이념적 노선이 확실하지 않던 여운형의 건준은 결국 조직활동에 능한 박헌영의 공작에 넘어갔다. 건준을 접수한 박헌영은 인민공화국으로 가는 작업의 일환으로 9월 14일 좌우합작의 조선인민공화국 수립을 선포했다. 주석으로 이승만을 추대했다.

박헌영도 추대한 이승만을 하지는 합참을 통해 긴급히 서울로 불렀다. 1912년 105인 사건으로 고국을 떠난 지 33년 만에 이승만은 미군 비행기를 이용해 1945년 10월 16일 마침내 서울로 돌아왔다. 전 국민이 열렬히 환영했다.

이승만 귀국을 일면 톱으로 보도한 1945년 10월 17일 매일신보. "이승만 박사 33년 만에 돌연 귀국,
전 국민은 통일하자, 오늘 아침 군정청에서 제1성"이란 제목을 단 기사 옆에는 "이승만 박사 귀국"을
주제로 한 사설도 싣고 있다.

여운형과 박헌영(안경을 낀 인물이 박헌영).

우남 이승만 연보

1875.3.26	황해도 평산군 마산면 능내동에서 아버지 이경선(李敬善), 어머니 김해 김씨 사이에서 3남 2녀 중 막내로 출생. 두 형이 이승만 출생 이전 사망, 6대 독자
1877.	서울로 이사. 남대문 밖 염동, 낙동을 거쳐 도동 우수현(雩守峴)에서 성장. 그의 호 우남(雩南)은 이 지명에서 유래
1895.4.2	신긍우(申肯雨)의 권유로 Henry Appenzeller가 설립한 배재학당에 입학
1897.1.1	양홍묵(梁弘黙) 등과 함께 순한글 주간신문《협성회회보》창간, 주필로 활동. 한국 최초의 현대시 "고목가(枯木歌)"를 이 회보에 게재하여 열강의 대한 침략에 대한 경각심을 일깨움
4.9	《협성회회보》를 토대로 최초의 일간지《매일신문》창간, 주필로 활동
8.10	이종일(李鐘一)과 함께《뎨국신문》창간, 주필로 활
11.29	남궁억(南宮檍) 등과 함께 중추원 의관(종9품)으로 임명
1899.1.9	전제군주정의 개혁을 통해 독립을 보전하려는 정치활동을 벌이다가 체포되어 투옥
1.30	주시경(周時經, 본명 周相鎬)이 건네준 총을 들고 최정식(崔廷植), 서상대(徐相大)와 함께 탈옥 시도, 실패 후 태형 100대와 종신징역 판결
7.11	옥중에서 상하이 주재 미국인 선교사 Young J. Allen과 청국인 채이강(蔡爾康)이 쓴《중동전기본말》을 순한글로 편역, 저술(1917년 하와이에서 《청일전긔》로 출판)
1901.2~1904.7	옥중 생활 중에서도《뎨국신문》과《신학월보》에 수시로 논설을 기고
1902.10	옥중학교를 설립하여 어른 및 어린이 죄수들에게 성경과 찬송가를 가르치고, 한글, 한문, 영어 등을 교육
1903.1	옥중 도서실을 개설하여 운영

1904.6	러일전쟁이 발발하자 영한사전 집필을 중단하고, 《독립정신》 집필(1910년 2월 로스앤젤레스에서 초판 출판, 1917년 호놀룰루에서 제2판 출판, 해방 이후 여러 차례 중복 출판)
8.9	형집행이 정지되어 출옥
10.15	남대문 인근 상동교회의 상동청년학원 교장으로 취임
11.4	대한독립 보전을 위한 미국의 지원을 호소하기 위해 고종황제의 측근 민영환의 밀명을 받고 미국으로 출국. 일본 고베를 거쳐 호놀룰루에 도착, 윤병구와 합류
12.31	샌프란시스코, 로스엔젤레스, 시카고 등을 경유하여 워싱턴, D.C.에 도착
1905.2	조지워싱턴대학에 2학년 장학생으로 입학
2.20	미국 하원의원 Hugh A. Dinsmore의 주선으로 John M. Hay 국무장관 면담
8.4	뉴욕 동쪽 Oyster Bay의 Sagamore Hill의 'Summer White House(여름 백악관)'에서 윤병구와 함께 Theodore Roosevelt, Jr. 미국 대통령을 면담. 러일전쟁 종전을 위한 포츠머스회담에서 대한제국의 독립을 지원해 줄 것을 요청. 주미 대한제국 공사관의 비협조로 외교공문 발송 좌절
1907.6.5	George Washington University 학부 졸업
6.9	Harvard University 석사과정 입학
7.10~15	Colorado주 Denver에서 열린 애국동지대표자대회(The Korean Patriots' Delegation Convention)에서 의장으로 선출
7.9	Princeton University 박사과정 입학
1910.7.18	Princeton University에서 박사학위(Ph.D.)를 받음. 그의 학위논문 〈미국의 영향을 받은 중립(Neutrality as Influenced by the United States)〉은 1912년, Princeton University Press에서 출간
10.10	귀국(Liverpool, London, Paris, Berlin, Moscow, Manchuria를 거쳐 서울역에 도착. 5년 11개월 6일 만의 귀국)
1912.3	YMCA 청년학교 학감에 취임하여 교육, 전도 활동. John Raleigh Mott의 Work for New Students를 번역, 출판. 37일(1911.5.16~6.21)간 전국 순회전도 여행
5.1	미국Minnesota주 Minneapolis에서 개최된 Quadrennial General Conference of the Methodist Episcopal Church에 평신도 대표로 참석

6.19	Princeton University 은사인 Thomas Woodrow Wilson(당시 민주당 대통령 후보)을 Sea Girt, New Jersey의 summer home에서 만나 대한 독립 지원을 호소. 월슨의 추천서를 가지고 워싱턴 등지를 다니면서 대한 독립을 호소
1913.1.28~ 2.3	샌프란시스코에서 출발하여 하와이 호놀룰루 도착
2.8	한인기숙학원(Korean Boarding School for Boys) 교장에 취임
4.	105인 사건을 다룬 《한국교회핍박》을 저술, 발간
9.20	월간 《태평양잡지》 창간(나중에 《태평양주보》로 제호를 바꿈)
1914.7.29	한인여자(성경)학원(Korean Girls' Seminary)를 설립
1917	호놀룰루에서 《청일전긔》와 《독립정신》 제2판을 출판
10.29	뉴욕에서 개최된 25개 약소민족대표회의(League of Small and Subject Nationalities)에 코리아대표로 참석
1918.12.1	대한인국민회에서 정한경, 민찬호와 함께 Paris Peace Conference에 파견될 대표로 선출
1919.1.6	Paris Peace Conference에 참석하기 위해 호놀룰루에서 미국 본토로 출발
3.3	정한경의 제의에 따라 국제연맹(League of Nations)이 일제를 대신해서 코리아를 위임통치한 후 독립하는 방안을 월슨 대통령에게 청원
3.21	노령 임시정부에서 국무경(국무 및 외무총장)으로 추대
4.11	상해 프랑스조계의 임시의정원이 이승만을 국무총리로 추대
4.14~16	서재필, 정한경과 함께 필라델피아 시내 '소극장'에서 대한인총대표회의(The First Korean Congress)를 개최. Independence Hall까지 행진
4.23	13도 대표들이 국민대회를 열어 한성임시정부 수립을 선포하고 집정관총재로 추대
4.23	워싱턴, D.C에 대한공화국(The Republic of Korea) 활동본부 설치
6.14~27	'대한공화국' 대통령 이름으로 미국, 영국, 프랑스, 이탈리아, 일본의 국가원수들과 Paris Peace Conference 의장 Georges Clemenceau에게 대한 독립 선포를 알리는 공문 발송
7.4	국내외 동포에게 독립을 위한 헌신을 촉구하는 '대통령 선언서' 발표

7.17	워싱턴 D.C.에 대한공화국 임시공사관 설치
8.25	워싱턴 D.C.에 구미위원부(The Korean Commission to America and Europe for the Republic of Korea)를 설치하고 김규식을 위원장으로 임명
9.1	상해 프랑스조계의 대한민국 임시정부에서 대통령으로 선출
1919.10~ 1920.6	미국 각지를 순회하며 대한독립 지지 요청 연설
1920.3	미국 상원의원 Charles Spalding Thomas와 John Shields를 통해 대한 독립 승인안을 미국 의회에 상정했으나 본회의에서 부결
11.15	대한민국 임시정부 대통령으로 부임하기 위해 호놀룰루 항에서 비서 임병직과 함께 상해 프랑스조계로 출항(일본이 30만 달러의 체포 현상금을 걸었기 때문에 중국인 노동자들의 시신들을 본국으로 송환하던 화물선을 타고 밀항)
12.28	상해 프랑스조계 대한민국 임시정부 청사에서 대통령 취임식 개최
1921.5.29	"외교상 긴급과 재정상 절박"으로 인해 미국으로 떠난다는 대통령 교서를 발표하고 상해에서 출항
6.29	호놀룰루에 도착하여 대한인동지회 결성
8.10	워싱턴회의에 참석하기 위해 호놀룰루에서 출항
8.27	워싱턴 D.C.에 도착, 한국대표단(Korean Mission) 조직(대표장: 이승만, 대표: 서재필, 서기: 정한경, 고문: Fred A. Dolph). 대한민국 임시정부는 9월 9일 한국대표단에게 워싱턴회의에 관한 전권 부여
10.1~ 12.1	워싱턴회의 미국대표단에게 대한 독립을 호소하는 청원서 제출
1925.3.23~ 4.10	대한민국 임시정부는 임시대통령 이승만 면직안을 의결하고, 구미위원부 폐지령을 공표
1929.10.5~ 1930.1.8	미국 본토 전역을 순방하고 호놀룰루로 귀환
1931.11.21	만주사변 발발 후 만주국 문제가 외교적 쟁점으로 부상하자 하와이동포들로부터 외교자금을 조달하여 호놀룰루 출항
12.7	워싱턴 D.C. 도착 후 국제연맹외교 준비
1932.11.10	대한민국 임시정부, 이승만을 특명전권수석대표로 임명

1932.12.23~ 1933.1.4	뉴욕에서 출발하여 국제연맹 본부가 있던 제네바에 도착(Liverpool, London, Paris, Lyon 경유)
2.8	코리아문제에 관한 문건을 국제연맹(League of Nations) 회원국 대표들과 특파원들에게 배포
2.21	제네바의 러시아호텔(Hotel de Russie) 식당에서 오스트리아 출신 프란체스카 도너(Francesca Donner) 모녀와 합석
3.	만주문제와 관련된 한인 문제를 다룬 The Koreans in Manchuria를 서영해 등의 도움을 받아 파리의 고려통신사를 통해 출판
7.9	비엔나에서 프란체스카와 재회
7.19~20	소련 비자를 갖고 모스크바에 도착했지만, 소련 외무부의 퇴거 요구로 모스크바를 떠남
8.2~	피렌체, 로마, 피사, 제노아 여행
8.10~16	프랑스 Nice를 출발하여 뉴욕에 도착
10.8	뉴욕시 Lexington가(街), Monclair호텔에서 프란체스카와 결혼
1935.1.24	부인과 함께 호놀룰루 도착. 이후 교육을 통한 독립운동에 매진
1939.3.30	중일전쟁에 이어 미일전쟁이 일어날 것을 예견하고 워싱턴 D.C.로 출발
4.13	워싱턴 D.C.에 도착하여 구미위원부 재건을 위한 시찰 및 준비활동 수행(8월 10일 호놀룰루로 잠시 귀환)
11.10	프란체스카와 함께 워싱턴 D.C.로 거주지를 옮김
1941.4.20	호놀룰루에서 9개 단체가 모인 '재미한족연합위원회'가 외교위원장으로 위촉
6.4	대한민국 임시정부 주미외교위원부 위원장을 맡음
8.1	일제의 미국 침략을 예견한 Japan Inside Out을 뉴욕에서 출간
9.	저명 작가 펄 벅(Pearl S. Buck)은 "두려운 것은 이 책에서 말하는 것이 모두 진실"이라고 서평
12.7	일본이 하와이를 기습폭격하자 Japan Inside Out이 각광을 받음
12.9	미 국무부 정치고문 Stanley Hornbeck, 대통령 Franklin Delano Roosevelt, 국무장관 Cordell Hull에게 대한민국 임시정부의 선전포고문과 임시정부 승인 요구 공한(公翰)을 전달

1942.1.16	한미협회(The Korean-American Council)를 창설. 미국 상원 원목 Frederick Brown Harris, 전 캐나다 대사 James Cromwell, 언론인 Jay Jerome Williams, 변호사 John W. Staggers가 중심인물. 임시정부 승인과 무기지원을 목표로 활동
2.27~3.1	워싱턴 D.C.의 Lafayette 호텔에서 대한인자유대회(The Korean Liberty Conference) 개최. 이승만이 이끄는 한미협회와 재미한족연합위원회가 공동 주최
~3.1	워싱턴 D.C.의 Lafayette 호텔에서 대한인자유대회(The Korean Liberty Conference) 개최. 이승만이 이끄는 한미협회와 재미한족연합위원회가 공동 주최
6~7	미국의 소리(VOA) 단파 방송을 통해 독립투쟁을 고무하는 한국어, 영어 연설
10.10	미 육군전략사무처(OSS) Millard Preston Goodfellow 대령에게 항일 게릴라 조직 제의
12.4	OSS에 통보한 50명의 한국인 중 12명이 선발되어 군사훈련 시작
12.7	F. Roosevelt 대통령에게 한국인 군사훈련에 대한 지원 요청
1943.3.30	스팀슨 육군장관에게 하와이 한인동포들을 일본인들과 같은 적국민으로 대하지 말 것을 요청. 육군장관의 요청 수락 회신을 받음
5.15	F. Roosevelt 대통령에게 임정 즉각 승인과 무기 지원을 요청하는 서신 발송
8.23	제1차 퀘벡 회의에 참석한 루즈벨트 대통령과 처칠(Winston Churchill) 영국 수상에게 전보로 임정 승인과 군사지원 요청
8.	한미협회와는 별도로 기독교인친한회(The Christian Friends of Korea) 조직
9.11	제2차 퀘벡 회의에 참석한 루즈벨트와 처칠에게 카이로선언(Cairo Declaration)의 의의와 한계를 지적하고 일본 패망 후 한국의 즉각 독립을 요구하는 전보를 보냄
1945.2.5	미 국무차관 Joseph Grew에게 한반도에 공산정권을 수립하려는 소련의 야욕을 막는 방법으로 임정의 즉각 승인을 촉구하는 전보를 보냄
5.14	Yalta 회담에서 미, 영이 한반도를 소련의 지배 하에 두기로 하는 비밀협약이 이루어졌다는 주장(얄타밀약설)을 발표, 미 국무부와 충돌

8.15	해방. 즉각 귀국하려 했으나 이승만을 기피인물로 여기는 미 국무부의 방해로 2개월간 지연
10.16	33년만의 귀국(김포 비행장). 조선호텔에 투숙. 윤치영, 송진우, 김성수 등을 접견
10.17	미군정청 회의실에서 기자회견(경성라디오방송 실황 보도)
10.21	허헌, 이강국 등 좌익 인사들이 이승만을 방문, 인민공화국 주석 취임을 요청
10.24	돈암장(敦岩莊)으로 이주
10.25	독립촉성중앙협의회 총재직을 맡음
10.31	돈암장에서 박헌영과 회담
1946.1.14	신탁통치를 찬성하는 공산주의자들을 매국노로 규정하고 결별 선언
2.8	독립총성중앙협의회와 신탁통치반대국민총동원위원회를 통합한 대한독립촉성국민회(大韓獨立促成國民會) 총재가 됨
2.25	재남조선대한민국대표 민주의원 의장에 선출
6.3	전북 정읍에서 38선 이북처럼 38선 이남에서도 "임시정부 혹은 위원회 같은 것을 조직"해야 한다고 주장(정읍발언)
6.29	독립정부 수립의 권리를 쟁취하기 위한 민족통일총본부(民族統一總本部) 결성
8.14	미국 Harry S. Truman 대통령에게 카이로 선언의 이행을 촉구하는 전문 발송
9.10	코리아 문제를 미소공동위원회 대신 국제연합에서 다룰 것을 촉구하기 위해 임영신을 미국에 파견
10.28	Cairo Declaration과 Potsdam Declaration에 위배되는 모스크바 3국 외무장관 합의 취소 요구 성명
12.2	독립정부 수립을 국제연합에 직접 호소하기 위해 도쿄를 거쳐 미국으로 출발
12.12	소련이 한국의 통일정부 수립을 허용하지 않을 것이 확실하므로 38선 이남에서만이라도 과도정부 수립이 필요하다고 주장
1947.4.1	귀국하기 위해 워싱턴 D.C. 출발

4.13	도쿄를 거쳐 상해에 들러 장개석(蔣介石) 총통과 회견. 이청천 장군과 함께 귀국. 공항에서 김구, 김규식 등의 환영을 받음
7.3	좌우합작을 주장하는 하지 중장과의 협조 포기 선언. 가택연금
9.16	독립정부 수립을 위한 수단으로 국제연합 감독 하의 총선거를 주장
9.21	대동청년단 총재 취임. 단장은 이청천(李靑天) 장군
10.18	독지가들의 모금으로 마련된 이화동의 이화장(梨花莊)에 입주
11.14	국제연합 총회에서 국제연합 감시 하의 한반도 자유선거 실시 결
1948.1.8	국제연합 코리아임시위원단 도착. 이승만은 환영군중대회에서 연설
5.10	국제연합 감독 하에 실시된 최초의 보통, 평등, 비밀, 직접 원칙에 입각한 자유선거에서 당선(동대문 지역구)
5.31	제헌국회 의장으로 선출
6.16	헌법기초위원회에 참석하여 내각책임제 반대하고 대통령책임제 주장
7.20	국회에서 대통령으로 당선(186명 출석 가운데 180표 획득)
7.24	대통령 및 부통령 취임식
8.11	제3차 국제연합 총회가 열리는 프랑스 파리에서 대한민국 승인운동을 펼칠 한국대표단 파견. 장면, 조병옥, 장기영(張基永), 정일형, 모윤숙, 김활란 등
8.15	대한민국 정부 수립 국민축하식 참석
8.26	한미상호방위원조협정 체결
10.19	Douglas MacArthur 연합군 최고사령관 초청으로 일본 방문
12.12	제3차 국제연합 총회(파리, 샤이요 궁Palais de Chaillot) 마지막 날 5·10총선의 결과 수립된 대한민국 독립정부 승인
1949.6.9	일본의 어업구역 확대에 반대 성명
8.8	장개석과 진해에서 회담
1950.2.14	D. MacArthur 연합군 사령관의 초청으로 일본 방문. 재일동포 중소기업가에 대한 200만 달러 융자 약속
3.10	농지개혁법 개정법 공포. 봉건적인 지주–소작인 관계의 사회를 자작농–자유인의 사회로 바꾸는 혁명적 계기(4월 5일 농지분배 예정통지서 발송 시작)
6.25	6·25전쟁 발발. 조선인민군의 전면적 기습 공격

6.26	D. MacArthur 연합군 사령관과 전화 통화, 즉각 지원을 요청. 장면 주미대사를 통해 Harry S. Truman대통령에게 즉각 지원을 요청하도록 지시
6.27	기차를 타고 서울역을 출발. 대구에서 대전으로 이동
7.14	원활한 전쟁수행을 위해 맥아더 국제연합군 총사령관에게 한국군 작전지휘권을 위임
9.28	한국군에 38선 이북 진격을 명령
12.24	서울시민에 피난 명령
1951.1.4	1·4후퇴
7.10	개성에서 정전협상 개시. 백선엽이 한국군 대표로 참석
9.20	정전 수락 전제 조건으로 중공군 철수, 북한 무장해제, 국제연합 감시 하 총선거를 요구
11.19	자유당 창당, 총재직 수락
1952.1.18	연안수역 보호를 목적으로 '인접해양에 대한 주권에 관한 선언' 발표, 독도 영유. 이후 이승만이 '한일 양국의 평화와 질서를 위한 평화선'으로 부름에 따라 '이승만평화선'(Rhee Line)으로 불리게 됨
6.25	6·25전쟁 2주년기념식에서 유시태의 이승만 대통령 저격 미수. 배후인물 김시현 의원 체포
8.5	직선제를 통한 대통령 당선(부통령 함태영)
8.15	제2대 대통령 취임
10.18	제33회 전국체육대회 개막식 참석
12.16	제주도 청사 낙성식 참석
12.24	제임스 밴 플리트 8군 사령관 부부와 성탄절 예배 참석
1953.1.5~7	마크 클라크 국제연합군 사령관 초청으로 일본 방문
2.11	제임스 밴 플리트 사령관 이한 인사를 위해 경무대 방문. 후임은 맥스웰 테일러 중장
6.18	부산, 가야 제9수용소, 광주, 논산, 마산, 영천, 부평, 대구 등지의 포로수용소에 수용 중인 2만 7천 명의 송환불원포로 석방
7.12	방한한 Walter S. Robertson 과의 협상을 통해 한미공동성명 발표. (1) 정전협정 체결 이후 한미상호방위조약 체결, (2) 미국의 장기 경제원조 보장 및 한국군 병력 증강 등에 합의

8.8	경무대에서 한미상호방위조약 가조인 참관. 변영태와 John Foster Dulles 가 서명
8.15	서울로 재환도. 세종로에서 3군 분열식
8.18	한국계 미국 다이빙 선수 새미 리 시범 참관
9.3	문산, 귀환용사 환영식 참석
10.8	합천, 해인사 방문
10.15	해군대 창설식 참석
11.13	방한한 닉슨 부통령 부부와 정릉 경국사 방문
11.27	대만을 방문하여 장개석(蔣介石, Chiang Kai-shek) 총통과 반공통일전선 결성 발표
1954.2.11	서울 명동성당에서 스펠만 대주교가 보낸 구호물자 수령
3.	재건주택 건설현장 시찰
3.15	백선엽 제1군 사령관이 미 10군단 본부에서 군사분계선 경계 임무를 인수 하는 기념식에 참석
5.20	제3대 국회의원 선거에서 투표
5.28	자유당 소속 당선자들의 경무대 방문(25세 최연소 김영삼 의원 포함)
6.15	아시아반공민족대회 주최
7.25~	미국을 국빈 방문. 미 의회 상하원 합동회의에서 연설. Dwight D. Eisenhower 미국 대통령과 정상회담. 워싱턴D.C. 파운드리 감리교회에서 연설. 뉴욕에 서 영웅행진. 국제연합에서 대한민국에 대한 지원을 호소. 미주리주 인디펜 던스에서 트루먼 전 대통령 면담. 로스엔젤레스, 샌프란시스코 방문
8.8~	하와이 방문
10.31	제2군 창설식 참석
11.27	연무대 비석 제막식 참석
1955.3.25	맹인복지단체 광명원에 구호물자 전달
3.26	서울운동장에서 팔순 기념 체조경기 관람
4.18	부산, 운크라 지원을 받은 어선 인수식 참석
6.7	기술자 해외파견안 재가

8.3	미국 4H클럽 관계자들 접견
11.18	화천, 파로호 비석 제막식 참석
12.8	브러커 육군장관 일행과 만찬
1956.1.17	국제연합군 장성 부부들과 함께 영주 부석사 방문
1.22	한강, 전국체육대회 동계 빙상대회 참관
4.25	전주 이씨 문중의 양녕대군 묘와 지덕사를 방문
5.15	대통령, 부통령 선거
5.18	중앙대학교, 파이퍼홀 준공식 참석
5.22	이승만(자유당) 대통령, 부통령 장면(민주당) 당선 공고
6.15	렘니처 주한 미군 사령관, 콜터 운크라 단장 등과 지리산 화엄사 시찰
6.25	"6·25의 날" 기념식 참석
8.15	제3대 대통령에 취임
9.22	대통령령으로 10월 1일을 국군의 날로 공포
1957.3.21	우남장학회 발족
12.3	한글전용을 국무회의에서 지시
1958.3.8	납북된 KNA 민간여객기 송환 요구
4.26	터키 Ali Menderes 수상에게 대한민국 1등 건국공로훈장 수여
10.28	원자력 연구 지시
11.5	Ngô Đinh Diệm(吳廷琰) 대통령 초청으로 자유베트남(월남) 방문
1959.1.1	이북동포들을 방송을 통해 위로
6.8	제5차 아시아민족반공대회 대표들을 환영하는 시민대회에 반공 메시지 전달
1960.1.28	대한민국 독립 이후 최초로 사법부 방문
3.15	선거에서 대통령 4선 확정(조병옥 야당 후보의 병사로 단독후보)
3.28	부통령 선거부정에 대한 논란이 커지자 자유당 간부들을 불러 민심수습 5 개 항목을 지시
4.19	경무대 앞 시위대를 향해 경찰이 발포하여 많은 사상자들이 발생

4.23	사망자들에게 애도의 뜻을 발표하고, 서울대 병원을 방문하여 부상자 위문
4.24	유혈사태에 책임을 지고 자유당 총재직 사임
4.25	대학교수단 시위
4.26	대국민 성명 ①국민이 원한다면 대통령직 사임, ②정·부통령선거 재실시, ③이기붕의 공직 사퇴, ④내각책임제 개헌 등을 약속. 시위대 대표 5명과 면담 후 하야의사 표명
4.27	대통령직 사임서를 국회에 제출
4.28	이화장으로 하야
5.29	하와이로 출국
1965.7.19	호놀룰루 Maunalani 요양원에서 서거
7.27	가족장으로 정동감리교회에서 장례식을 치른 후 동작동 국립묘지에 안장